マクロ経済学 [新版]
入門の「一歩前」から応用まで

MACROECONOMICS:
FROM BASIC PRINCIPLES TO APPLICATIONS

著・平口良司
　　稲葉　大

有斐閣ストゥディア

はじめに

　この「はじめに」では，マクロ経済学とはどんな研究分野なのかということや，そして本書を通して筆者が伝えたいことなどについて簡単に説明します。

本書のねらい

　本書の目的は，マクロ経済学を入門の「一歩前」のレベルから応用に至るまでを丁寧に説明することです。そのため，執筆の際に以下の2点を心がけました。

　第1点目は，マクロ経済学の考え方をできるだけ読者の皆さんに身近に感じてもらうことです。マクロ経済学というのは国，あるいは地域全体の経済の動きを勉強する学問なので，どうしても説明（とくに経済モデルを用いた議論）が抽象的になりがちです。そこで本書では，実際の日本経済，あるいは国際経済の動向と関わらせて説明するように心がけました。各章において，いまの日本の物価指数や雇用，そして景気の動きなども解説しています。また，経済モデルを説明する際には，数値例を豊富に用意しました。そして，国内総生産（GDP）や物価といった経済変数がどのように決まるのか，読者の皆さんに実際に手を動かして計算し，理解してもらえるように工夫しました。

　第2点目は，経済政策の効果とその限界について丁寧に説明することです。マクロ経済学の目的の1つに，政策を通してどのように経済をよくすることができるかを研究することがあります。マクロ経済学の扱う経済政策には主に財政政策と金融政策の2種類があり，それぞれがマクロ経済に大きな影響を与えます。しかし，2つの政策が機能するメカニズムは異なります。本書では，経済モデルや実例を通して，そのメカニズムをわかりやすく説明するよう工夫しました。同時に，本書はこれらのマクロ経済政策の有効性に限界があることも説明しています。たとえば政府が行う財政政策は，それがあまりに肥大化すると企業活動を圧迫してしまうことが知られています。本書では，こういった経済政策の限界についても解説を行いました。

　ところで，本書と同じシリーズに，同じくマクロ経済学を扱った『マクロ経済学の第一歩』（柴田章久・宇南山卓著，2013年刊行）があり，読者はどちらを読

i

めばよいか迷ってしまうかもしれません。これら2冊の本は続きものではなく，それぞれが1冊で完結したものとなっています。そのため両者にはそれぞれの本のねらいに応じた違いがありつつも，共通したトピックスが多く含まれています。どちらを読んでも，マクロ経済学の入門的な知識を手に入れることができます。

　簡単に両者の違いを紹介すると，『マクロ経済学の第一歩』は，マクロ経済の実物的側面を中心に解説しています。その説明においては，簡単化のため，経済の貨幣的な側面は省略されていますが，本書はその貨幣についても取り上げました。そして貨幣や，その発行主体である中央銀行が実物的側面に与える影響について説明を行いました。その一方で，本書ではミクロ経済学的基礎づけを持つ投資理論，あるいは近年話題となっている所得格差といったいくつかの項目を扱っていません。そういったトピックスに興味がある人は，ぜひ『マクロ経済学の第一歩』も読んでみてください。たとえば，本書で省略した所得不平等の度合いの測定方法や，株価と投資の関わりなどについて，『マクロ経済学の第一歩』は大変わかりやすく説明しています。

本書の構成

　本書は序章と3つの部で構成されています（序章を含めて12章立てになっています）。まず序章では，経済学とは何かということや，マクロ経済学に登場する家計・企業・政府といった「主体」について説明します。続いて第1部（第1〜5章）では，「マクロ経済学の基礎知識」として，マクロ経済学の中で最も基本的な考え方について説明します。第1章，第2章では，一国経済を分析するのに欠かせない経済変数であるGDPや物価，失業率などについて説明します。第3章では，社会全体でお金を貸し借りする金融の仕組みを説明します。第4章では，貨幣，つまりお金と，それを発行する中央銀行と呼ばれる組織の持つ役割について説明します。そして第5章では，政府の役割や，歳出・歳入の内容，税制の仕組み，国の債務について学びます。

　第2部（第6〜9章）では，「マクロ経済学の基本モデル」として，第1部で説明した物価やGDPといった経済変数の値が，どのような要因により決まり，そしてその経済変数が経済政策によりどのような影響を受けるか，経済モデルを用いて分析します。第6章では，物価が一定であると仮定し，そのもとで

GDPや金利がどのように決まるかを分析する枠組みを提示します。そしてその枠組みを用いて，経済政策がGDPにどのように影響を及ぼすのかについて説明します。第7章では，GDPと金利に加えて物価が変動する際にそれぞれの経済変数がどう決まるのか，モデルを用いて示します。第8章では，インフレ，デフレが起きた場合に，それが経済に与える影響について学びます。そして第9章では，第6～8章の分析において省略された海外部門の経済活動を取り入れた開放経済の分析について学びます。具体的には各国が発行する通貨（貨幣）の価値の比率を表す為替レートがどのように決まり，そしてその為替レートが輸出入，そしてGDPにどのような影響を与えるのかといったことについて説明します。

　最後に第3部（第10～11章）では，「マクロ経済学の発展的トピックス」として，マクロ経済の分析をする際に有用な応用・発展的トピックスについて学びます。第10章では，長期的な経済の成長のメカニズムについて，そして第11章では，資産価格の決まり方について学びます。これらのトピックスでは，少しレベルの高い経済モデル，具体的には時間の経過を考慮に入れた動学的モデルを用いた分析を紹介します。

新版での変更点

　本書の初版が出版されてから約4年が経過しました。この4年間で，日本銀行がマイナス金利政策を導入したり，国の予算が一般会計予算ベースで100兆円を超えたり，あるいは日本政府の抱える借金（長期債務）が総額で1100兆円を超えたりするなど，日本経済を取り巻く環境も大きく変化し，マクロ経済学を学ぶ重要性はさらに高まっているといえます。こういった中で，マクロ経済学を入門から応用まで説明するという本書のもともとの目的をさらに具現化させるべく，いくつかの点において本書の改訂を行いました。改訂の内容は主に，以下の5点です。

　第1に，マクロ経済学を学ぶために必要な基本的概念を初歩から説明するため，GDPを説明する第1章の前に，序章を追加しました。序章においてはマクロ経済学の主な登場人物である家計や企業・政府について，その役割などを基本的事項から説明しました。

　第2に，第2章において，景気について説明する節を新たに加えました。経

はじめに ● iii

済状況を示す景気，あるいは不景気という言葉は，報道などでよく耳にするものの，その捉え方というのは簡単ではありません。私たちはこの節において，景気の意味や景気を捉える際に重要となる指標について詳しく説明しました。

第3に，第9章では日本の国際的な取引が近年ますます重要になってきていることを背景として，第1節には日本の輸出・輸入の動向についての説明を加え，さらに第2節において国際収支統計の解説を充実させました。

第4に，各章の練習問題において，公務員試験の問題をいくつか取り入れました。国家公務員・地方公務員を問わず，公務員試験にはマクロ経済学に関する問題が出題されますが，その中には経済学的な思考力を問う優れたものが数多くあります。本書は，これらの問題のうち，基本的なものを中心に取り上げました。

第5に，紙幅の都合により，初版にありました労働市場の分析に関する章（第11章）を省略しました（一部の内容については第8章で扱いました）。この章の内容についてはウェブサポートページにて公開しています。

本書を執筆するに当たり，多くの人から有益なコメントやアドバイスをいただきました。初版については，とくに，東北学院大学・キヤノングローバル戦略研究所の白井大地先生と大阪大学大学院の三上亮さんに原稿を丁寧に読んでいただき，いくつもの示唆，アドバイスをいただきました。また，関西大学の岡田啓介先生，宇都宮浄人先生，中川竜一先生，首都大学東京の荒戸寛樹先生，関西外国語大学の南村圭哉先生，法政大学の平田英明先生，関西大学経済学部生の中西洋介さん，鱧谷桂太さん，宋敏哲さん，小野弘喜さんからもたくさんの有益なコメントをいただきました。この場を借りてお礼を申し上げます。

また，本書の改訂にあたっても，多くの方々からコメントをいただきました。平口は神田外語大学，千葉大学，明治大学，そして稲葉は関西大学において，本書の初版の内容に基づき講義を行いました。その際に各大学の受講生の皆さんからは，貴重な質問・コメントをいただきました。とくに関西大学の高杉龍さんには本書の草稿を読んでいただき丁寧なコメントをいただきました。また，明治大学の小早川周司先生からは，決済システムの説明について貴重な助言をいただきました。これらの質問やコメントを通して新たな事実に気づかされることも多々あり，改訂をする際の指針となりました。各大学の学生の皆さんに

感謝の意を表します。ただし，ありうべき誤りは筆者らの責に帰すものです。

　最後になりましたが，初版・新版ともに，丁寧に私たちの原稿を見てコメントをくださり，執筆が遅れがちな私たちをいつも温かく励ましてくださった有斐閣書籍編集第2部の渡部一樹さんにお礼を申し上げます。

2020年2月

平口　良司

稲葉　　大

━━ インフォメーション ━━

- **各章の構成**　　各章には，本文以外にも，Column，SUMMARY（まとめ），EXERCISE（練習問題）を収録しています。Column では，本文の内容に関連した興味深いテーマや経済学の基本的な概念を説明しました。各章末には，SUMMARY，EXERCISE を用意しています。EXERCISE の解答例を本書の巻末に示しました。解答が省略されたものは下記のウェブサポートページに掲載します。

- **キーワード**　　本文中の重要な語句および基本的な用語を**太字**（青色のゴシック体）にして示しました。

- **文献案内**　　巻末の「おわりに」に，本書で取り上げられなかった内容を補うことができる本や，本文中で参照した文献をリストアップしました。

- **記号・曲線・関数のまとめ**　　第6章以降で用いた主な数式記号や曲線・関数の表記の一覧を巻末に掲載しました。

- **索　引**　　巻末に，索引を精選して用意しました。より効果的な学習にお役立てください。

- **ウェブサポートページ**　　各章末に収録されている練習問題の解答例や補論などを掲載しています。ぜひ，ご覧ください。

  http://www.yuhikaku.co.jp/static/studia_ws/index.html

著者紹介

平 口 良 司（ひらぐち りょうじ）

1977 年生まれ。スタンフォード大学経済学部大学院博士課程修了。京都大学経済研究所講師，立命館大学経済学部准教授，千葉大学法政経学部准教授，明治大学政治経済学部専任准教授を経て，2018 年より現職。

現職：明治大学政治経済学部専任教授。キヤノングローバル戦略研究所主任研究員（兼任）。

主な著作：

"A Note on the Competitive Search Model of Azariadis and Pissarides," *European Economic Review*, vol. 55, 2011, pp. 304–306.

"Taxing Capital Is a Good Idea: The Role of Idiosyncratic Risk in an OLG Model," (with A. Shibata), *Journal of Economic Dynamics and Control*, vol. 52, 2015, pp. 258–269.

読者へのメッセージ：私たちはこの教科書を執筆するに当たり，事例などを使いながらマクロ経済学の考え方をやさしく丁寧に説明しようと心がけました。読者の皆さんが，本書を通して，いまの日本経済，あるいは国際経済の動きにより強い興味を持つようになることを期待しています。

稲 葉 大（いなば まさる）

1973 年生まれ。東京大学大学院経済学研究科博士課程単位取得退学，博士（経済学）。経済産業研究所リサーチ・アシスタント，キヤノングローバル戦略研究所研究員，東京大学大学院経済学研究科附属日本経済国際共同研究センター客員准教授，関西大学経済学部准教授を経て，2017 年より現職。

現職：関西大学経済学部教授。キヤノングローバル戦略研究所主任研究員（兼任）。

主な著作

"Business Cycle Accounting for the Japanese Economy," (with K. Kobayashi), *Japan and the World Economy*, vol. 18(4), 2006, pp. 418–440.

"An Application of Business Cycle Accounting with Misspecified Wedges," (with K. Nutahara), *Review of Economic Dynamics*, vol. 15(2), 2012, pp. 265–269.

"Asset Bubbles and Bailouts," (with T. Hirano and N. Yanagawa), *Journal of Monetary Economics*, vol. 76, 2015, pp. S71–S89.

読者へのメッセージ：この教科書で勉強することが，自分の身の回りの経済だけでなく，経済全体の動向に目を向けるきっかけになれば幸いです。

目　次

はじめに ……………………………………………………………… i

著者紹介 …………………………………………………………… vi

CHAPTER 0 序章　マクロ経済学とは　　　　　　　　　　　　　　1

1　マクロ経済学とは何か？ …………………………………… 2
経済学とは（2）　ミクロ経済学とマクロ経済学（2）　財・サービス（3）

2　マクロ経済学の登場人物① ——企業 ……………………… 5
企業と生産要素（5）　資本の範囲（6）　企業の目的（7）　投資（7）　銀行（8）　株式会社（9）

3　マクロ経済学の登場人物② ——家計 …………………… 10
家計の経済活動（10）　家計の金融資産（12）　フローとストック（13）　家計・企業の相互関係（14）

4　マクロ経済学の登場人物③ ——政府・中央銀行 ……… 15
政府（15）　中央銀行（15）

5　市 場 均 衡 ……………………………………………… 16
市場と需要・供給（16）　さまざまな市場（17）　マクロ経済における経済主体と市場の関わり（17）　均衡（19）

6　均衡と価格（発展）…………………………………… 20

付録：関数とグラフの考え方 ……………………………… 24

| Column 0-1　家計の消費行動　　12 |
| 0-2　金融市場の動向　　19 |

vii

第 **1** 部　マクロ経済学の基礎知識

CHAPTER **1** マクロ経済を観察する I 　　　　　　　28

GDP

1 マクロ経済のパフォーマンスを測る ……………………… 29

パフォーマンスを測る 3 つの指標（**29**）　三面等価の原則（**29**）

2 国内総生産（GDP）の測り方 ……………………………… 32

国内総生産（GDP）（**32**）　総支出の構成要素（**34**）　GDP に関する
三面等価の原則（**36**）　GDP に類似した指標（**39**）

3 GDP 算出に関するさまざまな決まり ……………………… 39

在庫投資（**39**）　帰属計算（**40**）

4 名目と実質 …………………………………………………… 42

名目 GDP（**42**）　固定基準方式による実質 GDP（**43**）　GDP デフ
レーター（**45**）　連鎖方式を用いた実質 GDP（発展）（**45**）

CHAPTER **2** マクロ経済を観察する II 　　　　　　　49

物価・失業・景気

1 消費者物価指数 ……………………………………………… 50

今と昔で給料を比較するには（**50**）　消費者物価指数（CPI）（**51**）
物価の計測はなぜ大切なのか？（**54**）　CPI と GDP デフレーター
（**55**）　CPI の問題点（**56**）

2 労働に関する統計 …………………………………………… 59

就職内定率と失業率の関係（**59**）　失業率とは（**60**）　その他の労
働に関する統計（**62**）

3 景　　気 ……………………………………………………… 62

景気とは何か？（**62**）　全国企業短期経済観測調査（日銀短観）
（**63**）　景気動向指数（**63**）　その他の景気関連指標（**65**）　景気循
環（**66**）

> Column **②**-1　私たちの生活を反映する物価指数　　58
> 　　　　**②**-2　その他の物価指数　　59

viii

CHAPTER 3 マクロ経済を支える金融市場　　69

1　マクロ経済における金融市場 …………………………………… 70
金融の重要性（70）　財・サービス市場と金融市場（70）

2　金融市場の実際 …………………………………………………… 72
間接金融（72）　直接金融（74）

3　金利（利子率）…………………………………………………… 78
金利とは何か？（78）　なぜ金利を考えるのか？（78）　単利と複利（79）　短期金利と長期金利（80）　短期金利と長期金利の関係（発展）（81）

Column ❸-1　新聞の株式欄の見方　77
　　　　 ❸-2　イスラム金融　81

CHAPTER 4　貨幣の機能と中央銀行の役割　　87

1　貨幣（通貨）とは ………………………………………………… 88
貨幣の機能①──決済手段としての機能（88）　貨幣の機能②──値段の単位の提供（88）　貨幣の機能③──価値の貯蔵（保存）機能（89）　貨幣の範囲（89）

2　中央銀行とは …………………………………………………… 91
中央銀行の使命（91）　中央銀行の役割（92）

3　中央銀行の役割①──準備預金制度の維持 ……………………… 92
「銀行の銀行」としての中央銀行（92）　決済システム安定化（93）　信用創造（94）

4　中央銀行の役割②──現金通貨の発行 ……………………………… 96
発券銀行としての中央銀行（96）　インフレ，デフレと貨幣供給（97）　マネタリーベース（98）

5　中央銀行の役割③──金融政策の実行 …………………………… 100
政策手段①──公開市場操作（100）　政策手段②──公定歩合操作（102）　政策手段③──預金準備率操作（103）　金融緩和と金融引き締め（104）　中央銀行の独立性（105）　1990年代以降の日本の金融政策（105）

6　中央銀行の役割④──金融システムの安定化 …………………… 107
金融機関に対する検査（108）　最後の貸し手としての中央銀行

（109） 世界金融危機（リーマン・ショック）と FRB の対応
（111）

付録：等比数列の和について ………………………………………… 113

> Column ❹-1　日本の現金通貨の歴史　　90
> 　　　　　❹-2　信用創造反対の国民投票（スイス）　95
> 　　　　　❹-3　トルコの高い政策金利　108
> 　　　　　❹-4　北海道拓殖銀行の破綻　110

CHAPTER 5　財政の仕組みと機能　　115

1　財政の意義 …………………………………………………… 116
公共財の供給（116）　不平等の是正（117）　経済の安定化（118）

2　政府の予算 …………………………………………………… 118
予算の決まり方（118）　歳入の内容（119）　歳出の内容（120）
基礎的財政収支（121）

3　税　制 ………………………………………………………… 123
税に関する基本原則（123）　所得税（123）　消費税（124）　法人税（125）　租税負担率・国民負担率（126）

4　国　債 ………………………………………………………… 126
国債の分類（126）　国債発行の意義（128）　国債発行により発生する問題（129）

5　政府債務累積の問題 ………………………………………… 130
日本の債務（130）　政府債務の返済可能性（発展）（132）　国債の保有者（134）　債務不履行の問題（135）

> Column ❺-1　地方自治体の予算——秋田市の例　122
> 　　　　　❺-2　アイルランドの法人税と驚異的高成長　126
> 　　　　　❺-3　アルゼンチンによる債務不履行　136

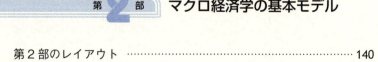

第 2 部　マクロ経済学の基本モデル

第 2 部のレイアウト ……………………………………………………… 140

CHAPTER 6 GDP と金利の決まり方　　　141

1 消費関数 …………………………………………………………… 142
家計の消費行動（142）　平均消費性向の性質（143）　マクロ経済の消費関数（144）

2 GDP の決定 ……………………………………………………… 145
総需要と総生産（145）　均衡 GDP（147）　乗数効果（149）

3 財政政策 …………………………………………………………… 151
財政政策の効果（151）　所得税の効果（152）

4 投資と金利 ………………………………………………………… 153
企業の投資行動（153）　投資関数の導出（155）　金利と GDP の関係（156）

5 貨幣市場と金利 …………………………………………………… 157
貨幣需要・貨幣供給（157）　貨幣需要関数（158）　貨幣市場の均衡（158）

6 財市場・貨幣市場の同時均衡 …………………………………… 159
均衡 GDP と均衡金利の決定（159）　財政政策の効果（160）　金融政策の効果（160）　流動性の罠（発展）（163）

7 IS-LM モデル（発展） …………………………………………… 165
LM 曲線（165）　均衡の導出（166）

付録 1：ライフサイクル・モデル（発展）……………………………… 169
付録 2：投資と金利との一般的関係 …………………………………… 171

> **Column ❻-1** 日本のマイナス金利　　165

CHAPTER 7 総需要・総供給分析　　　172

1 総需要曲線 ………………………………………………………… 173
貨幣需要と物価の関係（173）　総需要曲線の導出（174）　総需要曲線のシフト（176）

2 総供給曲線 ………………………………………………………… 177
名目賃金に関する仮定（177）　企業の利益（利潤）最大化問題（177）　総供給曲線（179）　総供給曲線のシフト（179）

目　次　● xi

3 物価と GDP の同時決定 ………………………………………………… 180

均衡物価水準と均衡 GDP（180） 総需要曲線のシフトと物価・GDP の変化（181） 総供給曲線のシフトと物価・GDP の変化（182）

4 経済政策の限界 ………………………………………………………… 183

完全雇用下での総供給（183） 完全雇用下での財政・金融政策の効果（185）

5 総供給曲線の導出（発展） …………………………………………… 186

生産関数と限界生産力（187） マクロ経済の生産関数（188） 物価上昇と労働・生産の関係（189） 実質賃金と雇用（190） 総供給曲線のシフト（191） 総供給曲線の数学的導出（191） 労働需要と労働供給（192）

Column **7**–1 日本の最低賃金　178

CHAPTER **8** インフレとデフレ

197

1 インフレ・デフレ発生の原因 ………………………………………… 198

総需要・総供給とインフレ（198） インフレ税（199） デフレの原因（200） インフレ期待（200） 期待インフレ率の測定（202） インフレ期待の形成（発展）（203）

2 実質金利と名目金利 …………………………………………………… 204

実質金利の定義（204） フィッシャー方程式（205） 実質金利と投資（206） フィッシャー効果（207） 自然利子率（208）

3 インフレ・デフレのコスト …………………………………………… 209

インフレのコスト（209） ハイパーインフレ──ベネズエラの事例（211） デフレのコスト（212） 金融政策におけるインフレ・ターゲット（213）

4 インフレと失業 ………………………………………………………… 214

フィリップス曲線（214） 総需要・総供給分析から見たフィリップス曲線（216）

Column **8**–1 少子高齢化とデフレ　201
　　　　　8–2 ボルカーFRB 議長の金融引き締め　217

---

xii

CHAPTER 9　国際収支・為替レートとマクロ経済　219

1　日本経済と貿易 220
貿易依存度の推移（220）　輸出入の内訳（220）

2　海外との取引を測る 220
経常収支とは（221）　資本移転等収支とは（223）　金融収支とは（223）　経常収支・資本移転等収支・金融収支の関係（224）　海外との取引と貯蓄と投資との関係（226）

3　外国為替市場 228
為替レートとは（228）　外国為替市場（230）　変動相場制と固定相場制（231）　名目為替レートと実質為替レート（231）　為替レートの表記法（232）

4　為替レートの決まり方——金利平価 234
資産の収益率（234）　自国通貨・海外通貨を用いた資金運用と収益率（235）　為替レートの決まり方（237）　金融政策と為替レート（239）　期待の変化と為替レート（241）　為替レートと貿易・サービス収支（純輸出）（242）

5　開放経済における金融政策の効果 244
金利と為替レート（244）　GDPへの効果（245）　開放経済のIS-LMモデル（マンデル・フレミング・モデル）（246）

Column	9-1　グローバル・インバランス	228
	9-2　政権交代による期待の変化	243

第3部　マクロ経済学の発展的トピックス

CHAPTER 10　経済が成長するメカニズム　250

1　経済成長とは何か？ 251
経済成長とは（251）　戦後日本の経済成長（251）　国際的な所得格差の推移と経済成長（252）　経済成長の要因——資本蓄積・人口成長・技術進歩（253）

2　ソローモデル 254

目　次　● xiii

モデルの概要（254）　生産関数（255）　1 人当たり生産関数（256）
資本の限界生産力逓減の法則（257）　資本蓄積（259）　経済の成
長経路（261）　貯蓄率が経済に与える影響（262）　技術進歩
（263）

3　経済成長の要因分解 ……………………………………………… 265

成長会計とは（265）　日本の高度経済成長の要因分解（267）

> **Column ⑩-1**　日本における有名な発明・発見　268

CHAPTER 11　資産価格の決まり方　272

1　なぜ資産価格を学ぶのか？ ………………………………………… 273

1980 年代日本のバブル経済（273）　バブル期のキャピタル・ゲイ
ン／ロス（274）

2　資産価格の決まり方 …………………………………………………… 275

資産保有からのベネフィット（便益）（275）　準備──割引現在価
値（276）　株価の決まり方①──1 期間（277）　株価の決まり方②
──複数期間（279）　株価の性質（281）　無裁定条件（282）　リ
スク・プレミアムと株価（284）

3　資産価格バブル ………………………………………………………… 285

バブルとは何か？（285）　歴史上のバブル（286）　合理的バブル
（287）

> **Column ⑪-1**　増資と株価　281
> 　　　　 ⑪-2　土地神話　288

おわりに──さらに深く学びたい読者のための文献案内 …………………… 291

練習問題解答 ……………………………………………………………………… 295

記号・曲線・関数のまとめ …………………………………………………… 298

索　引 ……………………………………………………………………………… 299

本書のコピー，スキャン，デジタル化等の無断複製は著作権法上での例外を
除き禁じられています。本書を代行業者等の第三者に依頼してスキャンや
デジタル化することは，たとえ個人や家庭内での利用でも著作権法違反です。

CHAPTER

序章

マクロ経済学とは

INTRODUCTION

　本書の目的はマクロ経済学を平易に説明することです。しかし，経済学，あるいはマクロという言葉を捉えづらいと考える読者も多いのではないでしょうか。この章では，まずマクロ経済学とは何かについて説明します。そして，これから本書を読むために必要となる基本的な用語の意味や登場人物について，簡単に紹介します。

　Keywords：家計，企業，資本，投資，消費，貯蓄，政府，中央銀行，市場，均衡，ストック，フロー

1 マクロ経済学とは何か？

この節では，まず経済・経済学の定義をし，そしてマクロ経済学の持つ学問的意味について説明します。

経済学とは

さまざまな個人や組織が商品（品物）を生産（産出）・販売したり，購入したりする活動，あるいは生産・販売の過程で利益（利潤）・所得を受け取ったりする活動，さらにはそれらの活動から発生する社会的関係をまとめて経済といいます（参考：『大辞泉』小学館）。そして経済学とは，経済の仕組みや，経済活動が社会に与える影響を考察する学問分野ということができます。

経済学は，社会の仕組みを科学的に分析する社会科学の一分野でもあります。社会科学には，ほかにも会社の組織や運営の仕方を学ぶ経営学や，法律の役割を学ぶ法学などがありますが，互いに密接に関連しあっています。とくに，商品の取引を分析するという点では，経済学と経営学には共通点があります。経営学は組織運営や製品開発・広告の仕方などを研究することが多い一方，経済学は，商品の価格（値段）や，その取引量といった「お金」や「もの」の動きに着目することが多くなっています。しかし，経営学と経済学との境界はあいまいで，組織の経済学といった横断的な分野も存在します。

経済学を，限られた資源に直面した人々が行う選択について研究する分野だと定義することもあります。手持ちのお金や活用できる時間・人材などの資源には限りがあるため，私たちは商品を売買する際，さまざまな選択や決断をする必要があります。たとえば，予算の範囲内で買い物をするため，買う品物を決めることは選択の1つでしょう。経済学には，これらの選択のあり方を分析するという側面もあります。

ミクロ経済学とマクロ経済学

経済学は，環境経済学，労働経済学，金融経済学，経済史といったさまざまな研究分野から構成されています。そして分野全体の基礎となる分野として，

2 ● CHAPTER 序 マクロ経済学とは

ミクロ経済学とマクロ経済学の2つがあります。まず，ミクロ経済学とは，個々の商品の取引，あるいは個々の消費者，企業の経済活動を主に分析する分野です。商品1つひとつについて，消費者がいくらでどれだけ購入しようとしているか，企業はいくらでどれだけ売ろうとしているか，そしてその結果として商品の価格と取引量がどのように決まるかなどを分析します。「ミクロ」とは，小さいという意味の英語 microscopic からきています。

そして経済学の基礎分野のもう一方が，本書のテーマでもあるマクロ経済学です。マクロ経済学とは，国，あるいは地域全体の経済（マクロ経済）を分析する分野のことです。「マクロ」とは，大きいという意味の英語 macroscopic からきています。マクロ経済では，多くの消費者・労働者・企業が活動しています。それだけでなく，政府や中央銀行も重要な役割を果たします。こういった人々，組織の経済活動を総合的に分析するのがマクロ経済学です。マクロ経済とは，ミクロ経済を経済全体について合計・集計したものともいえます。

それでは，なぜマクロ経済学を勉強する必要があるのでしょうか。失業を例に考えてみましょう。失業は貧困とも密接に関わっており，とくに若い人たちの失業は世界でも深刻な社会問題の1つとなっています。ある人が失業していたときに，その人が仕事を見つけられるかどうかという問題は，一見ミクロの問題のように聞こえます。しかし，経済全体の状況が悪くなると，企業の求人の総数が減り，結果として失業者は本人の努力にもかかわらず仕事を見つけにくくなります。求職という個人の問題にも，マクロ経済が関わってくるのです。マクロ経済の状況悪化は，可能な限り避けるべきであり，それにはその原因と対処法を考えなくてはなりません。マクロ経済学は，こういったことを分析する際の指針となります。マクロ経済学を学ぶことは重要なことなのです。

> **POINT 0.1 マクロ経済学とは**
> さまざまな個人・組織が財・サービスを取引する社会の仕組みを，国・地域全体の視点から分析する研究分野のこと

財・サービス

商品というと，リンゴや本などのように，形がある「もの」を連想する人も多いと思いますが，形のない商品も無数にあります。私たちは電話により相手

と通話でき，その対価として電話会社に料金を支払います。つまり電話による通話も商品です。しかし通話には形がありません。経済学では，形のある商品を**財**，そして形のない商品を**サービス**と呼びます。本書においてはこれら商品を**財・サービス**，あるいはサービスという語を省いて「財」と総称します。

経済学では多くの場合，各財・サービスについて，その**価格**，それが取引される量（**取引量**），そして価格と量の積である**取引額**に着目して分析を行います。ある財・サービスが持つ値打ちのことを，その財・サービスの**価値**といいます。マクロ経済学では通常，財・サービスの値打ちがその価格に反映されていると考えます。したがって，本書において財・サービスの価値とは，その財・サービスの価格，あるいは取引額を指します。

例題0.1 Aさんは，運賃500円を支払って電車に乗り，B町にある店に行き，5000円の服を2着買った。そのあと映画館に行き，1500円支払って映画を見た。Aさんの購入した財の価値とサービスの価値をそれぞれ求めよ。

答 この例において，財は服のみであり，映画鑑賞や電車の利用はサービスである。よってAさんの購入した財の価値は $5000 \times 2 = 10000$ 円で，サービスの価値は $500 + 1500 = 2000$ 円となる。

財・サービスには，別の財・サービスを作る際の材料・部品として作られるものがあります。こういったものを**中間（的な）財・サービス**といいます。パンを作る際に用いる小麦粉などはその一例です。そして，中間財・サービスでない財・サービス，つまり直接使用・消費するために作られる財・サービスのことを**最終（的な）財・サービス**といいます。先の例ではパンが最終財に含まれます。以下ではサービスを省略し，単に中間財，最終財ということがあります。財の生産のために中間財を使用することを中間投入といいます。

なお，同じ財でも中間財にも最終財にもなりえます。たとえば，同じイチゴでも，そのまま食べたら最終財で，イチゴジャムにする場合は中間財となります。一般に，財Xが，中間財Yを使って生産されたとき，財Xの価値から，その生産に必要となった中間財Yの価値を引いたものを，（財Xの生産により生み出される）**付加価値**といいます。

POINT 0.2 財・サービス
商品（品物）の中で，形のあるものを財，形のないものをサービスと呼ぶ

---

4 ● **CHAPTER 序** マクロ経済学とは

マクロ経済学の登場人物 ①

▶ 企　　業

　マクロ経済学には，経済活動を行うさまざまな人や組織が登場します。以降では，これら人・組織のことを経済主体と総称します。経済主体の中でとくに大事なのが企業，家計，政府，中央銀行です。この節ではまず企業について説明します。

企業と生産要素

　本書では，企業を，財・サービスを生産・販売する組織として捉えます。企業は会社ともいわれます。企業が生産活動を行うには何が必要でしょうか。例としてパン屋を考えます。図 0.1 にあるように，パン屋では，オーブンやナイフなどを用いて職人がパンを作り，それを店舗で店員がレジを用いて販売し，売上を得ます。この例からもわかるように，生産には，オーブン・ナイフ・店舗などの設備，そして従業員の労力が必要です。

　本書では，財・サービスを生産・販売するのに必要な工場・機械などの各種の設備のことを資本と呼びます。たとえば，パン屋にとってのオーブンやナイフ，レジなどは資本の 1 つです。一方，人々が働いて生産活動に貢献すること，そしてその量を労働または労働力と呼びます。パン屋で働く職人や店員の労働（力）も，オーブン同様，パンの製造に必要です。これら財・サービスの生産

図 0.1　パン屋における資本と労働

に必要となるものをまとめて生産要素と呼びます。そして財・サービスの生産のために生産要素を使用することを生産要素の投入と呼びます。

　パンの生産には，資本・労働以外に，小麦粉などさまざまな中間財が必要です。しかし，中間財を作るのにも資本・労働が必要です。つまり，究極的には財・サービスは資本・労働を生産要素として生産されていると解釈できます。したがって，本書では資本と労働を主な生産要素として分析を行います。土地を生産要素に含めることもありますが，簡単化のため，本書では省略します。

　財・サービスの生産には生産要素が必要不可欠ですが，それだけでは十分ではありません。再びパン屋の例に戻ると，オーブンなどの設備や，働く人が揃ったからといって，急においしいパンができるわけではありません。道具・設備を上手に使って小麦粉を練ったりパンを焼いたりする技術が備わっていないとパンは作れません。技術の水準は，さまざまな発見・発明などを通した技術革新により高められます。本書では，生産要素と技術が揃って初めて財・サービスが生産されると考えます。

資本の範囲

　これまで資本を生産設備として説明してきましたが，経済学において資本は，設備より広い意味を持つ言葉として用いられます。厳密にいうと資本は「財・サービスを生産・販売するために，過去から現在にかけて蓄積されてきたもの」としてやや抽象的に定義されます。確かにパンを作るためには，オーブンという財を前もって作っておく必要があります。この資本の定義に基づき，本書では生産設備以外のいくつかのものも資本に含めます。

　たとえば，私たちが住むために必要な住宅は財の生産に必要な一種の「設備」と考えられるため，資本として扱います。また，日々の注文に対応するために，企業が倉庫などに抱える商品の在庫も資本と考えます。設備同様，在庫も企業が消費者に財を販売するために必要なものであり，かつ過去から今にかけて蓄積されたものであるため，資本と解釈します。本書では，設備，住宅，在庫をまとめて資本と呼びます（政府が作る，道路や港湾などの公的設備を社会資本と呼び資本に含めることもあります）。

　資本は，企業の資本金，つまり経営の元手となるお金という意味でも用いられます。そのため，企業を「所有」している経済主体のことを資本家，そして

6 ● CHAPTER 序　マクロ経済学とは

| CHART | 表 0.1　トヨタ自動車の 2019 年度（3 月期）決算 |

販売台数	売上高	税引前利益	当期純利益
897.7 万台	30.2 兆円	2.2 兆円	1.8 兆円

（出所）　トヨタ自動車ウェブサイト。

資本家が労働者を雇用することで成り立つ経済体制を資本主義といいます。本書では資本とは設備などを指し，資本金とは異なる捉え方をします。

企業の目的

　マクロ経済学は，企業の目的を，生産要素の量を上手に選び，できるだけ多くの利益を稼ぐことにあると考えます。ここでいう利益とは，売上から従業員に支払う賃金や，設備の使用に伴う電気代などの各種費用や，政府に支払う税金などを除いたお金のことです。

　実際，企業がどう利益をあげているか，トヨタ自動車を例に見てみましょう。表 0.1 は，トヨタ自動車の 2019 年 3 月期の決算の概要です。ここで売上高は自動車の販売台数とその価格の積と考えることができます。売上高から人件費などの費用を引いたものが税引前利益，そしてそこから会社の利益にかかる税金（法人税）などの税負担額を引いたものが当期純利益です。この当期純利益が本書における企業の利益に対応します。

投　資

　企業が利益を増やし，成長し続けるには，資本の量を増やしていく必要があります。一般に，資本を増やす行為を投資，または資本形成といいます。先ほど，資本には主に 3 種類があると説明しました。したがって，資本を増やす行為である投資にも 3 種類あります。まず，設備を増やすことを設備投資といいます。企業が新たに工場や店舗を建てた場合，これは設備投資に入ります。同様に，住宅を増やすことを住宅投資，在庫を増やすことを在庫投資といいます。本書では，これら 3 つを合わせて投資と総称します（政府が社会資本を増やす行為は公共投資と呼ばれ，これも投資の一種ですが，簡単化のため，本書では投資は上記の 3 種類で構成されると考えます）。投資とは新しい資本を買うことですのでお金がかかります。投資のためにお金を費やすこと，およびその額を投資支出とも

2　マクロ経済学の登場人物①　● 7

いいます。投資という言葉は，株式や債券などを売買する意味としても使われますが，本書では主に，資本を増やすことを投資と呼びます。

> **例題 0.2** 去年の 12 月末の段階で資本を 10 億円分だけ保有し財を生産していた A 社は，今年の 1 月から 12 月にかけ 5 億円分だけ投資をして工場を新設した。
> ① 今年の 12 月末の段階でのこの会社の持つ資本の値を答えなさい。
> ② A 社は，さらにもう 1 つ工場を建て，来年 12 月末における会社の資本が 25 億円分になるようにしたい。来年 1 月から 12 月にかけて会社が行う投資の値を求めなさい。
>
> **答** ①資本が投資により 5 億円増えるので今年の資本は 10＋5＝15 億円。②来年 1 年間で資本を 25－15＝10 億円だけ増やすため，投資は 10 億円である。
>
>
> 今年末（資本＝15） 　来年末（資本＝25）

銀　行

企業にはさまざまなものがありますが，その中でもとくに，お金を貸したい人・組織と，そのお金を借りたい人・組織との間のお金の融通の仲立ちをする企業を<u>金融（仲介）機関</u>といいます。その代表的なものが<u>銀行</u>です。銀行は，個人や企業からお金を<u>預金</u>として預かり，そのお金を別の個人や企業に貸す，つまり<u>融資</u>することで利益をあげます（金融機関には，銀行のほかに証券会社や保険会社なども含まれます）。

以下では融資に関する簡単な例をもとに銀行の役割を説明します。ここで新たに店舗を構えたい A 社を考えます。店舗の建設は，数千万円かかり，A 社の手持ちの現金では足りないとします。この場合，A 社は，銀行と融資の契約を結ぶことで，銀行から店舗建設費用のためのお金を借りて店を建てることができます。A 社はその後数年をかけて，新しい店から得られる利益などをもとに，銀行に借りたお金を返済し，その際お金を借りたことに対する対価として利子（利息）を支払います。借りた元のお金（<u>元本</u>）に対する利子の割合のことを<u>金利</u>，あるいは<u>利子率</u>といいます。詳しくは第 3 章で学びます。

銀行が A 社に貸したお金は，もともとは預金者から預かったものです。し

株券の例（写真提供：時事）

たがって銀行は，Ａ社から受け取った返済利子の一部を預金者に（これも利子として）渡し，残りが銀行の利益（利ざや）となります。お金の借り手にとって利子とは，お金を借りることの対価であり，貸し手にとっては，お金を貸す行為の見返りでもあります。

株式会社

　私たちが日ごろニュースなどでよく耳にする株式会社とは，株式（株券）を発行・販売して，資金を集める企業のことです。株式とは，それを発行する企業から得ることのできるさまざまな権利・特典を示す紙切れ（証券）と考えることができます。株式の価格を株価，そして株式を買い保有している人を株主といいます。上の写真は，株式会社の１つ，東京証券取引所が2001年に発行した株式です。その表面には，この株式の保有者が，表記された株式数（この場合は1000株）の株主である旨が記載されています。株主が会社の株式を買うことによりその会社に資金を提供することを出資といいます。株式は，それを売る企業と，買う株主の双方にベネフィット（便益）をもたらします。以下ではそのベネフィットについて説明します。

　まず，ある株式会社の株式を買ってその会社の株主になると，株主はその会社のあげた利益の一部を配当（金）として受け取ることができます。また，買った株式を購入時の値段より高く売ることができたら，差額分の儲けを得ることもできます。さらに，株主になると会社の経営にも参画できます。

　一方，株式発行により企業が得る大きな利点として，返済の必要がないお金

2　マクロ経済学の登場人物①　●9

を入手できるということがあげられます。企業が銀行からお金を借りた場合，企業はそのお金に利子を付けて銀行に返さないといけません。企業は，債券（社債）と呼ばれる証券の発行（起債）によっても資金を調達できますが，この場合も，債券の引き受け手となりお金を貸してくれた相手に対し，後日そのお金に利子を付け返還（償還）しなくてはなりません。しかし，企業は株主から得た資金を後日返済する必要はありません。企業は通常株主に配当を渡しますが，それも義務ではありません。株式や債券など，お金を融通しあう金融の世界で取引される，経済的な権利（財産権）を示す証券をまとめて有価証券といいます。

> **POINT 0.3** 企業・投資
> - 企業は，資本や労働などの生産要素を用いて財・サービスを生産し，できるだけ利益をあげようとする組織である
> - 企業が資本を増やす行為を投資という。投資は設備投資，住宅投資，在庫投資からなる

マクロ経済学の登場人物②

▶家　計

経済主体の中で，各個人，あるいはその集まりである家族・世帯のことを家計と呼びます。この節では，家計の経済活動について説明します。

家計の経済活動

家計は生活するために，何らかの形でお金を稼ぐ必要があります。本書では，家計が稼ぐお金のことをまとめて所得と呼びます。所得にはいろいろなものがあります。企業で働いて得る給料（報酬）など，労働（力）の対価として得る所得を賃金または労働所得といいます。また，銀行にお金を預けている場合，口座のお金には利子（利子所得）が付きます。また，株式を保有すると，配当（配当所得）を得ることができます。

家計が，所得を利用して，財・サービスを購入し，食べたり使ったりする行

CHART 表 0.2　2 人以上勤労者世帯の収入・消費の状況（2018 年）

項　目	金　額	備　考
所得（実収入）	55 万 8000 円	勤め先からの収入，配当など
税金・社会保険料など	10 万 3000 円	非消費支出ともいわれる
可処分所得	45 万 5000 円	手取りの所得ともいわれる
消費支出	31 万 5000 円	

（出所）　総務省統計局「家計調査」（2018 年）。

為，あるいはその金額を消費または消費支出と呼び，家計により消費される財・サービスを消費財と呼びます。消費財の中で，冷蔵庫など長期間使用が可能な財はとくに耐久消費財といわれます。消費をする人という意味で，家計のことを消費者と呼ぶこともあります。

　家計は，稼いだ所得のすべてを自由に使えるわけではなく，所得に応じて国や自治体に対して税金や社会保険料などを支払う必要があります。国や自治体はこのお金を元手に，行政（公共）サービスを提供したり，道路を整備したり，公的年金制度などを運営したりします。所得から税などへの支出を除いた部分，つまり手取りの収入を可処分所得と呼びます。

　家計は，多くの場合は稼いだ可処分所得の一部しか消費に回しません。もし，家計が常に所得をすべて消費に回していたら，失業時や退職後など，所得がなくなったときに生活を維持できなくなります。一般的に，所得の一部を使わずに貯えること，またその額を貯蓄といいます。とくに，家計が行う貯蓄を民間貯蓄といいます。貯蓄には，銀行に預けたり，株式を購入したりするなどさまざまな方法があります。のちに詳しく説明します。

　ここで，家計のお金の使い方について見てみましょう。表 0.2 は，2018 年における，世帯人員 2 人以上の勤労者世帯，つまり世帯主が働いている世帯の平均的な所得・消費を 1 カ月当たりで示したものです。この表によれば，平均的な勤労者世帯は可処分所得のうち約 70% 程度を消費に回していることがわかります。可処分所得のうち，消費せず貯蓄に回す割合のことを貯蓄率といいます。2018 年における貯蓄率の値は 100 − 70 ＝ 30% となります。

　例題 0.3　A さんの今月の所得は 40 万円であった。そのうち税金や社会保険料などを 10 万円支払い，残りの可処分所得のうち 12 万円を消費に回した。貯蓄率を求

3　マクロ経済学の登場人物②　● 11

Column❶-1　家計の消費行動

　下の表は，表0.2と同じ年（2018年）に，世帯がどのような財・サービスを消費しているかを示した家計調査の報告をまとめたものです。この表を見ると，家計は食料や交通・通信に費用をかけていることがわかります。

表　2人以上勤労者世帯の消費の内訳（1カ月当たり）

消費項目	金　額	品目の例
食料	7万6000円	肉・魚・野菜
交通・通信	5万2000円	自動車購入費
教養・娯楽	3万円	遊興費
光熱・水道	2万2000円	電気代・ガス代
住居	1万8000円	家賃
その他	11万7000円	教育など
合計	31万5000円	

（注）　「住居」にはローンの支払いは含まれない。
（出所）　総務省統計局「家計調査」（2018年）。

めなさい。

答　可処分所得は40−10＝30万円であり，そのうち30−12＝18万円を貯蓄する。よって貯蓄率は18÷30＝60%である。

家計の金融資産

　家計の持つ資産には自動車や不動産などさまざまなものがありますが，その中でお金に関する資産を金融資産，そしてその額を金融資産残高といいます。これは，家計が過去から現在までに貯蓄してきたお金の総額といえます。

　貯蓄の方法としては，銀行に預けたり，株式を買ったりするなどさまざまな種類があります。財の購入とは違い，株式の購入は消費でなく貯蓄に入ります。それは，株式を買ってもその価値は時間がたってもなくならず，後日売却すれば，現金に戻るからです。これは，銀行に預けた預金を引き出して現金にできるのと似ています。株式と同様に，債券の購入も貯蓄に入ります。本書では，資産の額を増やすことなどを目的として，株式や債券といった金融商品を購入・保有することを（資産）運用といいます。

12 ● **CHAPTER 序** マクロ経済学とは

CHART 図 0.2　家計の金融資産残高の内訳 (2018 年)

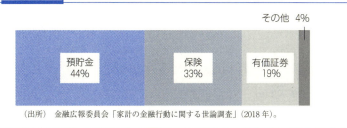

（出所）　金融広報委員会「家計の金融行動に関する世論調査」(2018 年)。

　金融広報委員会によれば，2018 年の金融資産残高は，2 人以上の世帯では 1 世帯当たり平均約 1152 万円です。図 0.2 の帯グラフは，その中身を表したものです。それによると，金融資産のうち最も多くを占めるのが銀行への預貯金であり，生命保険などの保険が続きます（この図における「保険」には，満期後に支払った保険料が戻ってくるタイプの貯蓄型の保険が主に含まれます）。日本は欧米諸国に比べて金融資産を預金として持つ割合が高く，株式などの有価証券を持つ割合が低いことが知られています。

フローとストック

　貯蓄には，ある一定期間内に行った貯蓄額という捉え方と，いままで貯めたお金の総額（残高）としての捉え方の 2 つの面があります。経済学では，貯蓄をはじめとして，時間とともに値が変わる数量を多く取り扱います。一般に，これらの数量，そしてその数量を示すアルファベットなどの記号を（経済）変数と呼びます。そして，1 年間，あるいは 3 カ月間といったある一定期間の間に観測する数量を示した変数のことをフロー（変数），過去からいままでに累積・蓄積してきた数量を示す変数のことをストック（変数）と呼び，区別します。フローはストックの変化分ともいうことができます。また，値が一定の数量を定数といいます。

　家計の例でいえば，勤労者世帯の 1 カ月当たり貯蓄はフローであり，一方，金融資産残高はストックです。また，資本はストックであり，資本を増やす投資はフローです。そのため資本を資本ストックと呼ぶことがあります。資本の一種である在庫もストックに含まれます。店に品物の在庫があるとき，「ストックがある」という表現を聞いたことがある読者もいるかもしれません。

　経済学で学ぶ数量の多くは，フローかストックに分類することができます。

ここで100円玉の硬貨を考えてみましょう。硬貨には発行年が書かれていますが，たとえば令和2年の1年間に発行される100円玉の枚数はフローに，そして社会全体で流通している100円玉の総枚数はストックにそれぞれ分類されます（本書では変数 x の t 年における値を x_t と書くことがあります）。

> **POINT 0.4 フローとストック**
> - フロー（変数）：ある一定期間内に観測される数量を示す変数
> - ストック（変数）：過去から今までに累積・蓄積してきた数量を示す変数

家計・企業の相互関係

家計と企業は互いに関連しあって経済活動に参加しています。企業は家計を労働者として雇い，いろいろな財・サービスを生産し，それを家計や企業に販売することで利益を手に入れます。一方，家計は企業から賃金や利子などさまざまな所得を受け取ります。生産活動に関わるさまざまな経済主体の間で，所得や利益などのお金が分け与えられることを分配といいます。さらに家計・企業はともに財・サービスに対して支出（消費支出・投資支出）を行います。生産・支出・分配のどの面で見ても，家計と企業は密接に関連していることがわかります。

本書では，経済活動の活発さの程度のことを経済のパフォーマンスと呼ぶことがあります。パフォーマンスという言葉には，演技という意味と，業績・実績といった意味の両方があり，本書では後者でこの言葉を用います。マクロ経済のパフォーマンスを評価・測定することがマクロ経済学の大きな目的の1つです。そのためには，経済主体の活動を総合的に見る必要があります。本書では主に，経済パフォーマンスを生産・支出・分配の3つの面から分析します。

> **POINT 0.5 家計と企業の関わり**
> 所得を得て，消費や貯蓄を行い生活している個人，そしてその集まり（世帯）である家計は，生産・支出・分配の面で企業と関わりながら経済活動を行う

14 ● **CHAPTER 序** マクロ経済学とは

マクロ経済学の登場人物 ③

▶ 政府・中央銀行

　この節では，マクロ経済学における 3 番目の主役である，公的業務に携わる組織である政府・中央銀行について紹介します。

政　府

　政府とは，国家の統治を行う組織の総称です。国あるいは県，市などの地方自治体は，公的な財やサービス（公共サービス）を家計や企業に提供します（なお，経済学ではこれらの公的な財・サービスを<u>公共財</u>と総称します。公共財の正確な定義については第 5 章を参照してください）。国のことを<u>中央政府</u>，地方自治体のことを<u>地方政府</u>といいます。政府の役割は外交や国防など多種多様です。

　これら政府の業務にはお金が必要です。外交を例にとると，世界各国にある大使館の運営には費用がかかります。政府が業務遂行のためにお金を使うことを<u>政府支出</u>といいます。政府は会社と違い，商売をしているわけではないので，利益をあげることができません。したがって，政府支出に必要なお金は，主に税金を家計や企業から徴収してまかないます。支出が税収だけでは足りない場合は，国債（国庫債券）や地方債などの債券を発行して家計や企業からお金を借ります（なお，第 1 章では，国全体の経済活動を記録した国民経済計算を学びますが，この計算においては，上記の中央政府・地方政府に，年金などの社会保障給付を行う組織である社会保障基金を加えたものを一般政府と呼びます）。

中央銀行

　政府だけでなく<u>中央銀行</u>も公的業務を行っています。家計が銀行に預金口座を持ち，お金の受け取りや支払いを行うのと同様，銀行は中央銀行の中に預金口座を開設しており，銀行同士の資金の受け払いはこの口座を用いて行われます。中央銀行はこの口座の管理を行っており，<u>銀行の銀行</u>といわれます。また，中央銀行は紙幣の発行を行い，この意味で<u>発券銀行</u>ともいわれます。中央銀行にはほかにもさまざまな業務があり，マクロ経済を説明するうえで重要な経済

主体といえます。

　中央銀行は，民間企業の銀行（民間銀行）と違い，利益を稼ぐことではなく，物価の安定やそれを通した経済の発展を図ることを主な使命としています。ここで物価とは，さまざまな財・サービスの価格の平均的水準のことをいいます。中央銀行は，その使命から，物価の番人といわれることがあります。

　政府と中央銀行はそれぞれ，目的の達成のため，さまざまな対策を企画・実行します。こういった対策を政策といいます。マクロ経済学では，政府による財政政策，そして中央銀行による金融政策に注目します。中央銀行については第4章で，政府については第5章でそれぞれ詳しく取り上げます。

> **POINT 0.6** 政府・中央銀行
> ● 政府：外交・防衛など国家の統治を行う
> ● 中央銀行：銀行間の資金の受け払いの管理や紙幣発行などを行う

5 市場均衡

　経済学においては，市場で価格や数量がどう決まるかを需要・供給という2つの要素の関係性から分析します。この節では，このことについて説明します。

市場と需要・供給

　経済学では，財・サービスや生産要素など，さまざまな「もの」の取引を分析します。その際，取引される「もの」の1つひとつについて，その売り手と買い手に着目します。そして，両者が取引しあっているところを市場といい，「しじょう」と読みます。市場を「いちば」と読むとき，通常それは売買が行われる地理的な場所を指します。一方，市場（しじょう）というのは，売り手と買い手の集まり・ネットワークを示す抽象的な場を指しています。経済学では，市場での取引量，価格（市場価格），そして取引額に注目します。

　買い手が市場で「もの」を欲しがること，あるいはその量を需要といいます。一方，売り手が市場で「もの」を生産・提供しようとすること，あるいはその量を供給といいます。

16 ● CHAPTER 序　マクロ経済学とは

さまざまな市場

1つの国全体の経済状況を考えるマクロ経済学ではさまざまな市場を考えます。市場それぞれに，需要，供給があり，取引されるものに価格が付きます。最も基本的な市場は，財やサービスを売買する市場です。本書ではこの市場を財・サービス市場，あるいはサービスを略して単に財市場といいます。家計は消費のため，企業は投資のため，そして政府は公的な財・サービスを提供するため，それぞれ財市場で支出を行います。

マクロ経済学は，有価証券などの金融商品を売買する金融市場を多く取り扱います。金融市場の中で，毎日ニュースなどでも話題になる重要な市場は，株式を売買する株式市場や，債券を売買する債券市場，そして異なる国のお金（貨幣・通貨）を売買する外国為替市場です。マクロ経済学ではお金（貨幣・通貨）自体についても市場（貨幣市場）を考えます。

マクロ経済学では，生産要素である労働の市場も重要です。労働者は，企業で働いて賃金を受け取りますが，これを，労働者が企業に労働（力）を供給し，その対価として（労働を需要する側の）企業が労働者に賃金を支払うと考えると，労働者と企業は労働という生産要素を売買しているといえます。企業と労働者が労働をやりとりする市場のことを労働市場と呼びます。賃金は，労働1単位当たりの報酬，つまり労働に付く価格といえます。

日本では，新卒の学生が就職を決める労働市場が注目されます。就職を希望する学生の数より企業からの求人数が多いような状況を売り手市場と呼ぶことがあります。これは，労働市場において労働の供給者である学生側が労働の需要者である企業側より立場が強いことを意味しています。逆に求人数が少なく，限られた枠を多くの学生が争うような状況は買い手市場と呼ばれます。

マクロ経済における経済主体と市場の関わり

図0.3は，家計・企業・政府の計3つの経済主体が3つの市場（財・サービス市場，金融市場，労働市場）で行っているさまざまな経済活動を簡素化して示したものです。以下では，この図に基づいて各経済主体が市場とどのように関わっているのかを確認します。

▶**企業と市場** 企業は労働市場から生産要素として労働（力）を調達し，財・

5 市場均衡 ● 17

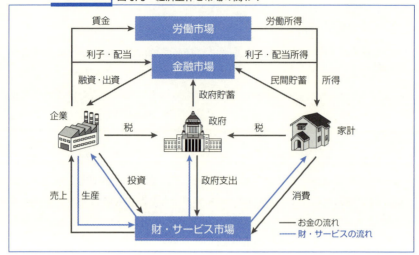

図0.3 経済主体と市場の関わり

サービスの生産を行い，生産物を財・サービス市場で販売することで売上を得ます。そして，労働の提供者である家計に対し，その対価として賃金を支払います。賃金は家計にとっての労働所得になります。

　一方，企業は財・サービス市場で支出をし，投資のための財を手に入れます。支出に必要な資金は，金融市場において金融機関からの融資を受けたり，社債・株式の発行をしたりするなどして調達します。企業は，お金の貸し手に対しては，借りたお金（元本）に利子を合わせて返済し，一方，株主に対しては配当を渡し利益を分配します。

▶**家計と市場**　家計は労働市場において労働所得を，そして金融市場において利子・配当所得を得ます。所得を得た家計は消費を行うため，財・サービス市場で支出を行い，消費財を手に入れます。可処分所得のうち，消費に回らず残ったお金である貯蓄（民間貯蓄）は，運用のため金融市場において銀行などの金融機関に預けられたり，あるいは株式や債券の購入に充てられたりします。

▶**政府と市場**　政府は家計・企業から税（租税）を徴収し，これが政府にとっての収入になります。一方，政府は，家計や企業に公共財を提供するため，家計・企業と同様に，財・サービス市場において支出（政府支出）を行います。税収が支出を上回るとき，政府は余ったお金を貯蓄として金融市場で運用します。租税と政府支出の差額を政府貯蓄といいます。反対に，政府支出が税収を

Column❶-2　金融市場の動向

　日本経済新聞は，株式市場，債券市場，外国為替市場，そして原油などの商品市場の動向を毎日，「市場体温計」という記事でまとめています。下の写真は，2020年1月20日の市場体温計の一部を示したものです。東証1部（東京証券取引所第1部）においては，経営状況等についての審査基準を満たした企業の株式のみが取引されます。この中でとくに日本を代表する会社（225社）の株価の平均を計算したものを日経平均株価といいます。売買代金とは，株価に株式の売買の枚数をかけたものの合計，そして時価総額とはこれまで発行された株式の価値の合計といえます。詳しくは第3章で学びます。

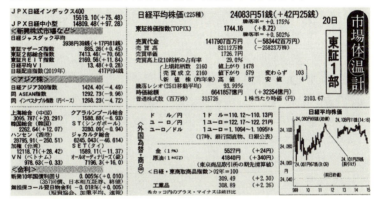

日本経済新聞の「市場体温計」（『日本経済新聞』2020年1月21日付朝刊）

上回るとき，つまり政府貯蓄がマイナスの場合は，支出をまかなうべく，企業と同様，債券を発行するなどして金融市場において資金を調達します。この場合の政府支出と税収の差額は財政赤字ともいわれます。企業・家計と同様に，政府も金融市場とつながっています。

　民間貯蓄と政府貯蓄を合わせたものは経済全体の貯蓄と考えることができます。以下ではこの合計を単に貯蓄と呼ぶことにします。この貯蓄は，金融市場における資金供給の源泉の1つとして大切な役割を果たしています。

均　衡

　市場において，需要と供給は一般的に異なります。例として，売り手がある

5　市場均衡　● 19

財を10個生産し，供給している状況を考えます。このとき，もし買い手がその財を8個しか欲しがっていなかったら，つまり需要が8なら，取引量は8個となり，10－8＝2個の余りが出ます。供給が需要を上回る部分を**超過供給**といいます。一方，買い手の需要が13個だったとき，取引量は10個のみであり，13－10＝3個の品が不足します。需要が供給を上回る部分を**超過需要**といいます。通常，需要と供給が異なる場合，取引量はそのうちの少ない方となります。これを**ショートサイドの原則**といいます。

需要量と供給量が等しい場合，その状況を**均衡**といいます。均衡とは，つりあっているという意味です。均衡における取引量（**均衡取引量**）は需要，そして供給の双方と一致します。均衡での価格を**均衡価格**といいます。野球などの試合の場合，均衡状態というと両チームの点数が同じ状況を指しますが，経済学では，需要と供給が同じという意味で均衡という言葉を用います。

> **POINT 0.7** 市場・均衡
> ①売り手と買い手がさまざまな「もの」を取引しあう場を市場という
> ②需要は買い手が欲しがる量を，供給は売り手が売りたい量を示す
> ③需要と供給が一致する状況を均衡という

 ## 均衡と価格（発展）

均衡に至る過程では，取引される財の価格の動きが重要な役割を果たします。この節では，均衡と価格の関係について考えます。なお，ここでの議論は，第6章以降で用いるため，難しければ先に進んでかまいません。

まず需要と価格の関係についてですが，経済学では通常，財の価格が上がるとその財への需要は減ると考えます。たとえば，これまで1個100円のリンゴを市場で買っていた人も，価格が1個200円に値上がりしたら，リンゴではなく別の果物を買うかもしれません。あるいは，リンゴを買う個数を減らすかもしれません。逆に，価格が下がると需要は増えます。

一方，供給については財の価格が上がるとその財への供給は増えると考えます。リンゴの価格が1個100円から200円に値上がりしたら，リンゴの生産か

CHART | 表0.3　需要と供給

価格	10円	20円	30円	40円	50円
需要	5個	4個	3個	2個	1個
供給	1個	2個	3個	4個	5個

(均衡)

ら利益があがることがわかり，サラリーマンのAさんがリンゴ農家に転身するかもしれません。逆に，リンゴが1個80円に値下がりしたら，これまでリンゴを作っていたBさんが別の果物の栽培に切り替えるかもしれません。いずれにせよ通常は価格が上がると供給は増え，価格が下がると供給は減ります。

　いま述べた財への需要・供給と価格との関係が，**表0.3**のように表せたとします。価格が10円から20円，30円と10円ずつ上がるにつれ，需要が5，4，3個と減る一方，供給は1，2，3個と増えています。この状況で，仮に財1個に50円の価格が付いたとします。このとき，需要が1個しかないのに供給が5個もあるので，差し引き4個の財が余ります。物が売れないのは困りますので，売り手は値下げをして買ってもらおうとするでしょう。たとえば，価格が40円に値下がりしたとすると，需要は2個に増え，そして供給は4個に減ります。しかし，それでも余りが2個あるのでまた財の価格が下がります。もし価格が1個30円になったら，買い手が買いたい量と売り手が売りたい量とが一致します。この状況が均衡です。

　ここで均衡の状況から価格がさらに10円下がり，20円になったとしましょう。この場合，需要が4個に増える一方，供給は2個に減り，今度は需要の方が供給を上回ってしまいます。この場合，価格を上げてでも欲しいと考える買い手が現れますので価格が上がります。結局，30円のときだけ落ち着いた状況になるといえます。

　需要・供給と価格の関係は，（価格以外の）さまざまな要因によって変化します。たとえば，今まである財に関心のなかった人が，何かをきっかけにその財を需要するようになったとします。この場合，価格と需要の関係に変化が起き，すべての価格帯において需要が増えることになります。

　ここで数値例として，**表0.4**のように，すべての価格において需要が2個増えた場合を考えます（たとえば，リンゴの市場においてリンゴダイエットがブームになるといった状況を想定してみましょう）。このとき，新たな均衡価格は40円にな

6 均衡と価格（発展）　● 21

CHART 表 0.4 需要の増加と均衡

	価格	10 円	20 円	30 円	40 円	50 円
需要	（増加前）	(5 個)	(4 個)	(3 個)	(2 個)	(1 個)
	増加 (＋2) 後	7 個	6 個	5 個	4 個	3 個
	供給	1 個	2 個	3 個	4 個	5 個

（元の均衡）（今の均衡）

り，また均衡取引量は 4 個となります。このように，需要が増えると均衡価格は上がり，均衡取引量も増えます。逆に需要が減ると均衡価格は下がり，均衡取引量は減ります（供給の増減による均衡の変化についてはウェブサポートページで説明します）。

現実の財の市場は，**表 0.3** や**表 0.4** の状況よりもっと複雑です。財によっては，需要・供給の量が数万を超えることもあります。上の例は，価格がどのように決まるかというメカニズムを例示するため，実際の経済を簡素化，抽象化しています。経済が簡素化されて表現されたものを経済モデルといいます。マクロ経済学は，さまざまな経済モデルを取り扱います。たとえば第 1 章，第 2 章では，2 種類の財のみが取引されるような経済モデルを例として用いて経済パフォーマンスの測り方を説明します。

SUMMARY ●まとめ

□ 1　経済学は，さまざまな個人・組織が，財・サービスを取引する社会の仕組みを分析する。その中で国・地域全体の経済を分析する分野がマクロ経済学である。

□ 2　マクロ経済学の主な登場人物は，家計・企業・政府である。

□ 3　所得を得て，消費や貯蓄を行い生活している人々を家計という。

□ 4　企業は利益（利潤）をあげることを目的とする組織である。

□ 5　政府とは，社会にとって必要な公的な業務を行う組織である。

□ 6　市場において需要と供給が一致する状況を均衡と呼ぶ。

22 ● CHAPTER 序　マクロ経済学とは

EXERCISE ●練習問題

1 次の文章の ［ ① ］ から ［ ⑤ ］ について，当てはまる単語を下の語群から選びなさい。

マクロ経済学の主な経済主体としては，労働をし，その対価として所得をもらい，消費や貯蓄をする私たち自身を指す ［ ① ］，生産要素を用いて財・サービスを生産し，利益をあげる組織である ［ ② ］，公的なサービスを提供する組織の ［ ③ ］ などがあげられる。生産要素には，財・サービスの生産に必要な設備などを指す ［ ④ ］，あるいは労働などが含まれる。［ ④ ］ を増やす行為を ［ ⑤ ］ という。

　［語群］　a. 企業　b. 家計　c. 資本　d. 政府　e. 投資　f. 金融資産　g. 工場

2 以下のうち，マクロ経済学における投資に入るものをすべて選びなさい。

① A 社が，従業員のために新たに社宅を 20 億円で建てた。

② B さんが，C さんの保有する株式を 500 万円分購入した。

③ D 社が，E 社の持っている土地を 1 億円で買った。

④ 企業 F が，新製品の生産のため，3 億円を費やして工場を新設した。

3 今年 3 月までに A 大学を卒業した学生の総数は 2 万人である。この大学では 4 月に新入生が 1000 人入学した。これらの人数をストック・フローに分けなさい。

4 毎年 10 ずつの設備投資を行う A 社を考える。今年の A 社の資本が 120 であったとする。来年には A 社の資本は投資により 10 増えるので 130 となる。A 社の資本が 200 になるのは何年後か。

5 簡単化のため，小麦粉の原料は小麦だけであるとする。ある製粉所が 150 円分の小麦を使って 200 円分の小麦粉を作ったとする。この製粉所が生み出す付加価値はいくらか求めなさい。

6 下の表は財 X への需要・供給と価格の関係を示す。均衡価格を求めなさい。

価格	10 円	20 円	30 円	40 円	50 円
需要	10 個	8 個	6 個	4 個	2 個
供給	1 個	2 個	3 個	4 個	5 個

7 上の問 6 において，財 X への人気がなくなり，すべての価格において需要がこれまでの半分になったときの均衡取引量を求めなさい。

付録：関数とグラフの考え方

経済学においては数量，金額などに関するさまざまな変数が互いにどう関わっているかを分析します。一般的に，ある量 X と別の量 Y があって，X の値が決まれば Y の値が常に1つに決まるとき，量 Y は量 X の関数であるといいます。このとき，本書では，Y が X の関数であることを示すため，Y を $Y(X)$ と表すことがあります。とくに Y を X についての1次式（$5X+2$ など）で表せるとき，Y は X の1次関数であるといいます。

たとえば，2桁の整数 X に対し，その1桁目を四捨五入した数を Y とします。このとき $X=53$ なら $Y=50$ となります。X が決まれば Y は1つに決まるので，Y は X の関数です。しかし，Y が決まっても X は1つに決まりません。$Y=10$ となるような X，つまり，四捨五入したら10になるような2桁の数は13，14など複数あります。つまり，X は Y の関数ではありません。

本書では，経済におけるさまざまな量について関数の関係を仮定し，両者の関係をグラフに表すことがあります。例として，第6節の表0.3で学んだ需要・供給と価格の関係についてグラフに表してみましょう。まず需要について考えます。表によれば，価格が決まれば需要が決まるので，需要は価格の関数です。

図0.4（a）は，横軸に需要を，縦軸に価格をとった平面上で，表0.3で示された需要と価格の関係を●印の点で表したものです。たとえば図の点 A は，価格が50のとき需要が1であることを示しています。一般に，平面上の点をとったとき，縦方向の座標を縦座標，横方向の座標を横座標と呼びます。この場合，点 A の縦座標は50（価格），そして横座標は1（需要）です。これらの点は右下がりの方向に並んでいます。これは，価格が下がるにつれて需要が増えることを示しています。このグラフでは，価格が50，40，30，20のときの需要と価格の関係はわかりますが，ほかのとき，たとえば価格が45のときのことなどはわかりません。価格と需要との関係をより細かく調べたら，点が増えてきて，徐々に図0.4（b）のような右下がりの線に近づいていきます。これを需要曲線といいます。2つの量の関係を，線で表記することで，どんな価格に対しても，それに対応する需要を探し出すことができます。

次に，供給と価格の関係を考えます。この場合，供給も価格の関数です。横軸に供給を，縦軸に価格をとった平面上で，表0.3で示された供給と価格の関係を▲印で表すと図0.5（a）のようになり，右上がりの方向に並んでいることがわかります。価格と供給の関係をより細かく調べると，この点の集まりは，図0.5（b）のような右上がりの線になります。これを供給曲線といいます。

ここで，需要と価格の関係と，供給と価格の関係を示した2種類のグラフとを重ね合わせてみます。この場合，縦軸が価格を，そして横軸の値が，需要と供給の双方を表し

24 ● **CHAPTER 序** マクロ経済学とは

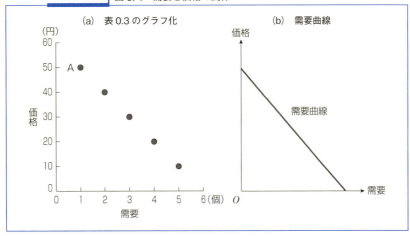

図0.4 需要と価格の関係

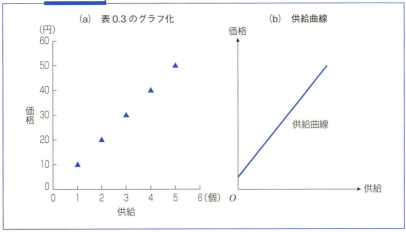

図0.5 供給と価格の関係

ます。図0.6 (a) は，図0.4 (a) と図0.5 (a) を重ね合わせたものです。●印の点と▲印の点の重なったところが，需要と供給が一致するような状況，つまり均衡を示しています。均衡点の縦座標30が均衡価格を，そして横座標3が均衡取引量（需要＝供給）となります。図0.6 (b) は，同じように需要曲線・供給曲線の重ね合わせを行ったものです。この場合，両曲線の交点が均衡を示すことになります。

最後に，需要が変化する場合の経済の動きをグラフで分析します。表0.4では，すべての価格において需要が2個増えたケースを考えました。この場合，需要と価格との関係を示す●の点の位置は右方向，つまり需要量を増やす方向にそれぞれ2つ分移動しま

付録：関数とグラフの考え方 ● 25

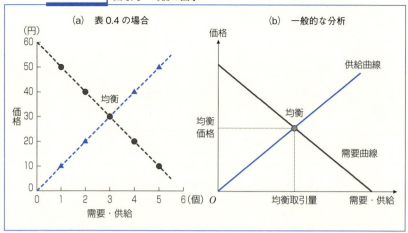

CHART 図 0.6 均衡の図示

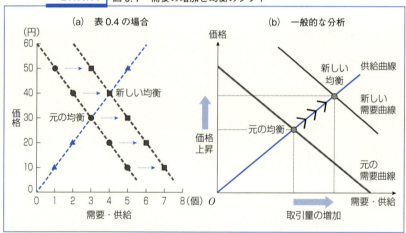

CHART 図 0.7 需要の増加と均衡のシフト

す。需要と価格の新しい関係は図 0.7 (a) において■印で表されています。新しい均衡，つまり▲印と■印の交点（価格 40，取引量 4）は，元の均衡の右上の方向にあります。同様のことは需要・供給曲線を用いても考えることができます。図 0.7 (b) に示すように，すべての価格水準において需要が増える場合，需要曲線は右方向にシフトし，均衡は右上に移り，均衡価格，均衡取引量ともに増えます。

第**1**部

マクロ経済学の基礎知識

PART **1**

CHAPTER
1 マクロ経済を観察するⅠ——GDP
2 マクロ経済を観察するⅡ——物価・失業・景気
3 マクロ経済を支える金融市場
4 貨幣の機能と中央銀行の役割
5 財政の仕組みと機能
6
7
8
9
10
11

CHAPTER

第 1 章

マクロ経済を観察するⅠ

GDP

INTRODUCTION

　本書では，第1章と第2章において，マクロ経済を観察するために必要な統計データを紹介します。マクロ経済学を学ぶ目的は，一国の経済が成長したり停滞したりするメカニズムやその要因を解明することにあります。しかし，一国全体の経済の状況を把握することは簡単ではありません。たとえ近所の八百屋さんが繁盛していたとしても，それはたまたまその店に人気があるだけかもしれません。一国の経済全体の状況を把握するには，家計・企業・政府の行うさまざまな経済活動を「集計」して計測する必要があります。本書では，そのために，どのような統計データが使われているか，またそれらがどのように作成されているかを学びます。第1章では，マクロ経済学が扱う統計データの中で最も基本的な指標である，国内総生産（GDP）を紹介します。

　Keywords：国内総生産（GDP），三面等価，名目と実質，GDPデフレーター

1 マクロ経済のパフォーマンスを測る

　序章において，マクロ経済学とは，一国の経済の全体を考察する学問であると説明をしました。経済全体というと，大きすぎてイメージを持つことができないかもしれません。そこで，この節では小さな1つの島だけからなる国を想定し，その経済を考えることから始めます。この場合，島全体の経済が「マクロ経済」になります。以下では，この国の経済のパフォーマンス（実績・成績）をどのように計測したらよいかを考えます。

パフォーマンスを測る3つの指標

　島1つからなるこの国のマクロ経済のパフォーマンスは，どのようにしたら測ることができるでしょうか。パフォーマンスを測る指標の候補を求めるため，以下の3つの側面から国の経済活動を測ることを考えてみましょう。経済活動を計測する期間は1年間とします。

1. 財・サービスの総生産
2. 経済主体の総所得
3. 財・サービスへの総支出

　1つ目の財・サービスの総生産とは，財・サービスの生産活動を通じて，経済全体で新しく生み出された価値の総額のことです。たとえば，1年間に1000kgで100万円分の米（コメ）が生産された場合，新しく生み出された価値は100万円になります（簡単化のため米の生産には原材料などの中間投入がないとします）。2つ目の総所得とは，その島の住民の所得をすべて足し合わせたものです。所得合計が多くなれば，人々はより多くの財・サービスを入手できます。3つ目の総支出とは，その島の住人が財・サービスを購入したり，食べたり，使ったりした総額のことをいいます。マクロ経済のパフォーマンスを測る指標として，総生産・総所得・総支出のどれもが妥当な候補と考えられます。

三面等価の原則

　これら3つの指標のうち，マクロ経済のパフォーマンスを示す指標として最

1　マクロ経済のパフォーマンスを測る　● 29

もふさわしいものはどれでしょうか。実は，これらの3つの指標は同じ値を示します。どの指標を見ても同じマクロ経済のパフォーマンスを示すのです。その理由を考えてみましょう。

　話を簡単にするために，この島にはカズキさんという人が1人だけ住んでいるとします。カズキさんは毎年，米を1000 kg生産し，それを1人で食べて生活しています。現実には米以外にもいろいろなものを生産し，そして食べないと生活できませんが，簡単化のためにこの島における財は米だけとします。また，この島は陸地から遠く，作った米を島外へと売ることはできず，カズキさんがすべて食べてしまうとします。この場合，カズキさんは米の生産者でもあり，消費者でもあります。カズキさんの行う経済活動が，この島全体の経済活動であり，すなわちマクロ経済ということができます。また，米1000 kgの価値を金額で表すと100万円であるとしましょう。

　この経済において，総生産，総所得，総支出が等しいことを確認してみましょう。この1年間にカズキさんは米100万円分を収穫しています。この島にはカズキさん1人しか住んでいませんから，島の「総生産」は100万円です。また，カズキさんが作った100万円分の米は，カズキさんが働くことで得た所得ということができます。つまり，「総所得」は100万円です。最後に，カズキさんは手に入れた米100万円分をすべて食べて消費する場合を考えます。ここでの消費とは，財・サービスを使用したり食べたりして費やすことを意味します。また，消費する金額は，消費支出とも呼ばれ，総支出に含まれます。この場合の島の「総支出」は100万円です。

　このように考えてみると，この経済では，総生産，総所得，総支出はどれも同じ100万円になることがわかります。一般に，一国経済の経済活動を生産，所得，支出の観点で見たものをそれぞれ生産面，分配面，支出面といいます。これら3つの側面のどちらから見ても経済活動の程度は一致しているため，このことを三面等価の原則といいます。

　さて皆さんは，この島にカズキさん1人しかいないから，三面等価の原則が成立しているのだと思うかもしれません。実は，複数の経済主体がいても三面等価の原則は成立しています。少しだけ現実の経済に近づけて，カズキさんだけでなく，エミさんも住んでいるような，2人からなる経済を考えましょう。この島には米の生産をする会社があり，カズキさんはその株式を保有している

30 ● CHAPTER 1　マクロ経済を観察するⅠ

| CHART | 図1.1　カズキさんとエミさんのいる島の経済循環図

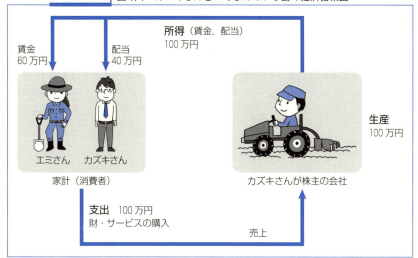

株主だとします。一方、エミさんは、労働者としてこの会社で働き、賃金をもらっています。つまり、会社は、エミさんを労働力として雇い、トラクター等を使って米の生産を行い、販売をします。この経済には、エミさんの労働力を取引する労働市場と、米を取引する財・サービス市場があります。

図1.1は、この経済のお金の流れを示した図です。この会社は、1年間で米100万円分の収穫を得たとします。労働者であるエミさんには60万円の賃金（労働所得）が支払われ、残り40万円の会社の利益は、配当（配当所得）として株主であるカズキさんに支払われたとします。さて、カズキさんとエミさんは2人とも、家計（消費者）でもあります。それぞれが受け取った所得を使って、財・サービス市場で合計100万円の米を消費する場合を考えましょう。2人の米の購入合計が、会社の売上となります。

さてここで、三面等価の原則は成立しているでしょうか。この島の総生産は100万円です。次に、この島全体の総所得は、カズキさんとエミさんの所得の和、つまり60万円＋40万円＝100万円です。最後に総支出を考えます。カズキさんもエミさんもそれぞれ40万円と60万円の消費をするため、2人の支出の合計である総支出は100万円です。このように、三面等価の原則の成立が確認できます。現実の経済ではよりたくさんの人や企業が経済に参加しています。それでも三面等価の原則は成立しており、経済全体では総生産、総所得、総支

出は等しくなります（生産された財がすべて消費されない場合でも，総生産は総支出と計算上等しくなります。詳しくは次の節で説明します）。

> **POINT 1.1　三面等価の原則**
> 経済全体で見ると，総生産・総所得・総支出のどれをとっても同じ値になる

国内総生産（GDP）の測り方

　この節では，マクロ経済のパフォーマンスを示す最も基本的な指標である国内総生産について詳しく説明します。

国内総生産（GDP）

　先ほど説明した三面等価の原則より，ある国の経済パフォーマンスを計測する際，その国の総生産，総所得，総支出のどの観点から測っても同じ値となります。実はこの値には，国内総生産（Gross Domestic Product：GDP）という名前が付いています。正確には国内総生産は，次のように定義されます。

> **POINT 1.2　国内総生産（GDP）**
> 一定期間に，国内で新しく生産された，最終的な財・サービスの取引総額を市場価格で計算したもの

　国内総生産（GDP）は，国民経済計算（System of National Accounts：SNA）と呼ばれる国際的な基準に基づいて作成されています。この基準は一国経済全体の会計原則であり，日本を含めた世界の多くの国がこれに沿うことで，各国経済のパフォーマンスの国際比較ができるようになっています。最新の基準は2008年SNA体系と呼ばれます。以下では，国内総生産をGDPと表記することにします。

　上記のGDPの定義を，1つひとつ分解してその意味を考えてみましょう。
　▶**一定期間に**　GDPは，1年間や3カ月間といった一定期間で測ります。3カ月間のことを四半期とも呼びます。ある一定期間を考えることで，その期間内にどれだけ生産をして，所得を受け取り，そして支出をしたかを測っています。

そのため GDP はフロー変数になります。

▶**国内で**　ある国の GDP を計測する際は，その国内で生産された財・サービスのみが対象となります。つまり外国で生産された財・サービスは対象となりません。その理由は，国外で作られたものを一緒にしてしまうと，その国の国内の経済活動のパフォーマンスを正しく反映しているとはいえないためです。たとえば，アメリカ製の自動車は，それが日本に輸入され，日本国内で販売されたとしても，この自動車の取引額は日本の GDP には含まれません。

▶**新しく生産された**　ある年の GDP には，その年に新しく生産された財・サービスのみが計上されます。たとえば，今年の GDP には，昨年に生産された財・サービスの取引は計上されません。なぜなら，昨年生産された財・サービスは，昨年の経済活動で作られたものであって，今年の経済活動により作られたものではないからです。今年の経済パフォーマンスを反映するため，今年 1 年間で新しく生産された財・サービスのみが，今年の GDP に計上されることになります。たとえば，5 年前に製造された中古車を今年売買した場合，その取引額は今年の GDP には計上されません。単に所有者が変わっただけだからです（ただし，その取引を仲介したディーラーへの仲介手数料は，仲介サービスへの支払いとして GDP に含まれます）。また，土地や株式の売買なども，同様に所有者が変わっただけであり，GDP には計上されません。

▶**最終的な財・サービス**　GDP には，最終的な財・サービス（単に最終財ともいいます）のみが計上され，この財・サービスの生産に必要な中間的な財・サービス（単に中間財ともいいます）は計上されません。次のような 3 段階の取引の例を使ってその理由を考えてみましょう。

1. 農家が小麦を生産し，50 円で製粉所に販売する。
2. 製粉所は購入した小麦を使って小麦粉を作り，150 円でパン屋に売る。
3. パン屋はその小麦粉を用いてパンを作り，200 円でパンを消費者に販売する。

小麦の生産に中間投入は不要とします。この取引を GDP に計上する場合，その金額は，50 ＋ 150 ＋ 200 ＝ 400 円とはなりません。この場合，最終的な財・サービスはパンのみですから，200 円のみが GDP に計上されます。

中間的な財・サービスは，GDP に計上されません。その理由は重複計算を避けるためです。製粉所は小麦を使って小麦粉を作るため，中間投入（原材料）

の小麦の価値は小麦粉の価値に含まれていると考えることができます。同じように，小麦粉の価値はパンの価値に含まれています。それにもかかわらず400円を計上してしまうと，価値が二重にも三重にも重複計算されてしまい，正しい経済のパフォーマンスを測ることができません。よって，GDPには最終的な財・サービスのみが計上されています。

　また，輸入された中間財が国内の最終財の生産に使われている場合は，国内で生産された部分に限定するために，最終財の取引総額から輸入中間財の取引総額を差し引いたものをGDPに計上します。詳しくは次の「総支出の構成要素」の項で説明します。

▶**取引総額を市場価格で計算したもの**　GDPの計算では，市場で付いている価格と取引された数量を用いて，財・サービスの取引額を合計します。市場価格を利用するということは，原則として市場で取引されている財・サービスのみをGDPに計上するということです。市場で取引されているとは，その財・サービスに値段が付き，売買されていることを意味します。たとえば，掃除などの家事サービスを家事代行業者に料金を支払って頼んだ場合，その料金はGDPに計上されます。しかし，もし同じ家事を自分で行った場合，その行為は市場を介しておらずGDPには含まれません。ただし，たとえ市場価格が付いていても，違法な財・サービスの取引は，日本ではGDPには計上されません。

　ここで用いているGDPは，国内の最終的な財・サービスの取引総額ですから，その国における支出の合計つまり「総支出」です。これは「支出面から見たGDP」であるため，国内総支出（Gross Domestic Expenditure：GDE）と呼ばれることもあります。国内総生産と名前が付いていますが，日本では統計データ作成上の都合により「支出面から見たGDP」の数字を，GDPとして公表しています。

総支出の構成要素

　前項では，GDPは，経済全体の支出合計であると説明しました。国民経済計算では，GDPを，家計，企業，政府，そして外国の計4種類の経済主体それぞれの支出に分類します。それぞれの経済主体がどういう支出行動をするのか，見ていくことにしましょう。

　第1の経済主体である家計は，序章でも出てきたとおり，個人あるいは世帯

のことです。家計が行う財・サービスへの支出，およびその経済全体の総額を消費と呼びます。たとえば，この章のはじめの島の例ではカズキさんとエミさんがそれぞれ家計に該当し，彼らが米を購入して食べた額が消費に相当します。消費を示す英語の consumption の頭文字をとって，消費を C で表します。

　第 2 の経済主体である企業とは，財・サービスを生産・販売する組織のことです。上の例では，カズキさんが株主である米の生産会社が企業に該当します。企業が生産に使う資本の量を増やすために行う財・サービスへの支出，およびその経済全体の総額を投資と呼びます。投資は，設備投資，住宅投資，在庫投資から構成されます。設備投資には，工場や店舗，工作機械などの設備の新設だけではなく，1993 年 SNA 体系からは無形固定資産であるソフトウェアの購入が含まれ，また 2008 年 SNA 体系からは研究開発（R&D）活動に伴う支出も含まれています。投資を示す英語 investment の頭文字をとって，投資を I で表記します。なお，企業は中間財の購入もしますが，前項の説明で解説したとおり，これは GDP には含まれません。

　第 3 の経済主体である政府は，国（中央政府）や地方自治体（地方政府）などが該当します。政府が行う支出およびその額は政府支出（government expenditure）と呼ばれます。政府支出には政府によって購入された財・サービスや，警察・消防などによって提供される行政サービスの価値が含まれます。政府支出もこれまでと同じく英語の頭文字から G で表します。

　第 4 の経済主体は外国です。日本国内で生産された財・サービスを購入するのは，その国内の家計，企業，政府だけではありません。外国の経済主体も貿易を通して日本で作られた財・サービスへの支出を行います。国内で作られた財・サービスを外国の経済主体が購入すること，およびその額を輸出（export）と呼びます。反対に，外国で作られた財・サービスを国内の経済主体が購入すること，およびその金額を輸入（import）と呼びます。そして，輸出から輸入を差し引いたものは純輸出（net export）と呼ばれます。国民経済計算では，純輸出を外国が行う支出として取り扱います。純輸出は NX で表します。

　なぜ輸入が差し引かれるのでしょうか。GDP の定義に「国内で新しく生産された」という文言があるとおり，GDP には海外で生産されたものである輸入品は含まれません。しかし，消費（C）や投資（I），また政府支出（G）の中には，輸入品が含まれていたり，あるいは輸入された中間財が生産に使用され

CHART | 表 1.1　経済主体とその支出項目

経済主体	家　計	企　業	政　府	外　国
支出項目	消費（C）	投資（I）	政府支出（G）	純輸出（NX）

た財・サービスが含まれていたりします。たとえば，私たち家計が行う消費を考えてみましょう。たとえば，私たちが購入する輸入バナナは消費 C に含まれます。私たちの消費額としては，このままで問題ありません。しかし，GDP として国内経済のパフォーマンスを測るために，輸入品であるバナナを差し引きます。

経済主体とそれぞれの支出項目を表 1.1 にまとめました。総支出は，これら 4 種の経済主体が行うそれぞれの支出に分類して計測されます。そのため，消費・投資・政府支出・純輸出を合計すれば支出面から見た GDP になります。GDP を記号 Y で表すと，この関係は次のように表すことができます。

POINT 1.3　支出面から見た GDP

$$\underbrace{Y}_{\text{GDP}} = \underbrace{C}_{\text{消費}} + \underbrace{I}_{\text{投資}} + \underbrace{G}_{\text{政府支出}} + \underbrace{NX}_{\text{純輸出}}$$

2017 年の日本の GDP は 545.1 兆円です。各支出項目がいくらになっているか，実際の統計を見てみましょう。図 1.2 の 1 つ目のグラフは支出面から見た GDP の内訳を示したものです。消費 C は，民間最終消費支出 302.5 兆円に対応します。消費は GDP の約 6 割を占める一番大きな項目です。2 番目に大きい総資本形成 130.3 兆円のうち，企業など民間経済主体が行う民間総資本形成 102.8 兆円が本書の投資 I に対応します。また政府，あるいは政府系企業などの公的経済主体が行う公的総資本形成 27.6 兆円と，3 番目の政府最終消費支出 107.2 兆円とを合計した額が，本書の政府支出 G に対応します（小数点以下の数字は四捨五入による丸め誤差により，合計が合わないことがあります）。最後の支出項目の純輸出 NX は 5.1 兆円です。

GDP に関する三面等価の原則

ここでは実際の国民所得統計において，GDP についての三面等価の原則が成立しているか，統計データから確認します。すでに見た図 1.2 のとおり

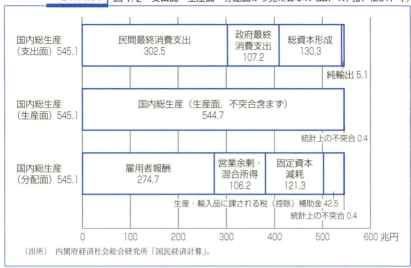

図1.2 支出面・生産面・分配面から見た日本のGDPの内訳（2017年）

（出所）内閣府経済社会総合研究所「国民経済計算」。

2017年の「支出面から見たGDP」は545.1兆円です。

　もう1つの「生産面から見たGDP」は，経済全体において発生する付加価値を合計することにより求めます。付加価値は，企業が生産した財・サービスの売上から生産に使った中間財の費用を引くことで求めることができます。まずは先ほどの農家・製粉所・パン屋の例を用いて，付加価値の合計と最終的な財・サービスの取引額合計が同じ値になることを確認してみましょう。次の図1.3を見てください。一番左の小麦を作る農家から考えます。農家は中間財を利用せずに小麦を作り，50円で売ります。よって，農家の付加価値は売上そのものの50円です。また，図の中央の製粉所の売上は小麦粉150円で，中間財である小麦の費用は50円ですから，その付加価値は売上150円から中間財費用50円を引いた100円です。最後に図の右側のパン屋の場合は，売上がパン200円，中間財の小麦粉の費用は150円ですから，付加価値は50円になります。これらの付加価値を合計すると，50＋100＋50＝200円です。この金額は，最終的な財・サービスであるパンの取引金額200円と同じになります。

　実際の国民所得統計では，付加価値を産出額から中間投入額を差し引いて求めます。図1.2の2つ目のグラフのとおり2017年の付加価値額は，産出額1024.2兆円，中間投入額479.4兆円だったため，544.7兆円になります。ここで，支出面から見たGDPと数字が少しだけ異なるのは，異なる角度から推計

CHART 図 1.3 付加価値の合計としての GDP

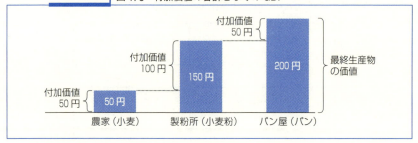

を行っており，計測上の誤差があるためです。生産面から見た GDP は，「統計上の不突合」0.4 兆円によりその差を埋めて，合計 545.1 兆円としています。

最後に，「分配面から見た GDP」を考えます。企業の売上から中間財の費用を引いた付加価値は，企業が得た収入ともいえます。企業はこの収入をさまざまな形で分配します。雇っている労働者や経営者に賃金を支払う分は「雇用者報酬」と呼ばれます。また，株主への配当や個人事業主の所得として支払う分は「営業余剰・混合所得」と呼ばれます。また，売上から中間財を引いた付加価値には，消費税や関税などの生産・輸入品にかかる税金や補助金が含まれています。これは，「生産・輸入品に課される税（控除）補助金」と呼ばれる項目で扱われます。「控除」とは差し引くことを意味し，補助金は差し引かれます。「固定資本減耗」は企業にとっては生産設備が老朽化して使えなくなる分です。これは，ある種の中間的な費用なのですが，中間投入のように差し引かれないため付加価値に残っており，分配面の GDP に含まれます。

図 1.2 にある分配面から見た GDP の実際の数字を見てみましょう。2017 年は，雇用者報酬 274.7 兆円，営業余剰・混合所得 106.2 兆円，固定資本減耗 121.3 兆円，生産・輸入品に課される税（控除）補助金 42.5 兆円となり，合計金額は 544.7 兆円です。支出面から見た GDP との数字の差は，先と同様に統計上の不突合により調整し，分配面から見た GDP も 545.1 兆円になります。以上から，三面等価の原則が GDP についても成立していることが確認できました。

POINT 1.4 生産面・分配面から見た GDP
- 生産面から見た GDP：国内で生じた付加価値の合計
- 分配面から見た GDP：国内で生じた所得の合計

GDPに類似した指標

経済全体の生産・所得を示す指標として，GDP以外の指標を3つ紹介します。

1つ目は，GDPから固定資本減耗を差し引いた国内純生産（Net Domestic Product：NDP）です。これは，固定資本減耗を，ある種の費用と捉えてGDPから差し引くという考え方を採用した指標です。

2つ目に，GDPは国内に注目した指標でしたが，その国の国民が稼いだ所得の合計として国民総所得（Gross National Income：GNI）という指標があります。ここでいう国民とは国籍のことではなく，その国の居住者のことです。そのため，日本の国民総所得には，日本の居住者が海外で稼いだ所得（海外からの所得の受取）が含まれます。一方で，たとえ日本国内であっても日本の居住者以外が稼いだ所得（海外への所得の支払）は除きます。そのため，GDPとは次のような関係があります。

$$国民総所得 = GDP + 海外からの所得の受取 - 海外への所得の支払$$

最後に，国民総所得から固定資本減耗を引いた国民所得（National Income：NI）という指標があります。これらの指標はその定義が少しずつ異なっており，目的に応じて使い分けられています。

GDP算出に関するさまざまな決まり

この節では，GDPの算出に関するさまざまな決まりを説明します。

在庫投資

三面等価の原則を説明するとき，生産された財・サービスがすべて購入されるという前提をおきました。しかし，皆さんは「作ったからといって，売れるとは限らないのでは？」という疑問を持つかもしれません。確かに，ある年に新しく生産した分が売れ残ってしまうことがあります。売れ残りは，在庫が増えることを意味します。GDPを計算するときの国民経済計算の会計原則とし

て，この在庫の増加は在庫投資として企業の投資支出に計上することになっています。在庫投資はその年の投資として総支出に含まれます。そのため，売れ残りによる在庫の増減があっても三面等価の原則が成立するのです。

企業にとって在庫とは，単に売れ残りだけではありません。私たちがスーパーやコンビニに行って，いつでも欲しい財を手に入れることができるのは，店舗に在庫が置かれているからです。もしも在庫がなければ，私たちは欲しいものをすぐに手に入れることができず，注文をしてから生産されるのを待つ必要が出てしまいます。企業にとっても，在庫がなければ，すぐに販売して稼ぐ機会を逃してしまいます。その機会を逃さないために，企業は在庫投資を行い，在庫を戦略的に管理しています。

帰属計算

前節では，GDP の対象となる財・サービスは原則として市場で取引されるものであると説明しました。しかし，この原則には例外があります。現実の経済には，市場があってもその市場で取引されなかったり，そもそも市場がなかったりする財・サービスがあります。GDP が正確に経済のパフォーマンスを捉えるためには，これらの財・サービスも GDP に反映されなくてはなりません。そのために帰属計算という手続きが行われます。

帰属計算とは，市場で取引されない財・サービスの価値を求めて，GDP に計上することをいいます。実際には市場で取引されていない財・サービスに属している価値を求めるため，帰属計算と呼びます。ここでは帰属計算が行われている 3 つの例として，農家の自家消費，持ち家，政府が提供する公共サービスを紹介します。

1 つ目の例は，農家の自家消費の帰属計算です。たとえば，米を栽培する農家を考えましょう。農家は作った米を販売してお金を稼いでいます。しかし，農家自身が米を食べるときには，わざわざ購入する必要はなく，作った米を市場に出さずに，そのまま自分たちで消費をします。これを自家消費と呼びます。自家消費されている米は，市場に出ておらず，市場で取引されない財になっています。これに GDP のルールをそのまま当てはめてしまうと，米は生産されて，消費されているにもかかわらず，GDP には反映されません。そこで，実際に市場に流通している米の価格を利用するという帰属計算を行い，農家自身

40 ● CHAPTER 1 マクロ経済を観察する I

が食べている米の総額を計算し，GDPに計上します。

次に，持ち家の帰属計算について説明します。もし皆さんが自ら所有する家，すなわち持ち家に住んでいるならば，家賃を支払う必要はありません。一方で，家を持っていなければ，家や部屋を借りて，家賃を支払って住むことになります。どちらの場合にも，「住む」という住宅サービスが生産され，消費されています。後者の場合は，この住宅サービスに対し家賃という市場価格が付き，市場で取引されますから，GDPに計上されます。しかし，前者の場合は市場で取引されておらず，持ち家から提供される住宅サービスを消費しています。そこで，農家の自家消費と同様に帰属計算を行い，持ち家が提供する住宅サービスの価値を，家賃の市場価格を参考に帰属計算によって求め，GDPに計上します。

最後に，政府が提供する公共サービスの帰属計算について説明します。引っ越しや結婚や出産などの際に，手続きは役所で行います。こうした役所が提供してくれるサービスに対して，多くの場合は料金を支払いません。つまり，公共サービスの市場価格がないため，その価値を測ることができないのです。このような公共サービスは，ほかにも警察，消防，国防など多岐にわたります。これらは社会に必要とされるサービスとしての価値を生み出しており，経済のパフォーマンスに貢献していますが，価値の計測が困難です。そのため公共サービスの価値は，これらのサービスを提供にするためにかかった費用（公務員の給料など）と同じであると仮定した帰属計算を行い，GDPに計上します。

以上，3つの帰属計算を紹介しましたが，市場で取引されていない財・サービスのすべてについて，帰属計算されているわけではありません。たとえば，家庭で行われる家事は，帰属計算されません。もし炊事・洗濯・掃除などの家事について，ハウスキーピング・サービスを業者に頼めば有料で行われ，GDPに計上されます。しかし，家庭内において自分で家事を行う場合，帰属計算は行われず，GDPに計上されません。また，ボランティア活動に対しても帰属計算は行われず，GDPに計上されません。

POINT 1.5 GDP算出のさまざまな決まり

- 在庫の変化は，在庫投資としてGDPに計上される
- 市場で扱われない財・サービスの一部は帰属計算によりGDPに算入される

---

3 GDP算出に関するさまざまな決まり ● 41

4 名目と実質

この節では，名目 GDP と実質 GDP の違いについて説明します。

名目 GDP

GDP を求めるとき，各年の市場価格で生産額の合計を計算したものを名目 GDP といいます。名目とは，そのときどきの価格で計算したものを指します。財・サービスが 1 種類の場合は簡単に計算ができます。今はリンゴだけを生産している経済を例に考えましょう。リンゴの市場価格は 1 個 100 円で，ある年に 100 個生産されて，家計が購入したとします。GDP は，財・サービスの市場価格を用いた取引総額ですから，100×100＝10000 です。

2 種類以上の場合も，同様に市場価格を用いて生産額を合計するだけで名目 GDP を求めることができます。この経済では 2017 年と 18 年のそれぞれの年で，リンゴとオレンジが表 1.2 のように取引されたとしましょう。

各年の名目 GDP は以下のように，市場価格を用いて生産額を合計することで計算することができます。

- 2017 年の名目 GDP
  ＝（リンゴ 1 個 100 円×10 個）＋（オレンジ 1 個 200 円×5 個）＝2000
- 2018 年の名目 GDP＝130 円×10 個＋210 円×5 個＝2350

実は名目 GDP には問題があります。上記で求めた 2017 年と 18 年の名目 GDP を比較してみましょう。2017 年の名目 GDP よりも 18 年の名目 GDP の方が大きいため，18 年の方が経済のパフォーマンスはよいといえるでしょうか。両年のリンゴとオレンジの生産量は，リンゴ 10 個，オレンジ 5 個と，まったく同じ個数だけ生産されています。生産量から見れば，経済のパフォーマンスはまったく変わっていません。変わったのは市場価格だけであるにもかかわらず，名目 GDP は大きくなっています。生産量は同じで，価格だけが上がったときに，経済のパフォーマンスが上がったと判断はできません。そこで，次の項では生産量の変化を評価できるような工夫を GDP に施していきます。

CHART 表 1.2 　リンゴとオレンジの価格と数量(1)

年	リンゴ		オレンジ	
	価　格	数　量	価　格	数　量
2017	100 円	10 個	200 円	5 個
2018	130 円	10 個	210 円	5 個

固定基準方式による実質 GDP

　名目 GDP の問題は，その値の変化に価格の変化が含まれているため，生産量の変化をきちんと評価できないことにありました。そこで価格が変化する影響を取り除いて，生産量の変化だけを計測できるように GDP の計算の際に工夫を施します。その工夫とは，価格をある基準年に固定し，各年の生産量を評価することです。このように作られた GDP を固定基準方式による実質 GDP と呼びます。

　再び表 1.2 を使って説明しましょう。次のように，実質 GDP を計算します。

1. ある基準年を決める（ここでは 2017 年とする）。
2. 基準年の価格を用いて，各年の生産額の合計を計算する。
   - 2017 年の実質 GDP ＝ 100 × 10 ＋ 200 × 5 ＝ 2000
   - 2018 年の実質 GDP ＝ 100 × 10 ＋ 200 × 5 ＝ 2000

　2017 年と 18 年の実質 GDP を比較すると，名目 GDP のときと違い，どちらも同じ値になっています。このように実質 GDP を用いれば，生産量が同じ経済では同じパフォーマンスとして評価できます。

　次に，もしも表 1.3 のように 2018 年にはリンゴが 20 個，オレンジが 10 個とどちらも 17 年の 2 倍の量が生産されていた場合を考えてみましょう。

　この場合の実質 GDP は，2017 年は前と変わらず 2000 であり，18 年の実質 GDP ＝ 100 × 20 ＋ 200 × 10 ＝ 4000 となり，17 年に対して 2 倍に計測されます。このように実質 GDP を利用することで，実質的な経済のパフォーマンスを観察することができます。

POINT 1.6 　固定基準方式による実質 GDP
基準年の価格を用いて，各年の生産量を評価した GDP のこと

4　名目と実質

CHART 表 1.3　リンゴとオレンジの価格と数量(2)

年	リンゴ 価格	リンゴ 数量	オレンジ 価格	オレンジ 数量
2017	100 円	10 個	200 円	5 個
2018	130 円	20 個	210 円	10 個

CHART 図 1.4　日本の実質 GDP 成長率の推移

(注) 68 SNA では固定基準方式，93 SNA と 2008 SNA では連鎖方式の実質 GDP 成長率を利用している。
(出所) 内閣府経済社会総合研究所「国民経済計算」。

　図 1.4 は，日本の実質 GDP の成長率を求め，その推移をグラフにしたものです。1950 年代から 70 年代初めまでは高度経済成長期と呼ばれ，成長率は年率で平均約 10% でした。その後，高度成長は終わり，1970 年代から成長率は落ち着き，80 年代まで含めて平均約 4% 前後で推移します。1980 年代後半の景気拡大はバブル景気と呼ばれ，株価や地価といった資産価格が，実体経済の水準以上に高騰しました。

　1991 年からは資産価格が大きく下落し，成長率が停滞し，景気が後退しました。その後の日本経済は長く停滞を続けています。とくに 1998 年の景気後退では大手都市銀行が経営破綻するなど金融危機が発生し，成長率が鈍化しました。また，2008 年，09 年には実質 GDP の成長率が大きくマイナスになっています。これはアメリカのサブプライム・ローン問題をきっかけに発生した世界金融危機によって，日本からの輸出が減少したことが主な原因です。

GDP デフレーター

名目 GDP は生産額を表し，実質 GDP は生産量を反映した指数と考えることができます。そこで，これらを利用して取引金額 ÷ 生産量を求めれば，経済全体の財・サービスの価格（物価）を表す指標を作ることができそうです。この指標を GDP デフレーターと呼びます。

> **POINT 1.7** GDP デフレーター
>
> 経済全体の財・サービスの価格を表す物価指数の 1 つ
>
> $$\text{GDP デフレーター} = \frac{\text{名目 GDP}}{\text{実質 GDP}} \times 100$$

先ほどのリンゴとオレンジの表 1.2 を利用して各年の GDP デフレーターを求めると次のようになります。

- 2017 年：$\dfrac{\text{名目 GDP}_{2017}}{\text{実質 GDP}_{2017}} \times 100 = \dfrac{2000}{2000} \times 100 = 100$

- 2018 年：$\dfrac{\text{名目 GDP}_{2018}}{\text{実質 GDP}_{2018}} \times 100 = \dfrac{2350}{2000} \times 100 = 117.5$

GDP デフレーターにより，経済全体の財・サービスの価格である物価水準がどのように変化したかを知ることができます。基準年の 2017 年は，名目 GDP と実質 GDP に違いがないため，GDP デフレーターは 100 になります。得られた数字は，2017 年に比べて，18 年の物価が 17.5% 高くなったことを意味します。

連鎖方式を用いた実質 GDP（発展）

これまで紹介した実質 GDP は，価格を基準年に固定して計測したものです。当初の基準年のままだと，その価格はどんどん時代遅れになってしまいます。たとえばコンピューターの価格は，技術向上によって年々下落しています。それにもかかわらず，昔の基準年の高い価格のままで，コンピューターの取引を評価した場合には価格が過大評価されてしまいます。そのため実際には，価格が時代遅れにならないように，基準年は 5 年ごとに変更しています。

しかし，コンピューターなどの技術進歩は速く，5 年でも時代遅れになりま

4 名目と実質 ● 45

す。そこで，近年では連鎖方式と呼ばれる実質 GDP が採用されています。連鎖ウエイト指数を用いた実質 GDP とも呼ばれ，基準年が連続的に変化するため，時代遅れを防ぐメリットがあります。日本では連鎖方式の実質 GDP が用いられ，固定基準方式の実質 GDP は参考系列として公開されています。連鎖方式の実質 GDP の求め方は，本書のウェブサポートページに公開しています。

SUMMARY ●まとめ

- □ 1 経済全体では総所得・総生産・総支出の 3 つは等しい。
- □ 2 マクロ経済のパフォーマンスは国内総生産（GDP）で測る。国内総生産とは，一定期間に，国内で新しく生産された，最終的な財・サービスについての市場価格の取引総額である。
- □ 3 価格をある基準年に固定して，各年の生産量を評価したものを，固定基準方式の実質 GDP という。
- □ 4 GDP デフレーターは名目 GDP を実質 GDP で割ったものとして求められる。

EXERCISE ●練習問題

1 次の文章の [①] から [⑦] について，当てはまる単語を下の語群から選びなさい。

GDP の支出項目は，家計が行う支出として [①]，企業が行う支出として [②]，政府が行う支出として [③]，外国による支出として [④] の 4 つに分類される。さらに [②] は，[⑤]，[⑥]，[⑦] の 3 つに分類される。[⑤] は，新しい工場を建てたり，機械を新設したりするような支出である。[⑥] は，新しい住宅建設にかかる支出である。[⑦] は，企業の保有する製品在庫などの増減にかかる支出である。

[語群] a. 株式投資　b. 生産及び輸入品にかかる税（控除）補助金　c. 設備投資　d. 在庫投資　e. 雇用者報酬　f. 消費　g. 固定資本減耗　h. 投資　i. 営業余剰・混合所得　j. 政府支出　k. 金融　l. 付加価値　m. 純輸出　n. 産出額　o. 中間投入　p. 住宅投資

2 次の文章の [①] から [④] について，当てはまる単語を下の語群か

46 ● CHAPTER 1　マクロ経済を観察する I

ら選びなさい。

　GDPから固定資本減耗を差し引いたものは，[　①　]と呼ばれる。またその国の国民が稼いだ所得の合計を示す国民総所得は，GDPに[　②　]を足して，[　③　]を差し引いたものとして求められる。国民総所得から固定資本減耗を差し引いたものは，[　④　]と呼ばれる。

　[語群]　a. 中間投入　b. 国民所得　c. 輸出　d. 輸入　e. 海外からの所得の受取　f. 海外への所得の支払　g. 国民総所得　h. 国内総生産　i. 国内純生産

③　GDPに関する次の記述のうち適切なものを選びなさい。（平成29年度川崎市採用試験改題）

　① GDPは，一国全体の付加価値の合計ではなく，財・サービスの生産額の合計であり，原材料として使われた中間生産物の価値と最終生産物の価値を合計して得ることができる。

　②分配面から見ると，GDPは雇用者報酬と営業余剰・混合所得の合計に補助金を加えて生産・輸入品に課される税を引いたものから，固定資本減耗を引いて得られる。

　③支出面から見ると，GDPは民間消費と民間投資と政府支出と輸入の合計から輸出を引いたものである。民間投資には，設備投資と住宅投資は含まれるが，在庫投資は含まれない。

　④ GDPには，株価や地価などの資産価格の上昇による利益や中古品の売上は含まれるが，政府が提供する行政サービスや持ち家の住宅サービスは含まれない。

　⑤ある国の対外資産が増加して，海外からの所得の受取が海外への所得の支払よりも大きくなると，GDPよりも国民総所得（GNI）の方が大きくなる。

④　図1.1の例において，もしカズキさんとエミさんが受け取った所得合計100万円分を使って，財・サービス市場で60万円分を消費する場合は，三面等価の原則は成立しているでしょうか。成立しているとしたら，なぜか説明しなさい（ヒント：POINT 1.5を参照）。

⑤　次の表のように，日本でミカンとナシが生産され取引が行われたとする。以下の問いに答えなさい。

年	ミカン		ナシ	
	価格	数量	価格	数量
2016	50	20	200	10
2017	70	30	210	5
2018	65	25	250	20

(1)　各年の名目GDPを求めなさい。

⑵ 2016 年を基準年として，各年の固定基準方式の実質 GDP を求めなさい。

⑶ （発展問題）本書ウェブサポートページの「連鎖方式における実質 GDP の計算方法」を読み，各年の連鎖方式の実質 GDP を求めなさい。

6 市場で取引されない財・サービスとして，私たちが自宅で行う家事があげられる。もし，今まで自分で家事をしていた人が，お金を支払って家事サービスを頼んだら，GDP にどのような影響を与えるか，説明しなさい。

7 次のような生産プロセスを通じた取引があるとするとき，以下の問いに答えなさい。ある年に日本電産が 3 億円分のハードディスク用モーターを東芝に販売した。東芝は，そのモーターを用いてハードディスクを製造し，4 億円で Panasonic に販売した。Panasonic は，ハードディスクを用いてノートパソコンを製造し，消費者に総額 6 億円で販売した。ただし，ここに記述された以外には中間投入はないとする。また，生産・輸入品に課される税（控除）補助金，固定資本減耗は無視する。

⑴ これらの取引により，GDP に計上される金額はいくらか，計算しなさい。

⑵ 日本電産，東芝，Panasonic のそれぞれの企業の付加価値を求め，その金額を合計し，⑴の結果と同じであることを確認しなさい。

8 ある国で自動車を生産するために，部品メーカー A 社は，海外から原材料を 50 万円で調達して部品を生産し，それを 100 万円で完成車メーカー B 社に販売する。B 社はその部品から自動車 200 万円分を生産し，うち 170 万円は国内の消費者に，30 万円は海外の消費者に販売する。この一連の生産活動で生み出される A 社の従業員の報酬は 30 万円，B 社の従業員の報酬は 70 万円である。ただし，生産・輸入品に課される税（控除）補助金，固定資本減耗は無視する。（平成 28 年度東京都採用試験改題）

⑴ この一連の生産活動から，当該国での GDP はどれだけ変化するか（ヒント：ここでは POINT 1.4 の生産面から見た GDP を用いるとよい）。

⑵ GDP を需要（支出）面から見ると，個人消費，設備投資，輸出および輸入はそれぞれどれだけ変化するか。

⑶ GDP を分配（所得）面から見ると，営業余剰・混合所得および雇用者報酬はそれぞれどれだけ変化するか。

9 本文の図 1.2 には日本の 2017 年について，支出面・生産面・分配面から見た名目 GDP の構成と金額が表示されている。内閣府経済社会総合研究所の『国民経済計算確報』を用いて最新の年について同様の図を作成しなさい。

48 ● CHAPTER 1 マクロ経済を観察する I

CHAPTER

第 **2** 章

マクロ経済を観察するⅡ

物価・失業・景気

INTRODUCTION

　この章ではマクロ経済を観察するうえで重要な「物価」・「失業」・「景気」の３つの指標を紹介します。はじめに物価について説明します。ある国の物価とは，その国で取引されている財・サービスの価格の総合的な動向を示したもので，一般物価水準ともいいます。物価が上がっているときに，もし給料が以前と同じままならば，買い物の量を減らすなど対応をとる必要が生じます。そのため，物価動向を知ることは，私たちの生活水準に直結する重要な指標なのです。この章では，物価指標の１つである消費者物価指数が，どのように作成されているかを紹介します。次に，経済全体で働きたいにもかかわらず働くことができない人がどのくらいいるかを知る指標として失業率を紹介します。最後に，景気動向指数や日銀短観などいくつかの景気指標を紹介します。

　Keywords：消費者物価指数（CPI），インフレ率，失業率，有効求人倍率，景気動向指数，日銀短観

1 消費者物価指数

この節では，物価水準を捉えるための代表的な指標である消費者物価指数について説明します。

今と昔で給料を比較するには

今と昔で給料はどちらが高いのか，そしてその給料からどれくらいの豊かさを得られるのかを比較するには，どのように考えればよいでしょうか。表2.1の第2列目は大卒男性の初任給（月）の推移を表しています。1971年では4万3000円であったのに対し，2018年では20万1400円と約5倍になっていることがわかります。この数字を見て，給料が5倍になることにより，私たちは5倍物質的な面で豊かになったのだと判断することができるでしょうか。その答えを考えるためには，各年の財・サービスの物価を考慮する必要があります。

今と昔で豊かさを比較するためには，大卒初任給でどれだけ財・サービスを購入できるか，その購買力を比較することが大事です。たとえば，ラーメンの価格を用いて，いくつかの年の購買力を比較してみましょう。総務省統計局の小売物価統計からラーメンに当たる「中華そば（外食）」（東京都区部）の価格を用います。

表2.1の第3列目にラーメン1杯の値段の推移，また隣の列にそれぞれの年

CHART 表2.1　大卒初任給とその購買力

年	大卒初任給（男，円）	ラーメン（円）	購買力（杯）
1971	43,000	110	391
1980	114,500	311	368
1990	169,900	451	377
2000	196,900	543	363
2010	200,300	524	382
2018	201,400	561	359

（出所）　厚生労働省「賃金構造基本調査」，総務省統計局「小売物価統計調査」。

50 ● **CHAPTER 2** マクロ経済を観察するⅡ

の大卒初任給の購買力として購入できるラーメンの杯数を示しました。表によれば，1971 年は 391 杯であるのに対して，80 年は 368 杯と減っています。これは 1970 年のラーメン値段の上昇が大卒初任給よりも高かったためです。その後，1990 年は 377 杯，2000 年は 363 杯と若干の変動はあるものの 360 杯から 370 杯の間で安定しています。2010 年になると 382 杯購入できるようになりますが，18 年では 359 杯となっています。「ラーメンを何杯購入できるか」を生活水準の指標として用いるならば，1971 年と 2018 年とを比較するとき，大卒初任給は約 5 倍になったものの，実質的な生活水準は約 8% 少なくなったと考えることができます。

　このように購入する財・サービスの価格の変化によっても，生活水準は変化していきます。そのため，今と昔で給与を比較するには，物価を考える必要があるのです。実際には，私たちが生活するためには多種多様な財・サービスが必要になります。そのため，以下ではさまざまな財・サービスの価格を総合的に評価するための指標を紹介します。

消費者物価指数（CPI）

　消費者（家計）が日常的に購入するさまざまな財・サービスの組み合わせは，いわば買い物の際に選んで買い物カゴの中に入れたものと考えることができます。以後この組み合わせのことを「買い物カゴの中身」と呼ぶことにします。消費者物価指数（Consumer Price Index：CPI）とは，標準的な消費者が購入する買い物カゴの中身について，その費用の変化を計測する指標のことです。CPI によって，総合的な物価の変化を捉えます。ここで標準的な消費者とは，その国を代表するような一般的な消費者または家計を意味します。たとえば，サザエさん一家など皆が考えるような家計が一例です。

> **POINT 2.1**　**消費者物価指数（CPI）**
> 　消費者が購入する財・サービスの総合的な物価の指標のこと

　CPI はどのように計算されるのでしょうか。日本では総務省統計局が多数の財・サービスの価格を調査して，作成しています。作成の手順は以下の 4 つの手順になります。

　1. 基準年を選び，標準的な消費者の買い物カゴの中身を決める。

1　消費者物価指数　● 51

CHART 表 2.2 財・サービスの例（2019 年）

調査品目	基本銘柄
カップ麺	カップヌードル
ヨーグルト	明治ブルガリアヨーグルト LB81 プレーン，ビヒダスヨーグルト BB536，またはナチュレ恵 megumi
ケチャップ	カゴメトマトケチャップ，デルモンテトマトケチャップ
マヨネーズ	キユーピーマヨネーズ
カレールウ	バーモントカレー
ふりかけ	丸美屋のりたま
チョコレート	明治ミルクチョコレート，ロッテガーナミルクチョコレート，または森永ミルクチョコレート
アイスクリーム	ハーゲンダッツ バニラ
殺虫剤	キンチョール
鼻炎薬	パブロン鼻炎カプセル Sα
通信料	携帯電話，基本料金，ユニバーサルサービス料を含む
携帯電話機	iPhone XR
大学授業料	国立（私立）大学，昼間部，法文経系，授業料

（出所）　総務省統計局「小売物価統計」2019 年 5 月。

2.　各年における財・サービスの価格を調査する。

3.　買い物カゴの中身を購入する費用を計算する。

4.　各年の費用を基準年の費用で割る。

以下ではこれらの手順を詳しく説明します。

▶**手順 1：基準年を選び，買い物カゴの中身を決める**　最初に基準となる年を選び，標準的な消費者が，日常的にどのような財・サービスを，その年においてどれだけ購入するかを示す財・サービスの組み合わせ（買い物カゴの中身）を決めます。たとえば，基準年が 2015 年であり，その年に標準的な消費者は「リンゴ 2 個とオレンジ 4 個」を購入するとしたら，この組み合わせが買い物カゴの中身になります。買い物カゴの中身は，次の基準年まで原則として変更されません。

　実際には，消費者はたくさんの財・サービスを購入しているため，対象となる財・サービスは多岐にわたります。消費者物価統計の基礎となる「小売物価統計調査」では，たとえば**表 2.2** にあるような，読者の皆さんがよく知っているような銘柄を対象にしています。

52 ● **CHAPTER 2** マクロ経済を観察する Ⅱ

CHART | 表2.3　リンゴとオレンジの価格

年	リンゴ1個の価格（円）	オレンジ1個の価格（円）
2015	100	200
2016	120	250
2017	130	210

▶**手順2：価格を調査する**　CPIの作成のもととなる統計の1つである「小売物価統計調査」においては，価格の場合，全国の167市町村（2019年5月現在）を対象に調査しています。調査市町村ごとに数百人の調査員が店舗等に行き，価格を調査しています。調査の結果，各年におけるリンゴとオレンジの価格は表2.3のようにまとめられたとします。

▶**手順3：買い物カゴの中身を購入する費用を計算する**　手順3では，各年の価格で買い物カゴの中身，ここでは「リンゴ2個とオレンジ4個」を購入したときにかかる費用を計算します。

各年における，買い物カゴの中身の購入費用を計算すると以下のとおりです。

- 2015年に購入した場合の費用 = $100 \times 2 + 200 \times 4 = 1000$（円）
- 2016年に購入した場合の費用 = $120 \times 2 + 250 \times 4 = 1240$（円）
- 2017年に購入した場合の費用 = $130 \times 2 + 210 \times 4 = 1100$（円）

▶**手順4：各年の費用を基準年の費用で割る**　最後に物価指数を計算します。同じ買い物カゴの中身を購入する費用が，基準年に比べてどれくらい変化したかによって，物価を捉えます。そのために，次のように各年の費用を基準年の費用で割り，100をかけることでCPIを計算します。

$$各年の CPI = \frac{各年の買い物カゴの中身の購入費用}{基準年の買い物カゴの中身の購入費用} \times 100$$

各年のCPIは以下のようになります。

- 2015年のCPI = （1000円／1000円）× 100 = 100
- 2016年のCPI = （1240円／1000円）× 100 = 124
- 2017年のCPI = （1100円／1000円）× 100 = 110

基準年の2015年は，分子と分母の値は同じになり，CPIは必ず100になります。買い物カゴの中身を購入する費用は，2015年を100とすると，16年には124となり，24％高くなっていることがわかります。つまり，標準的な消費者

1　消費者物価指数 ● **53**

CHART 図2.1 物価を考慮した大卒初任給の比較

（出所）総務省統計局「消費者物価指数」，厚生労働省「賃金構造基本調査」。

が購入する財・サービスの価格が24％上昇したと判断できます。同じように2017年の費用は110ですから，15年と比較して10％高いということがいえます。このようにCPIを用いることで，一般的な消費者が購入する財・サービスの価格全般の変化を知ることができます。

POINT 2.2 CPIの求め方

$$各年のCPI = \frac{各年の購入費用}{基準年の購入費用} \times 100$$

物価の計測はなぜ大切なのか？

物価とその変化を計測することがなぜ大切なのでしょうか。この章のはじめの大卒初任給の話に戻りましょう。豊かさの程度を比較するとき，そのときに購入できる財・サービスの物価も考慮する必要があります。各年の大卒初任給を各年のCPIで割ることで，大卒初任給で標準的な消費者が購入する財・サービスを，どれだけ購入できるかを比較することができます。図2.1は，2015年を100とした実際のCPIを用いて，大卒初任給の名目額と，それを2015年の価格に換算したものとを比較し，その推移を見たものです。2015年の価格への換算は，次の計算

$$各年の大卒初任給（2015年の価格）= \frac{各年の大卒初任給}{各年のCPI} \times 100$$

によって求めることができます。このグラフによれば1971年と2018年の大卒初任給の差は，物価を考慮しない場合は5倍弱でしたが，物価を考慮した場合は約1.6倍であることがわかります。このように，皆さんがもらっている給料が以前と比較して実質的にどのくらいの購買力があるかを知るためには，各時点での物価を考慮する必要があるのです。

CPIとGDPデフレーター

前章では国内総生産（GDP）を紹介した際に，物価を表す指標としてGDPデフレーターを紹介しました。CPIとGDPデフレーターはどこが異なっているのでしょうか。主要な違いは以下の3点です。

> **POINT 2.3** CPIとGDPデフレーターの違い
> ①財・サービスの購入者が異なる
> ②対象となる財・サービスが異なる
> ③計算方法に違いがある（買い物カゴの中身の作り方に違いがある）

まず，①の「財・サービスの購入者が異なる」という点について考えてみましょう。消費者物価指数の場合は文字どおり消費者が購入者です。一方，GDPデフレーターの場合は，GDPの支出項目が消費・投資・政府支出・純輸出からなることからもわかるように，購入者は家計・企業・政府・外国からなり，CPIに比べ購入者の範囲が広いという違いがあります。

次に，②の「対象となる財・サービスが異なる」という点について説明します。CPIでは，消費者が購入する財・サービスが対象となります。私たち消費者は，バナナやiPhoneのような輸入品も購入するため，輸入品も対象となっています。一方，GDPデフレーターの場合は，GDPの定義から，対象は国内で生産されるすべての財・サービスになります。そのため，輸入品を含みません。

最後に，③の「計算方法に違いがある」という点について説明します。CPIは買い物カゴの中身を基準の年に固定し，それを購入するときの費用の変化を見ています。この買い物カゴの中身の改定は5年ごとに行われるため，5年間は同じ中身について計算をしています。一方のGDPデフレーターの場合，財・サービスの各年の生産量を利用して計算しています。生産量は毎年変わる

1 消費者物価指数 ● 55

図2.2 CPIとGDPデフレーターで見たインフレ率の比較

(出所) 総務省統計局「消費者物価指数」,内閣府経済社会総合研究所「国民経済計算」。

ため,買い物カゴの中身が毎年異なるものについて,価格の変化を計算しているという違いがあるのです。

　この③の違いによってCPIの方が少し大きく計測されることが知られており,これを上方バイアスといいます。バイアスとは「偏り」のことですので,この場合は「上に偏りがある」という意味になります。上方バイアスを確認するために,実際のデータを用いてCPIとGDPデフレーターについてインフレ率を比較してみましょう。インフレ率とは物価指数の変化率のことで,物価上昇率ともいいます。たとえば,昨年の物価指数が100,今年の物価指数が102だった場合,インフレ率は次のように求めます。

$$\text{インフレ率} = \frac{\text{今年の物価指数} - \text{昨年の物価指数}}{\text{昨年の物価指数}} \times 100 = \frac{102 - 100}{100} \times 100 = 2\%$$

　インフレ率は,変化の割合ですからマイナスになることもあります。このようにしてCPIとGDPデフレーターのインフレ率を求めて示したのが図2.2になります。実際に1995年から2018年のインフレ率を比較するとCPIの方が総じて上回っており,上方バイアスがあることを確認することができます。

CPIの問題点

　前節で述べたように,丁寧に作られているCPIですが,必ずしも完璧な指標ではありません。以下にあげるような3つの問題点があるため,利用には注

意が必要です。

　1つ目は，相対価格の変化によって，消費者が行うはずの財・サービスの代替行動をCPIの計算上無視することにより，CPIが高めに計算されてしまうという問題です。代替行動とは，消費者が，相対的に価格が高くなった財・サービスを買い控えて，安くなった方を買い増すような行動です。たとえば**表2.3**では，2015年にリンゴは100円，オレンジは200円でしたが，16年にはそれぞれ120円と250円に値上がりしています。値上がり率はリンゴが20%に対して，オレンジは25%です。オレンジの方が相対的に高くなったため，消費者はオレンジを買い控えて，リンゴをより多く買うことが考えられます。このように相対価格が変わると代替行動が生じます。しかし，CPIの計測においては，買い物カゴの中身（先の例では「リンゴ2個とオレンジ4個」）は固定したままです。オレンジの相対価格が上昇したため，その購入量が減る可能性が高いです。しかし，CPIの計測ではこの代替行動を無視しているため，買い物カゴの中身の購入費用が高めに偏りを持ってしまうのです。

　2つ目は，CPIでは買い物カゴの中身を基準年に決めて，すぐには変更しないため，新規に登場した「新しい財」はすぐに反映されないという問題です。たとえば，音楽ダウンロードという新しい財・サービスの登場によって，1曲ずつ選んで購入することができるようになりました。消費者にとっては，選択肢が増えるという意味で音楽購入のコストが低下します。しかし，買い物カゴの中身は基準年に固定されているため，それが改定されるまでは，購入費用が低下する影響が，CPIには反映されません。そのため，費用が高めに出てしまいます。上記2つの問題が上方バイアスの主な原因です。

　3つ目は，同じ商品であっても，その品質が変化するため，品質変化の調整が必要という問題です。たとえばパソコンの場合，技術の進歩は目覚ましく品質は毎年のように向上しています。つまり，たとえパソコン1台の値段が変わらないとしても，パソコンの性能は日々変化しています。こうした品質が変化する財・サービスについては，いくつかの方法で品質の影響を調整します。

　ここではヘドニック法と呼ばれる品質調整方法について簡単に紹介します。ヘドニック法は，製品の価格がその製品の特徴によって決まると考え，統計的な手法によって品質調整を行う方法です。たとえばノートパソコンの場合には，ハードディスクやメモリの容量，演算能力，重量，画面の大きさなどの特徴が

1　消費者物価指数　● **57**

Column ❷-1　私たちの生活を反映する物価指数

　日本のCPIでは，基準改定によりさまざまな財・サービスが追加されたり，廃止されたりしています。この追加や廃止は，私たちの生活様式の変化や新しい商品・サービスの登場に伴って，一般的な消費者が購入している財・サービスの変遷を反映して，入れ替えが行われています。

　下の表は，CPI作成の基礎となる「小売物価統計調査」における調査品目の入れ替えの例をあげています。1994年にサッカー観戦料が追加されています。これは1993年から開幕したJリーグの観戦が広まってきたことが考慮されています。また1999年には，ビールに代わる飲料として広まった発泡酒が追加されます。2004年には，花粉症患者が増えたことから鼻炎薬が追加されます。2009年には大人用紙おむつが追加されています。これは日本の高齢化を反映しているといえるでしょう。そのほか，2010年には固定電話が廃止されています。1人1台持つようになった携帯電話の普及により，固定電話の契約数が減ったことを表しています。

　情報通信関係では2002年にパソコン普及とともに購入が進んだプリンタが追加されるほか，ADSLによる常時接続のインターネットの料金が追加されています。2008年には音楽をダウンロードして聞くことが一般になり，その料金が追加されました。2010年には光ファイバーの普及に伴い，光ファイバーのインターネット契約が追加されています。

表　小売物価統計における品目の変化

年	追　加	廃　止
1994	サッカー観戦料	
1999	発泡酒，温水洗浄便座，パソコン	
2002	プリンタ，インターネット（ADSL）	カセットテープ
2003		パソコン（デスクトップ）
2004	鼻炎薬，ケーブルテレビ，液晶テレビ，DVDレコーダー	
2006	携帯デジタルオーディオプレーヤー	
2007		ビデオテープレコーダー，MDプレーヤー，ビデオテープ
2008	SDカード，音楽ダウンロード料	テレビ（ブラウン管）
2009	大人用紙おむつ	
2010	インターネット（光ファイバー）	通話料（固定・公衆電話）

> **Column ❷-2　その他の物価指数**
>
> 　いろいろな角度から総合的に物価の変化を知るために，CPIのほかにも物価の指標が作成されています。ここでは2つ紹介しましょう。
>
> ▶**企業物価指数**　企業物価指数（Corporate Goods Price Index：CGPI）とは，企業間で取引される財についての物価動向を見るために日本銀行が測定している物価指数のことです。国内企業物価指数，輸出物価指数，輸入物価指数の3つの指数が含まれます。経済で取引されている財・サービスの物価の動向を知るためには，企業間で取引されている財・サービスの物価を参照することも重要となります。
>
> ▶**企業向けサービス価格指数**　企業向けサービス価格指数（Services Producer Price Index：SPPI）は，企業物価指数には含まれなかった企業間で取引されるサービス（広告費・通信費など）の価格動向を測定するため，日本銀行が作成している指数です。

それぞれ価格に影響すると考えます。これら特徴がどれだけ価格に影響するかを統計的に分析し，各特徴による価格への影響を取り除きます。これによって，品質の影響を取り除いた物価の変化を抽出します。しかし，すべての財・サービスについて品質の影響を除くのは困難であり，CPIに関する品質変化の問題は解消されているわけではありません。

 労働に関する統計

以下では労働に関するいくつかの統計を紹介します。

│ **就職内定率と失業率の関係** │

　読者のうち就職活動を経験したことのある方の中には，そのときの経済の状況の良い悪いによって，就職活動の厳しさが違うということを感じたことのある方も少なくないのではないでしょうか。マクロ経済のパフォーマンスは，前述のGDPに加え，失業率にも反映されます。日本の失業率と各年の大学3月卒の就職内定状況（4月1日現在）とを比較してみると，図2.3のように失業率

CHART 図2.3 日本の失業率と就職内定率の推移

(注) 就職内定率は各年の4月1日調査，失業率は各年の4月の失業率を用いた。
(出所) 厚生労働省「大学・短期大学・高等専門学校及び専修学校卒業予定者の就職内定状況等調査」，総務省統計局「労働力調査」。

が高いときには就職内定率が低いという関係があります。これはマクロ経済の状況が悪化すると，新卒学生の雇用にまで影響が及ぶことがあることを示しています。このように労働に関する統計は，マクロ経済の動向だけでなく私たちの生活に直結するという意味でも重要な情報を提供してくれます。

失業率とは

　失業率がどのように求められるかを説明するために，まずは労働力の分類について，総務省統計局による「労働力調査」に基づいて説明します。労働力調査とは，約2900地域の対象地域を抽出して，調査員が約4万世帯への訪問をし，調査票の配布・回収を行う調査です。毎月月末の1週間（ただし12月は20日から26日）を調査週間としています。この調査では，労働力を図2.4のように分類します。

　15歳以上の人口は，労働力人口と非労働力人口とに分類されます。非労働力人口には，仕事もせず，かつ仕事を探してもいない人が分類されます。具体的には専業主婦や学業に専念する学生，退職後の高齢者などが非労働力人口に分類されます。いわゆる「ニート」と呼ばれる人たちも，職を探していない，つまり働く意思がないため非労働力人口に含まれます。また，労働力人口のうち，すでに仕事に就いている人を就業者と呼びます。厳密には調査週間中に1

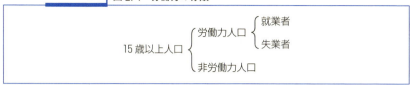

CHART 図2.4 労働力の分類

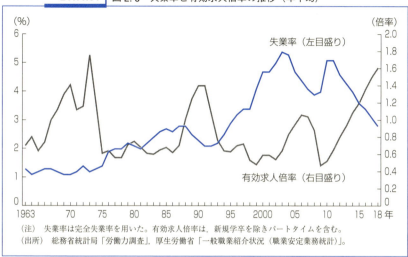

CHART 図2.5 失業率と有効求人倍率の推移（年平均）

（注）失業率は完全失業率を用いた。有効求人倍率は、新規学卒を除きパートタイムを含む。
（出所）総務省統計局「労働力調査」、厚生労働省「一般職業紹介状況（職業安定業務統計）」。

時間以上仕事をした人は、就業者に分類されます。たとえば、ふだん専業主婦の女性が、調査週間にたまたま1時間だけパートに出て働いた場合は、就業者に分類されます。アルバイトをしている学生も同様です。また、労働力人口のうちで、①「仕事に就いていない」、②「仕事があればすぐ就くことができる」、③「仕事を探す活動をしていた」を同時に満たすような働く意思のある人たちを失業者（日本では完全失業者）と呼びます。こうした労働力の分類に基づいて、失業率は「労働力人口のうち失業者の割合」として表されます。

POINT 2.4 失業率

$$失業率（\%）= \frac{失業者数}{労働力人口} \times 100$$

日本の失業率は図2.5のように推移してきました。1960年代の高度成長期の失業率は約1%と非常に低い水準でした。それ以降も1990年代半ばまでは、

失業率は比較的安定していました。その後，失業率は上昇し続け，2002 年には 5.4% という高い水準に達します。その後は変動しつつも，かつてと比較すると高い水準で推移していることが確認できます。近年は下落している傾向にあります。

その他の労働に関する統計

　失業の統計以外にも，有効求人倍率も景気状況を判断するうえで重視されます。有効求人倍率とは，仕事を求めている人（求職者）1 人当たりに対して，どのくらい企業の求人数があるかを示す数値です。図 2.5 からわかるように，2018 年における有効求人倍率は約 1.6 倍でした。

　また，世界第 1 位の経済大国であるアメリカの景気指標として（GDP 以外に）よく知られているのが米国雇用統計です。アメリカでは，連邦労働省労働統計局が失業・就業に関する統計を毎月発表していますが，その中でもとくに，非農業部門における雇用者数およびその伸びが話題となります。

3　景　気

　この節では，景気の持つ意味や景気を捉えるための指標について説明します。

景気とは何か？

　読者の皆さんは，景気がよい・景気が悪いといった表現を聞いたことがあるかと思います。景気という言葉は，「景」という字からもわかるように，もともとは風景・景色を意味していたようです。元の意味合いが転じて今は，経済活動の強さ・弱さの程度を指す言葉となっています。「経済活動の強弱」というと一見平易に感じるかもしれません。しかし，すでに説明したように，経済活動を行っているのは無数の企業や家計ですので，それらすべての経済状況をまとめて強弱の程度を数字で表現するのは簡単ではありません。

　景気を見るうえで最も重要な指標（数値）は，第 1 章で学んだ GDP，とくに実質 GDP の増加率や，この章で学んだ失業率などの雇用指標などです。しかし，それだけでは十分ではありません。たとえば，GDP には，在庫投資が含

まれます。そのため，もし景気が悪くなり，人々の購買量が企業の想定を下回り，予定外に品物が売れ残った場合は，在庫投資が増える結果，必ずしもGDPが減るとは限りません。また，GDPの計測には時間がかかり，速報性に難があります。景気を早く把握するには，GDP以外の経済指標も援用し，総合的に判断する必要があります。景気指標にはさまざまなものがありますが，ここではいくつかの基本的なものを説明します。

全国企業短期経済観測調査（日銀短観）

1つ目の景気指標は，日本の中央銀行である日本銀行が作成している全国企業短期経済観測調査（日銀短観）です。この調査は，日本銀行が，全国の企業約1万社を対象に，経済状況について問うアンケート調査で，3カ月おきに行われます。

日銀短観では，さまざまな項目について調査を行っていますが，調査項目の中でとくに重要とされるものが，業況判断，つまり各企業を取り巻く経済状況についての評価に関する項目です。この項目では，回答企業に対し，今の経済状況について「①よい・②さほどよくない・③悪い」などの計3つの選択肢から1つ選ばせるというものです。このアンケートから，日銀は業況判断DIと呼ばれる数値を計算します。ここでDIとはディフュージョン・インデックスの略です。この値は，今の経済状況を①よいと答えた企業数の割合から③悪いと答えた企業数の割合を引いて得られるものです。たとえば，調査の結果，①を選んだ企業の割合が30％，②を選んだ割合が60％，そして③を選んだ割合が10％のとき，業況判断DIは30－10＝20になります。多くの企業がよいと答えるとDIは改善するため，景気のよさがどれだけ多くの企業に波及・拡散（ディフュージョン）しているかを見ることができます。業況判断DI（とくに大企業製造業DI）は，景気判断の重要な指標として扱われます。図2.6は，今の業況判断DIについて，大企業製造業と大企業非製造業の双方の動きを示したものです。業界の違いにより，短期的な動きや変動幅は若干異なりますが，総じて同じような動きをしていることがわかります。

景気動向指数

次に，内閣府経済社会総合研究所が作成している，景気動向指数を紹介しま

CHART 図 2.6 日銀短観（業況判断 DI）の推移

（出所）日本銀行「全国企業短期経済観測調査」。

CHART 表 2.4 景気動向指数の主な構成項目（2019 年 5 月現在）

一致指数（計 9 項目）	先行指数（計 11 項目）
営業利益	最終需要財在庫率指数（逆方向）
鉱工業生産指数	新規求人数
耐久消費財出荷指数	新設住宅着工床面積
所定外労働時間指数	実質機械受注
商業販売額（小売業）	東証株価指数

（出所）内閣府社会経済総合研究所「景気動向指数」。

す。この指数は，景気の現状を示す一致指数，景気の先行き（数カ月先）を示す先行指数，そして景気動向に何カ月か遅れて反応する遅行指数の計 3 つの指数から構成されています。このうち，新聞報道などで話題となるのは一致指数，先行指数の 2 つです。各指数とも，受注・生産等に関する複数の経済指標（2019 年 5 月現在，一致指数は 9 種類，先行指数は 11 種類）の動きを平均・合成することによって作られます。日銀短観とは違い，景気動向指数はアンケート調査ではありません。表 2.4 は一致指数，先行指数について，それを求めるのに用いられるデータの一部を示しています。なお，各指数に利用される指標は変更されることがあります。

　一致指数では，さまざまな品物の生産量，出荷量，あるいは販売額を中心に観察しています。所定外労働時間，つまり残業時間が増えるのは，想定よりも

CHART 図2.7 景気動向指数（CI）の推移

（注）月次。
（出所）内閣府経済社会総合研究所「景気動向指数」。

会社の業務が増えており，今の経済活動が通常よりも活発であることを示唆しています。

先行指数は，将来の生産・消費活動が活発になることを示唆している指標を利用したものです。たとえば，新規求人数の場合，会社が求人を増やすことにより，将来雇用が増えることが推測され，将来景気がよくなることを示唆しています。同じように，機械受注では，機械の注文が増えて，今後多くの生産・出荷が見込まれるため，将来の経済活動が活発になることが予測されます。景気動向指数はこういった指標を合成して作られます。

図2.7では過去20年間の景気動向指数（CI）の推移を示しています（景気動向指数の作成方法により，CI〔コンポジット・インデックス〕とDIという2種類の指標があります）。一致指数・先行指数とも，日銀短観と同じように景気のよいときに改善（上昇）し，悪いときに悪化（下落）します。また先行指数の方が，一致指数よりも早く山や谷が現れて，景気の動きを少し早く捉えていることも読み取ることができます。

その他の景気関連指標

景気指標には，ほかにもさまざまなものがあります。たとえば，内閣府が行っている景気ウォッチャー調査に基づいた指標です。景気ウォッチャー調査の

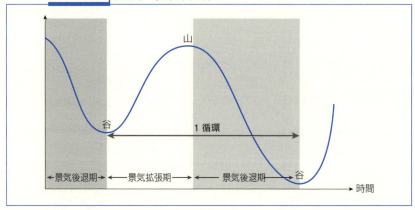

図2.8 景気の山と谷

場合，企業が調査対象ではなく，経済の状況を敏感に把握できるような職業についている人，たとえばタクシー運転手や人材派遣会社の社員，職業安定所（ハローワーク）職員などが調査対象になっています。たとえば，経済状況がよいとタクシーがより多く利用される傾向があり，そのためタクシー運転手は，景気を敏感に感じ取ることができると考えられています。景気ウォッチャー調査は，これらの人々約2000人による景気判断を集計・統合した指標です。

景気循環

これまでさまざまな景気指標，そしてその動きを見てきました。そこからわかることは，景気というのはよくなったり悪くなったりを繰り返すということです。これを景気循環と呼びます。循環といっても，その周期が決まっているわけではもちろんありません。急に上がったり下がったりすることもあれば，変動が非常にゆっくりのこともあり，非常に不規則です。図2.8は，景気の度合いが時間とともにどう動くかの例をグラフで示したものです。グラフの頂上のところを景気の山，そしてグラフの底のところを景気の谷といいます。経済活動は山と谷を繰り返します。ある谷から次の谷までを1循環といいます。一定の周期で景気が循環するわけではもちろんありません。景気の山に近い状態がずっと続くこともあれば，短期間で景気の山と谷を繰り返すこともあります。

内閣府の経済社会総合研究所では景気動向指数などを用いて景気の山，谷の日付を設定して発表しています。表2.5は，最近の景気の山と谷の日付を示したものです。

CHART | 表 2.5　近年の日本の景気の山と谷

景気	谷	山	谷	山	谷
日付	2002 年 1 月	2008 年 2 月	2009 年 3 月	2012 年 3 月	2012 年 11 月

（出所）　内閣府経済社会総合研究所「景気基準日付」。

　景気が悪くなることを景気後退と呼びます。逆に景気がよくなることを景気拡張と呼びます。景気後退期とは，景気の山から谷に向かう期間のことをいいます。逆に，景気拡張期とは，景気の谷から山に向かう期間を指します。表2.5 によれば，2008 年 2 月の山から 2009 年 3 月の谷にかけての期間は景気後退期，そして 2009 年 3 月の谷から 2012 年 3 月の山にかけての期間は景気拡張期です。景気後退が長期化・深刻化すれば，多くの企業の倒産や雇用状況の悪化を招き，社会問題化することが多くなっています。

POINT 2.5　景　気

- 景気とは，経済状況の強弱の程度を指す用語である
- 景気を示す指標には，日本銀行短期経済観測や景気動向指数などがある
- 景気がよくなったり悪くなったりを繰り返すことを景気循環と呼ぶ

SUMMARY ●まとめ

- □ 1　CPI は，消費者が購入する財・サービスの総合的な費用の尺度を表す。
- □ 2　CPI と GDP デフレーターでは，①財・サービスの購入者，②対象とする財・サービス，③計算方法の 3 つが主に異なる。
- □ 3　失業率は，労働力人口のうち，失業者の占める割合である。
- □ 4　経済状況の強弱の程度を景気といい，その改善や悪化が繰り返されることを景気循環という。

EXERCISE ●練習問題

1　リンゴとオレンジの 2 財からなる経済を考える。2017 年と 18 年の最終的な財・サービスの取引は次の表のとおりとする。リンゴとオレンジは国内で生産され，国内の消費者が購入したとする。以下の問いに答えなさい。

(1) 基準年を 2017 年とするとき，17 年と 18 年それぞれについての GDP

3　景　気　●　67

年	リンゴ		オレンジ	
	価格	数量	価格	数量
2017	100 円	15 個	200 円	10 個
2018	130 円	10 個	210 円	8 個

デフレーターと CPI を求めなさい。

(2) (1)の結果から GDP デフレーターと CPI のそれぞれについて 17 年から 18 年にかけてのインフレ率を求めなさい。

② 日本企業が製造した半導体製造装置の価格が上昇したときに，この価格上昇は GDP デフレーターと CPI のどちらに直接影響を与えるか答えなさい。

③ 財 1 と財 2 からなる経済を考える。いま標準的家計の買い物カゴの中身として財 1 の数量を $Q_{1,t}$，財 2 の数量を $Q_{2,t}$ とする。基準年は t 年とする。t 年における財 1 の価格を $P_{1,t}$，財 2 の価格を $P_{2,t}$ とするとき，

$$t \text{ 年のカゴの中身の購入費用} = P_{1,t} \times Q_{1,t} + P_{2,t} \times Q_{2,t}$$

となる。また次の $t+1$ 年では

$$t+1 \text{ 年のカゴの中身の購入費用} = P_{1,t+1} \times Q_{1,t} + P_{2,t+1} \times Q_{2,t}$$

となる。このとき，$t+1$ 年の CPI の計算式を求めなさい。

④ 総務省統計局が公表している消費者物価地域差指数を用いて，最新のデータに基づけば物価が最も高い日本の都市はどこになるか調べなさい。

⑤ 現在の日本の完全失業者数は何人か，また失業率は何パーセントか，総務省統計局のホームページより調べなさい。

⑥ 就業者数が 400，失業者数が 20，そして非労働力人口が 100 のときの失業率を計算しなさい。

⑦ 日銀短観において，今の経済状況をよいと答えた企業の割合が 40% で，悪いと答えた企業の割合が 10% のとき，業況判断 DI はいくらか答えなさい。

⑧ 次の文章の [①] から [⑤] について，当てはまる単語を下の語群から選びなさい。

景気がよくなったり悪くなったりを繰り返すことを景気 [①] と呼びます。また，景気が悪くなることを景気 [②]，そして景気がよくなることを景気 [③] と呼びます。景気 [②] 期とは，景気の [④] から [⑤] に向かう期間のことをいいます。

[語群] a.破産 b.予測 c.生産 d.循環 e.底 f.頂上 g.谷 h.山 i.拡張 j.後退

CHAPTER

第 **3** 章

マクロ経済を支える金融市場

INTRODUCTION

　経済活動がスムーズに行われるためには，資金の貸し借りをする金融市場が機能しなくてはなりません。この章では，「金融」およびその活動を行う場である「金融市場」の意味と役割を解説します。金融市場における資金の貸し借りには，さまざまな方法があります。お金の貸し手と借り手が直接交渉することもあれば，銀行といった仲介者が貸し手と借り手との間に入ることもあります。また，お金の貸借というサービスに付く価格といえる金利にもさまざまなものがあります。この章では金融市場の役割を理解し，それを通してマクロ経済の全体像の把握をすることを目的とします。

　Keywords：貯蓄と投資，金利（利子率），長期金利，短期金利，金融市場，直接金融，間接金融

1 マクロ経済における金融市場

　金融とは，余分な資金を持つ経済主体から資金が不足している経済主体へと，「資金を融通すること」です。また，さまざまな経済主体が資金を貸し借りする市場を**金融市場**といいます。この節では，マクロ経済において金融市場がどのような役割を持っているかを説明していきます。

金融の重要性

　はじめに，なぜ金融が大切なのかについて，簡単な例を使って説明します。いまお金に余裕がある高所得者のカズキさんと，パン屋の開業資金を必要としているエミさんの2人がいるとしましょう。いま，金融市場で両者が出会い，エミさんが，カズキさんからお金を借りることになったとします。エミさんは，パン屋の営業が軌道に乗った後，借りたお金に利子をつけてカズキさんに返済します。この場合，エミさんは，借りたお金を用いて設備投資を行い，パン屋を開業して儲けることができます。一方，カズキさんはお金を貸すことで利子収入を得ることができ，家の中にそのお金をただ保管しておくよりも得することができます。

　このように，金融市場において資金の貸し借りを行うことで，お金の貸し手のカズキさんも，借り手のエミさんも両方得をする，つまり win-win の関係になるのです。

財・サービス市場と金融市場

　ここでは，マクロ経済学において，財・サービス市場と金融市場には非常に密接な関係があることを確認してみましょう。まずは次の式のように，総支出で表した GDP を使って財・サービス市場を考えます。ここでは外国との取引はなく，純輸出 $NX=0$ としています。

$$\underset{\text{GDP}}{Y} = \underset{\text{消費}}{C} + \underset{\text{投資}}{I} + \underset{\text{政府支出}}{G}$$

70 ● **CHAPTER 3** マクロ経済を支える金融市場

この式は第1章で解説したとおり GDP を定義する式ですから，国民経済計算という会計ルール上では常に等式で成立しています。

　今度は同じ式を金融市場の観点から考えてみましょう。国民経済計算の三面等価の原則から，Y を総所得であると読み替えて考えます。経済全体の所得 Y のうち，家計と政府が行う消費 C と政府支出 G を引いて，あとに残る分 $Y-C-G$ を考えます。これは経済全体の貯蓄に相当しています。貯蓄を S で表し，先ほどの式を利用すると，

$$Y-C-G = I \ \Rightarrow \ S = I$$

となり，貯蓄 S は投資 I と等しいという関係を導き出すことができます。この関係式は，貯蓄という金融市場への資金供給と，投資という資金需要が一致している金融市場の均衡と解釈できます。このように財・サービス市場の見方を変えると，金融市場に読み換えることができるのです。どちらか一方の市場だけを見たとしても，もう一方の市場も同時に考えていることになります。

　経済全体の貯蓄 S は，次のように民間貯蓄と政府貯蓄に分けることができます。

$$\underbrace{S}_{\text{貯蓄}} = Y-C-G = \underbrace{(Y-T-C)}_{\text{民間貯蓄}} + \underbrace{(T-G)}_{\text{政府貯蓄}}$$

　可処分所得 $Y-T$ から消費 C を引いた $Y-T-C$ は民間貯蓄になります。また政府貯蓄は，政府の収入である租税 T から政府支出 G を引いた $T-G$ です。家計からの民間貯蓄と政府からの政府貯蓄の合計が貯蓄として，金融市場への資金供給源になっています。

　これまでの話から，金融市場は貯蓄と投資を結びつける役割を持っていることがわかります。所得以上に消費をせず余分にお金を持っている人は，たとえば銀行などの金融機関にそのお金を預けて貯蓄をします。一方で，ある投資プロジェクトを実行しようとしている企業は，そのための投資資金を調達しなくてはなりません。しかし，必ずしも十分に資金を持っていない場合には，誰かからお金を借りる必要があります。このとき企業は金融市場にアクセスする，たとえば銀行に行くことによって，必要な資金を借りることができるようになります。資金調達の方法は銀行からの融資だけには限りません。企業が金融市

場を通じて債券や株式を発行することで，資金を調達することもできます。金融市場の実際については，第2節で説明します。

もしも，2008年にアメリカで起こった金融危機のように金融機関が経営破綻するなど，金融市場に問題が発生すれば，家計にとっては安心して貯蓄を預けるところが減ってしまいます。その場合，望むだけの貯蓄ができないという事態が生じます。一方で企業にとっても，借りたいだけお金を借りることができず，望むだけの投資ができなくなってしまい，経済活動にマイナスの影響をもたらします。その意味で，金融市場はマクロ経済において重要な役割を果たしているのです。

> **POINT 3.1** 金融市場の役割
> - 資金の借り手と貸し手をつなぐ
> - マクロ経済において，貯蓄と投資を結びつける

 金融市場の実際

この節では，金融市場を通じて企業が資金を調達する経路として，間接金融と直接金融を紹介します。

間接金融

金融は貸し手と借り手に win-win の関係をもたらすため，資金が余っている人と必要としている人がいれば，すぐに貸し借りは成立しそうです。しかし，現実は簡単ではありません。たとえば，読者の皆さんの手元にいま余裕資金1000万円があり，それを誰かに貸して利子を得たいと考えているとします。しかし，たとえお金を貸す相手が親しい友人であっても，きちんと返してくれるかどうか不安ではないでしょうか。その友人に本当に返済する能力があるかどうかを判断するのは容易ではありません。ましてや見知らぬ他人であれば，問題はより大きくなります。お金を貸す相手は誰彼かまわずというわけにはいかず，相手の返済能力や社会的信用の高さを正しく判断することが重要です。

今度は，ある人が商売を始めようと考え，1000万円の資金を必要としてい

るとします。ポンと 1000 万円貸してくれる人は周りにいるでしょうか。ほとんどの人にとって難しいのではないでしょうか。借入の難しさの程度は借り手の信用がどのくらいあるかによって異なります。日本中の誰もが知っているような有名人であれば，もしかしたらすぐに貸してくれるかもしれません。しかし，たとえば多くの人が知る有名人でもない場合には，何の信頼関係もなく 1000 万円を貸してくれる人はなかなか現れないのです。

　金融市場は，こうした見知らぬ者同士で，資金が余っている人と資金を必要としている人を結びつける役割を持っています。金融市場において，金融仲介機関（金融機関）は，資金の貸し手と借り手との間の仲介者となり，両者を結びつける役割を担っています。私たちに最も身近な金融仲介機関が銀行です。銀行のような金融仲介機関が仲介する金融手段のことを，お金の貸し手からお金の借り手へと間接的に資金が融通されるため間接金融と呼びます。

　資金の貸し手と借り手との間に銀行が入ることによって，金融がスムーズに行われます。先ほどの読者が余裕資金を 1000 万円貸したいという例をもう一度考えてみましょう。返済能力が不明な個人や企業にお金を貸すことはなかなかできませんが，銀行に預金する（銀行に貸し出す）のであれば，比較的安心して預金できます。銀行であれば，私たちが貸した資金が持ち逃げされる恐れはほぼありません。さらに預金に対して利子を受け取ることができるため，ただ手元に置いておくよりよい運用方法です。

　一方，投資プロジェクトのために，ある人が 1000 万円の資金を必要としているケースを考えてみましょう。先ほど説明したように，信用がそれほどない個人が，別の個人からお金を借りるのは非常に困難です。しかし，銀行であれば，信用がそれほどなくても借りられる場合があります。それは，銀行には 2 つのアドバンテージがあるためです。1 つは，銀行が資金の貸付を専門に続けてきたため，借り手の返済能力に対する専門的な審査能力を持っていることです。専門家集団である銀行は，素人よりも正確に借り手の返済能力を審査することができます。もう 1 つは，銀行はさまざまな借り手に貸すことで，貸したお金が戻ってこないリスクを分散し，平均的には利益を得られるようにできる点です。銀行が持つこれらのアドバンテージにより，資金の貸付もスムーズに行われるようになります。このように，私たちは余分な資金を貸す先や，必要な資金を借りる先を求めて日本中探す必要はなく，銀行に行くだけでよくなる

2　金融市場の実際 ● 73

のです。

　銀行を通じた間接金融の場合の金利には，預金金利と貸出金利の2つがあります。預金金利とは，私たちが銀行に預けた預金に付く利子率のことです。預金金利は，預金の種類に応じてさまざまな種類があります。たとえば，ATMでいつでもお金を引き出せる普通預金と，定まった期間は銀行に預け続けなければならない定期預金とでは預金金利が異なります。通常は定期預金の方が，長く預け続けなくてはならないため金利が高く設定されています。大手金融機関のみずほ銀行では，2019年1月現在では普通預金金利が年利0.001％であるのに対して，1年物の定期預金金利（預け金300万円未満）は年率0.010％です。

　もう1つの貸出金利とは，銀行が企業に貸し出すときの金利になります。貸出金利は預金金利よりも高く設定されており，銀行はこれらの金利の差による利益，すなわち利ざやを稼いでいます。貸出金利の値は誰が借りるかによって異なります。信用度の高い企業，つまり倒産する可能性が最も低い企業に対しては，貸出金利は低く優遇されます。その金利を長期プライムレートと呼びます。2019年1月現在ではみずほ銀行が設定している長期プライムレートは年率1.00％です。一方，普通の企業が銀行からお金を借りる場合には相対的に高い金利になります。優良な企業であっても倒産する可能性があるため，そのリスクに見合うだけ金利が上乗せされるのです。この上乗せ部分をリスク・プレミアムと呼びます。最も信用度の高い企業以外の企業に対しては長期プライムレートにリスク・プレミアムを加えた値が貸出金利になります。

　本書のモデルでは，簡単化のため貸出金利と預金金利が等しい場合を考えています。

> **POINT 3.2　間接金融**
> 貸し手と借り手の間を金融仲介機関（銀行など）が仲介して，資金が融通される仕組み

直接金融

　債券や株式といった有価証券を発行することで，企業が市場から資金を調達する仕組みを直接金融と呼びます。企業が投資資金を調達するために発行した債券や株式などの有価証券を，私たちが購入することにより，企業に直接的に

お金が融通されます。ここでは，直接金融を代表する市場である，債券市場と株式市場の2つを紹介します。

▶債券市場　私たちがお金を借りるときは借用証を書いて相手に渡します。債券とは，企業などがお金を調達（借入）するときに，その貸し手に発行する借用証の一種です。より厳密にいえば，債券とは利払いや，元本の支払いなどの契約を示す紙片（証券）のことです。企業が発行する債券を社債，そして政府が財政資金を調達するために発行する債券を国債といいます。

　債券を売り買いする市場を，債券市場と呼びます。債券市場で決まる債券の価格は債券価格と呼ばれます。一般に，債券価格がいくらになるかは，償還期限までの残存期間，金融市場における金利，お金を借りる企業の信用リスクの程度によって変わってきます。

　ここでは利付債と呼ばれる債券の仕組みを説明しましょう。利付債には通常，額面価格，表面利率，そして償還期限が記載されています。この債券は，額面価格で発行され，額面価格に表面利率をかけた金額を利子として一定期間ごとに受け取ることができます。そして償還期限になったときに，額面価格の金額を受け取ることができます。下の写真の利付国庫債券を例に紹介しましょう。額面価格が「壱百万円」（100万円）と書かれています。償還期限は，写真では見えにくいですが，発行時から10年後の日付の平成18年6月20日です。そして表面利率は3.3％です。この債券では，写真の下部にクーポン券と呼ばれ

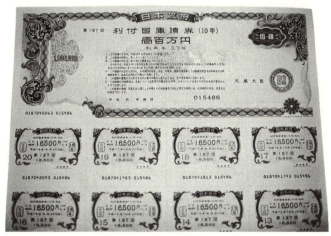

国債（写真提供：時事通信フォト）

2　金融市場の実際　● 75

る紙片が付いており，それと交換に毎年6月と12月に16,500円ずつ合計33,000円の利子をもらうことができます。利子33,000円を額面価格100万円で割ると，その値は表面利率3.3%に一致しています。クーポン券に利子が書かれているため，表面利率はクーポンレートとも呼ばれます。

2003年以降に債券や株券のような有価証券は順次電子化されてペーパーレス化が進んだため，具体的に印刷されたものを手にすることはありませんが，クーポン券の名残がクーポンレートという名前に残っています。

▶**株式市場**　企業は設備投資の資金などをまかなうため，新たに株式を発行して，それを売ることで資金を集めることができます。序章でも説明したように，株式とは，企業の経営に関与する権利，そして企業の収益の一部を配当として受け取る権利を記した証券のことです。株式を持つ株主は，配当を受け取れるほかに，株主優待を受けることもできます。また株主は株主総会と呼ばれる会議に出席し，その企業の経営に意見をいうことができます。株式をたくさん保有すればするほど企業の経営に影響を与えることができます。

株式の価格である株価は変動するため，株式は損失を受けるリスクがあります。発行された株式は，株式市場を通じて売買されます。たとえばある投資家が今日，ある企業の株式を1株1000円で買ったとしましょう。投資家は，1年後にその企業の配当として50円をもらえることと，さらにそのとき株価は1050円になることを予想しているとします。つまり，「配当からの利益を指すインカム・ゲイン50円」と「株価の値上がりにより得られる利益であるキャピタル・ゲイン1050－1000＝50円」を合わせた100円を株式からの収益として得られると予想しています。もちろん，株価の予想がいつも当たるとは限りません。1000円で購入した株式も予想が外れて株価が1000円以下になってしまうことがあります。このように株式は，その保有・売買により損失を受ける可能性，つまりリスクがある危険資産なのです。株価の下落に伴う損失をキャピタル・ロスといいます。

債券にも同様にリスクはあります。債券を発行してお金を借りた企業が支払えなくなってしまう場合です。こうしたリスクを信用リスクといいます。ここでいう信用とは，資金貸借の関係を意味する金融用語です。一般に信用リスクとは，借り手がお金を返せず，貸し手に損失が発生する危険性のことをいいます。また，ある企業の業績が悪くなり借りたお金が返せなくなり倒産した場合，

Column ❸-1　新聞の株式欄の見方

　株式欄の見方を，日本経済新聞を例に紹介します。この株式欄には，東京証券取引所第1部に上場している企業の株価についての情報が書かれています。

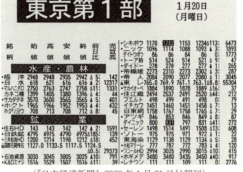

（『日本経済新聞』2020年1月21日付朝刊）

左上に縦書きで並んでいる用語はそれぞれ以下の意味があります。
- 銘柄：株を発行している企業名
- 始値（はじめね）：取引時間の最初につく株価
- 終値（おわりね）：取引時間の最後につく株価
- 前日比：前日の終値と当日の終値との差
- 白三角△は株価上昇　●黒三角▲は株価下落
- 0は変わらず　　　●―は商いができず，前日比なし

　そのほか，詳細な見方も株式欄に掲載されています。また，株価は円単位ですが，売買単位が1株（または1口）の銘柄は100円単位になっています。売買高の単位は1000株が基本ですが，売買単位が1株，10株，50株の銘柄は1株となっています。売買単位は細かく銘柄によって異なり記号で区別されています。（参考文献：『日本経済新聞』「株式欄の見方」より）

弁済として会社の持っている資産などが債券保有者や株主に配分されます。このとき，通常は債券保有者の方が株主よりは弁済に関して優先されます。

> **POINT 3.3　直接金融**
> 債券や株式といった有価証券を発行することで，企業が市場から直接資金を調達する仕組み

3 金利（利子率）

この節では，資金の貸し借りの際に生じる金利について説明します。

金利とは何か？

金利とは，資金貸借の際にかかる利子が元本に占める割合のことです。利子（利息）の割合という意味で，利子率ともいいます。たとえば，金融市場で100円を1年間借りて，返済のときに元本のほかに1円の利子を返すという契約をした場合には，

$$金利 = \frac{利子}{元本} = \frac{1}{100} = 0.01$$

すなわち，金利は1%となります。期間が1年間の金利のことを年利といいます。もし金利が2%の場合には，元本に金利をかけることで，支払わなくてはならない利子は，

$$利子 = 元本 \times 金利 = 100 \times 0.02 = 2$$

であることがわかります。お金の貸し借りには，貸し手と借り手がいるので，貸し手は利子を受け取る立場，借り手は利子を支払う立場になります。

> **POINT 3.4** 金利（利子率）
>
> 資金の貸し借りにおいて，元本に対する利子の割合のこと
>
> $$金利 = \frac{利子}{元本}$$

なぜ金利を考えるのか？

どうしてマクロ経済では金利を重要な変数として扱うのでしょうか。その1つの理由は，金利が住宅投資や設備投資などの私たちの投資行動に影響を与えるからです。たとえば，住宅を新築する場合は多額の資金が必要なため，多くの場合は銀行からお金を借ります。金利が高ければ住宅ローンの返済の際に多

くの利子を支払わなくてはならないため，住宅新築をあきらめる人が増えるで
しょう。逆に金利が低ければ，住宅ローンを組んで住宅を新築する人が増えま
す。このように金利が変化すると，行われる住宅投資の量が変化します。住宅
投資だけではなく，企業の設備投資の量も同じように金利に影響されます。金
利の変化はマクロ経済に重要な影響を与えることになるのです。

　実は自己資金を使っても上の説明は変わりません。自己資金を使える場合に
は，資金を銀行から借りないため，金利は関係ないと思うかもしれません。し
かし，経済学的にはやはり金利は関係するのです。たとえば，エミさんが自己
資金を3000万円持っており，この資金で住宅を新築することを考えていると
しましょう。考えてみると3000万円の使い道はほかにもあるはずです。債券
など金利の付く金融商品を購入すれば，3000万円に対する利子を得ることが
できます。住宅新築に3000万円使うということは，金融商品で運用すれば得
られたはずの利子をあきらめるというコストが発生するのです。金利が高く，
あきらめる利子が大きければ，エミさんは住宅新築をやめるかもしれません。
逆に金利が低く，あきらめる利子が小さくなれば，エミさんは住宅を新築しや
すくなります。自己資金であっても，エミさんの投資行動に金利が影響してく
るのです。一般に，ある行為を行うことで，あきらめなくてならなくなった別
の行為からの利益のことを機会費用と呼びます。利子は投資の機会費用という
ことができます。

┃ 単利と複利

　金利の計算方法には，単利と複利があります。単利とは，最初に預けた元本
に対してのみ利子が付く計算方法をいいます。一方の複利とは，元本だけでな
く途中で得た利子にもさらに利子が付く計算方法をいいます。

　たとえば，100万円を年利10％で銀行に2年間預ける場合を考えましょう。
単利の場合には，受け取る利子はいつでも最初に預けた元本に金利をかけた分
になります。この例では，1年後には10万円の利子が付き，2年後に同じく
10万円の利子が付きます。つまり単利では，元利合計（元本と利子の合計）は，
1年後と2年後のそれぞれ，

- 1年後の元利合計＝$100 + 100 \times 0.1 = 110$
- 2年後の元利合計＝$100 + 100 \times 0.1 + 100 \times 0.1 = 120$

3　金利（利子率）　● 79

になります。先ほど紹介した利付国庫債券は額面 100 万円に対して，毎年 33,000 円の利子をもらえるような単利の例になっています。

一方の複利の場合には，利子にも利子が付きます。例の場合では，1 年後に 10 万円の利子が付いた後，次の 1 年には元利合わせた 110 万円に対してさらに利子が付くため 121 万円になります。この場合には，

- 1 年後の元利合計 $= 100 \times (1 + 0.1) = 110$
- 2 年後の元利合計 $= 1$ 年後の元利合計 $\times (1 + 0.1) = 100 \times (1 + 0.1)^2 = 121$

です。つまり，複利では，2 年後に元利合計として元本 $\times (1 + 金利)^2$ になります。単利に比べると利子にも金利が付く分だけ金額が大きくなります。もし 3 年間預ける場合には，3 年後には，元利合計は元本 $\times (1 + 金利)^3$ になります。一般に預けた年数を t 年間とすると，複利の場合 t 年後の元利合計は，

$$複利の場合の元利合計 = 元本 \times (1 + 金利)^t$$

によって求めることができます。銀行預金は複利で利子が付く代表例です。本書では，これ以降は原則として利子の付き方は複利に基づくと仮定します。複利の考え方は，第 11 章で資産価格を考えるときにも必要になります。

> **POINT 3.5** 単利と複利
> - 単利：元本にだけ利子が付く計算方法
> - 複利：元本だけでなく，利子にも利子が付く計算方法

例題 3.1 1000 円を金利 2% の複利で 10 年間運用した場合，10 年後の元利合計はおよそいくらになるか求めなさい。
答 $1000 \times (1 + 0.02)^{10} \fallingdotseq 1219$ より，10 年後の元利合計は 1219 円。

短期金利と長期金利

レンタルショップで DVD を借りる際，レンタル期間が 1 泊 2 日か 1 週間かで 1 日当たりの料金は通常異なります。これと同じように，資金を貸し借りする期間の長さによって，その資金貸借にかかる金利は異なります。一般に，期間が 1 年未満の資金貸借にかかる金利を短期金利，1 年以上のものを長期金利と呼びます。代表的な短期金利としては，銀行間で，借りたお金をその翌日に返す金融取引に付く金利である，無担保コール翌日物金利（コールレート）が

80 ● **CHAPTER 3** マクロ経済を支える金融市場

Column❸-2　イスラム金融

　　イスラムの世界では金利の支払いが禁止されています。シャーリアと呼ばれるイスラム法では，利子を課すこと等が禁止されています。シャーリアに反しない金融取引をイスラム金融と呼ぶのです。簡単にいえば金利を取らない代わりに，商品の売買やリース契約などを応用して，そこに手数料を取る形でお金の貸し借りを行っています。2001年9月のアメリカ同時多発テロ以降にイスラム金融取引が活発化し，その規模は年々拡大しています。イギリスのイスラム金融業界団体「UKIFS」などの調査によれば，2014年における取引総額は全世界で2兆ドル（208兆円）といわれています（『日本経済新聞』2014年8月25日付）。

　　（参考文献）『日本大百科全書（ニッポニカ）』小学館。

あります。一方，長期金利として代表的なものは，長期国債の金利や優良な企業への貸出金利である長期プライムレートです。

　短期金利と長期金利は両者とも年率で表されます。たとえば翌日物金利3.6％で資金を1万円借り，翌日返す場合を考えましょう。この場合の金利は年率ですので，このまま1年間借り続けると利子は $10000 \times 0.036 = 360$ 円となります。1日分の利払いは $\{(1+0.036)^{\frac{1}{365}} - 1\} \times 10000$ で，約1円となります。

▎短期金利と長期金利の関係（発展）

　この項では，短期金利と長期金利は，密接に関わって変動していることを説明します。これに先立ち，資金需給と金利の関係について説明します。金利とは，資金の貸借にかかる対価，つまり値段といえます。リンゴの市場を考えたとき，リンゴの供給に対して，リンゴへの需要が増えると値段が上がります。同じように，資金が欲しい（お金を借りたい）人が増える，つまり資金需要が増えると，その価格である金利は上がる傾向にあります。逆に，資金需要が減ったら，金利は下がる傾向があります。

　以下では，簡単な例を用いて，短期金利と長期金利の間には密接な関係があり，連動して動くことを説明します。いま，今年から来年までの1年契約でお金を貸し借りする際にかかる短期金利が年率で1％＝0.01としましょう（先ほ

3　金利（利子率）　● 81

CHART 表3.1 短期金利と長期金利

	短期金利での運用		長期金利での運用
いま	1円		1円
	⇩短期金利年率1%		⇩長期金利年率100×r%
1年後	1.01円		⇩
	⇩短期金利年率3%		⇩長期金利年率100×r%
2年後	1.01×1.03円	⟷ 裁定によりどちらで運用しても等しい	$(1+r)^2$円

ど短期金利の貸借期間は1年未満と説明しましたが，ここではわかりやすくするために短期金利と呼びます）。また実際の短期金利は年によって変化するため，この例では，来年から再来年までの短期金利は今年から来年までの金利と異なり年率3%＝0.03であるとします。一方，長期金利として今年から再来年までの2年契約での貸借の金利を年率でrとしましょう（パーセント表示の場合には100×r%です）。この2年契約は途中で解約ができず，その間にかかる長期金利rは固定しているとします。これらの金利は，お金を預けるときだけではなく，借りるときも同じ値であるとします。

　ここでカズキさんが1円のお金を今年から再来年までの計2年間運用する場合を考えます。いま，表3.1のように運用の仕方は2通りあります。1つは，「1年契約の短期金利による運用を繰り返す方法」です。具体的には，今年1年契約でお金を貸し，来年に元本と利子を受け取って，その後にもう1回1年契約で再来年までその受け取ったお金を誰かに貸すという運用です。この場合，2年後に受け取る元本と利子の合計は1.01×1.03（≒1.04）円となります。もう一方は，「2年契約の長期金利でお金を貸す運用」です。長期金利での2年間の運用になりますので2年後の元利合計は$(1+r)^2$円となります。これらの元利合計は，お金を預ける場合は受け取るもので，借りる場合には支払うものです。

　お金の貸し借りを金融市場で自由に行える場合には，短期金利と長期金利の間には，どちらで運用しても同じ元利合計を得られるように，1.01×1.03＝$(1+r)^2$という等号が成立する関係があります。その理由は，人々が裁定という行動をするためです。裁定とは，「安い金利で借りて，高い金利で運用すること」あるいは「安く買って，高く売ること」です。裁定によって，利益を見込

めるために，人々はこのような行動をとるのです。ここでは，人々が元利合計の安い運用方法でお金を借りて，それを元利合計が高い方で運用をしようという裁定が行われる結果，金利が調整され，先ほどの等号が成立します。下記で詳しく説明します。

いま等号が成立せず，$1.01 \times 1.03 > (1+r)^2$ という状態だったとしましょう。これは左辺の短期（金利）で2年間運用する方が，右辺の長期（金利）で運用するより得であることを意味します。この場合には，長期で1円を借りて，それを短期で運用することにより，$1.01 \times 1.03 - (1+r)^2$ 円の利ざやを稼ぐことができるためです。この場合，長期でお金を貸そうとする人が減るため，長期資金の供給が減ります。長期の資金供給が減ってしまうと，長期で資金を需要したいと考えている人や企業にとっては資金を調達しにくくなるため，より高い長期金利を受け入れるようになります。その結果として，$1.01 \times 1.03 = (1+r)^2$ と等号が成立するまで長期金利 r が上昇します。

一方，不等号が逆の場合，つまり $1.01 \times 1.03 < (1+r)^2$ の場合を考えましょう。今度は長期で運用する方が，短期での運用よりも得をします。そのため，人々は短期でお金を借りて，そのお金を長期で運用します。このときには，長期金利で運用する人が増え，長期資金の供給が増えます。長期の資金供給が増えると，長期資金を調達しやすくなり，高い金利では借り手がいなくなるため，長期金利が下がります。長期金利 r は，$1.01 \times 1.03 = (1+r)^2$ と等号が成立するまで下落します。以上の説明のように，経済主体による裁定が行われる結果として，1年の短期金利と2年の長期金利の間には，等式 $1.01 \times 1.03 = (1+r)^2$ が成立し，$r \fallingdotseq 0.02$ となります。

一般に，今年行う1年契約の短期金利を r_1，翌年行う1年契約の短期金利を r_2，今年行う2年契約の長期金利を r としたとき，短期金利と長期金利の間ではどちらで運用しても同じリターンを得られるようになるため，

$$(1+r_1) \times (1+r_2) = (1+r)^2$$

という関係を満たします。この関係を，短期でも長期でもリターンが同じため，裁定の機会がないという意味で，無裁定条件と呼ぶことがあります。このように短期金利と長期金利は互いに関わり合っているのです。

上の式を展開してみると

3　金利（利子率）　● 83

$$1 + r_1 + r_2 + r_1 \times r_2 = 1 + 2r + r^2$$

という長い式になります。しかし金利は普通 1 より小さな数であり，小さなもの同士のかけ算，ここでいう $r_1 \times r_2$ と r^2 はとても小さな数となるため無視することができます。先の例では，$r_1 \times r_2 = 0.01 \times 0.03 = 0.0003$ と小さな数になるため，ほぼゼロと無視できます。すると，無裁定条件の式は，

$$1 + r_1 + r_2 = 1 + 2r \quad \Rightarrow \quad r = \frac{r_1 + r_2}{2}$$

となります。つまり，長期金利は短期金利の平均に近似的に等しくなります。また，今の短期金利 r_1 や，将来の金利 r_2 が変わると，長期金利 r もそれに応じて変化することがわかります。現実の経済では，さまざまな不確実な要因によって，必ずしも等式が成立するとは限りませんが，おおむね短期金利と長期金利は連動して動いているといえます。

POINT 3.6 短期金利と長期金利

- 短期金利：貸借契約が 1 年未満の金利
- 長期金利：貸借契約が 1 年以上の金利
- 裁定行動の結果，短期金利と長期金利は連動して動く

次の図 3.1 は，2015 年と 2019 年について国債が償還されるまでの残存期間

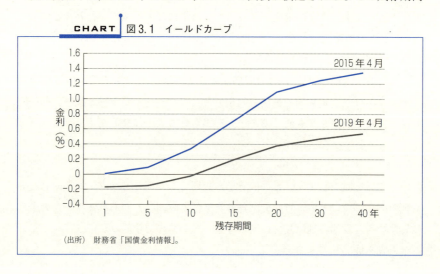

図 3.1 イールドカーブ

（出所）財務省「国債金利情報」。

と残存期間に応じた金利との関係を示した**イールドカーブ**が描かれています。残存期間が短いものは短期金利，長いものは長期金利です。2015 年に比べると 19 年は短期金利・長期金利ともに下落しており，両者が連動して動いていることが確認できます。なお，2019 年に金利がマイナスになっていますが，金融機関は国債の信用力や換金性（流動性）を考慮して，たとえ損が出ても保有する場合があります。

SUMMARY ●まとめ

□ 1　金融市場は，貸し手と借り手をつなぎ，貯蓄と投資を結びつける役割を果たす。

□ 2　金利とは資金の貸し借りの際に生じる元本に対する利子（利息）の割合のこと。資金を需要する投資の意思決定に影響する。

□ 3　金融市場は大きく間接金融と直接金融に分かれる。間接金融では，金融仲介機関を通じた資金の貸借が行われる。直接金融では，債券や株式などの売買を通して貸し手と借り手の間で直接資金の貸借が行われる。

EXERCISE ●練習問題

1　次の文章の ［　①　］ から ［　④　］ について，当てはまる単語を下の語群から選びなさい。

安い金利でお金を調達し，高い金利で運用して利ざやを稼ぐ行為を ［　①　］ という。お金の貸し借りが自由に行える場合には，このような ［　①　］ の機会がなくなるまで金利が調整されるため，短期金利と長期金利による運用方法の間には，［　②　］ が成立する。短期金利の代表例は ［　③　］ であり，長期金利の代表例は ［　④　］ である。

［語群］a. 機会費用　b. 裁定　c. 無担保コール翌日物金利　d. 為替レート　e. 日経平均株価　f. 長期プライムレート　g. 無裁定条件　e. 需要　f. 供給　g. 一般物価水準

2　自己資金で投資を行う場合においても，市場の金利はその投資額の決定に影響する。その理由を答えなさい。

3　マクロ経済学において，財・サービス市場と金融市場は密接な関係があるとい

3　金利（利子率）　● **85**

われます。なぜそのようにいわれるのか，説明しなさい。

4 間接金融と直接金融に関連する以下の記述について，間違っているものを選びなさい。

①間接金融において代表的な金融仲介機関である銀行は，貸し手から預金を集め，借り手に資金を貸すことで利ざやを稼いでいる。

②株式発行による資金調達は，その購入者である株主から直接資金を調達するため，直接金融と呼ばれる。

③株式市場で売り買いされる株式の株価は，その需給によって株価が変動するリスクがあるため，危険資産である。

④企業の社債を償還期限まで持ち続ける場合には，債券価格の変動も影響せず，リスクはない。

5 2年間の資産運用に当たって，2種類の運用方法を考える。第1の方法は，2年間の長期の定期預金で2年間運用する方法である。現在定期預金で運用する場合の長期金利は複利で年率 r で，2年間一定とする。第2の方法は，1年間の短期の定期預金での運用を1年ごとに繰り返す方法である。この短期金利は毎年変動することがわかっており，その値は，現在運用する場合は年率2%，来年に運用する場合は年率1%である。（平成29年度東京都採用試験改題）

(1) 2つの運用方法の無裁定条件を求めなさい。

(2) 無裁定条件から長期金利（年率）r を求めなさい。

6 3年間の資産運用に当たって，2種類の運用方法を考える。第1の方法は，3年間の長期の定期預金で3年間運用する方法である。現在定期預金で運用する場合の長期金利は複利で年率 r で，3年間一定とする。第2の方法は，1年間の短期の定期預金での運用を1年ごとに繰り返す方法である。この短期金利は毎年変動することがわかっており，その値は，現在運用する場合は年率2%，来年に運用する場合は年率1%，再来年運用する場合は年率3%である。（平成29年度東京都採用試験改題）

(1) 2つの運用方法の無裁定条件を求めなさい。

(2) 無裁定条件から長期金利（年率）r を求めなさい。

(3) 仮に再来年運用する場合の金利が年率3%から5%に上昇した場合，長期金利（年率）を求めなさい。

CHAPTER

第4章

貨幣の機能と中央銀行の役割

INTRODUCTION

　前章では，お金の貸し借りが金融市場で行われることを説明しました。この章では市場で取引されるお金そのものについて考えます。経済学ではお金のことを貨幣あるいは通貨といいます。ふだん私たちはあまり意識しませんが，貨幣にはさまざまな機能があります。そして，貨幣の発行やその総量の調節は中央銀行が行っています。中央銀行はそのほかにも準備預金制度の維持，金融政策の企画立案，金融システムの安定化など，経済においてさまざまな役割を担っています。この章では貨幣の持つ機能と中央銀行の果たす役割について学びます。

　Keywords：貨幣の機能，貨幣供給量，貨幣需要，準備預金制度，中央銀行，金融政策，金融システムの安定化

1 貨幣（通貨）とは

　経済学では，お金のことを貨幣，ないし通貨といいます。本書では「貨幣」の表記を主に使いますが，貨幣の構成要素，あるいは貨幣の国際的取引を説明する場合などは「通貨」の表記を用います。貨幣とは，決済手段・値段の単位の提供・価値の貯蔵（保存）という3つの機能を持つ資産のことをいいます。この節では，これらの機能を説明します（単に，「決済手段として社会に受容されているもの」として貨幣を定義する場合もあります）。

貨幣の機能①——決済手段としての機能

　品物と代金を交換することで取引を完結させることを決済と呼びますが，貨幣は決済において重要な役割を果たします。貨幣が存在しない社会において欲しい品物を手に入れるには，物々交換をしなくてはなりません。たとえば，果物を作って生計を立てている農家のAさんが病院で診察を受けたいとしましょう。もし貨幣がなければ，Aさんは診察の対価として自分がいま持っているもの，たとえば自らが作る果物を病院に渡すしかありません。この場合，その果物を欲しいと思う医師がいる病院を見つけない限り，Aさんは診察を受けられません。一般に，自分が手に入れたい品物を持ち，かつ自分の所有物を欲しいと思うような相手が見つかることを欲望の二重の一致といいます。このような一致は偶然でしかなく，Aさんは条件を満たす病院を探して莫大な時間をかけなくてはなりません。

　もし貨幣があれば，人々はその貨幣を利用して欲しい品物を買えます。先の例に戻ると，どの病院も貨幣を診療の対価として受け取りますので，Aさんは，作った果物を市場で売り，そこで代金として得る貨幣を使い診療を受けられます。決済機能を持つ貨幣は物々交換に伴う非効率性を回避し，品物の取引を円滑にします。

貨幣の機能②——値段の単位の提供

　日本において，品物に付く値段や，労働者の受け取る賃金などは通常円を単

位として表記されます。これにより異なる品物の価格を比較したり，あるいは
買い物の際に，予算の範囲内で品物が何個買えるかなど計算したりすることが
簡単にできます。貨幣は，市場において価値尺度と呼ばれる価格の単位を提供
しています。この機能は，長さの単位のメートルが持つ機能と似ています。

　一般に，価値尺度となるものの価値自体が頻繁に変わる場合，物価の変動が
大きくなり，経済が混乱します。一方，貨幣の場合は発行機関の中央銀行が価
値の安定化を図っています。このことについては次節で詳しく説明します。

貨幣の機能③──価値の貯蔵（保存）機能

　序章で学んだように，私たちが資産を蓄える方法には銀行預金や，債券や株
の購入などさまざまな種類があります。しかし，最も簡単な方法は，現金とし
て保管することです。この場合，資産の価値が変わらないという利点がありま
す。財布の中にある1万円札は，明日以降も1万円札のままです。貨幣は金融
資産，とくに安全資産として富を貯蔵する手段を提供しています。

> **POINT 4.1** 　貨幣（通貨）の持つ3機能
> ①決済手段としての機能：財やサービスの売買の円滑化
> ②価値尺度としての機能：財・サービスの値段の単位の提供
> ③価値の貯蔵（保存）機能：貯蓄手段の提供

貨幣の範囲

　この項では，貨幣には何が含まれるのかを説明します。貨幣といってまず思
いつくのは硬貨や紙幣等の現金です。これを現金通貨といいます。日本銀行
（日銀）は紙幣を，硬貨は政府（財務省造幣局）が発行します。硬貨が現金に占
める割合はわずかであるため本書では，中央銀行のみが現金通貨を発行すると
考えます。

　マクロ経済学では，貨幣を現金通貨よりも広く捉えます。私たち家計は
ATM（現金自動預け払い機）を各地の銀行やコンビニで利用できます。そのた
め，銀行口座，とくに普通預金口座に預けたお金は簡単に現金化できます。ま
た，普通預金のお金は，クレジットカードなどを用いれば，現金にしなくても
買い物の決済に使うことができます。この意味で普通預金は現金と性質が非常

1　貨幣（通貨）とは　● 89

Column **4**-1　日本の現金通貨の歴史

　日本最古の現金通貨は，7世紀に造られた富本銭といわれています（諸説あり）。8世紀には，平城京を作る際の労働者への賃金支払いの手段として和同開珎が造られ，その後さまざまな通貨が発行されました。

　明治時代の初期は，複数の現金通貨が流通し，混乱していました。通貨への信頼を取り戻すため，1882年に設立された日銀は，1885年に日本銀行券を発行し，貨幣を統一しました。当時の日本銀行券は，銀との交換義務がある兌換紙幣でしたが，その後その義務のない不換紙幣になり，今に至ります。　.

（参考文献）　京都国立博物館・公益財団法人八十二文化財団ホームページ。

に似ており，貨幣に含めます。なお，金融資産を，なるべくその価値を損なわず現金に交換しようとする際の交換しやすさの程度を，この金融資産の流動性といいます。その定義からわかるように，現金は最も流動性の高い金融資産ですが，普通預金も流動性が非常に高いといえます（金融市場における債券などの商品の売買のしやすさを流動性と呼ぶ場合もあります）。

　一方，企業は，決済の際，普通預金口座に加え，当座預金の口座にあるお金も用います。当座預金は小切手や手形の支払いに使われます。当座預金口座にあるお金も流動性が高いため，貨幣に含めます。流動性の高い預金である普通預金，当座預金を合わせて預金通貨といいます。なお，普通預金と違い，定期預金を（満期前に）現金化するには口座を解約する必要があり，手間がかかります。したがって，定期預金は流動性が低いため，預金通貨には入りません。

　本書では，貨幣を現金通貨と預金通貨の合計として定義します。国全体に流通する貨幣の総量のことを貨幣供給量といい，貨幣の英語 money の頭文字 M を用いて表記します。この貨幣供給量は，マネーサプライ，マネーストック，あるいは通貨供給量といわれることもあります。

POINT 4.2　貨幣供給量（マネーサプライ）の定義

貨幣供給量(M)＝現金通貨＋預金通貨

　貨幣供給を示す統計量には，M1，M2，M3などいくつか種類があります。まず，上で定義した，現金通貨と預金通貨の和としての貨幣供給量を M1 とい

90　● CHAPTER **4**　貨幣の機能と中央銀行の役割

CHART 表 4.1　貨幣供給量の種類

	通貨・預金の種類		対象金融機関（預金）	
	現金通貨 預金通貨	定期預金 外貨預金等	ゆうちょ銀行， 農協など	左記以外の 銀行
M1	○	×		○
M2	○	○	×	○
M3	○	○	○	○

（注）○：含まれる。×：含まれない。
（出所）日本銀行ホームページ。

います。そして，M1 に定期預金や外貨預金，あるいや譲渡性預金などを加えたものを M3 といいます。M1 と M3 の中間の M2 は M3 から，ゆうちょ銀行の預金などを除いたものです。表 4.1 はこれらの違いをまとめたものです。本書では M1 を貨幣と捉えます。なお，M3 に，国債や投資信託など，相対的に流動性の低い金融資産を加えた指標もあり，これを広義流動性といいます。この指標は元の貨幣の定義からは離れますが，世の中に広い意味でのお金がどの程度流通しているかを示したものです（投資信託とは，複数の人〔出資者〕から集めたお金を銀行などの専門家が金融市場において運用し，その利益が出資者に対して分配されるような金融商品のことです）。

中央銀行とは

この節では中央銀行の持つ目的やさまざまな業務内容について説明します。

中央銀行の使命

中央銀行は都市銀行，地方銀行，あるいは信用金庫といった（民間）金融機関と違い，利益をあげることが目的ではありません。日本の中央銀行である日銀の理念は，「物価の安定を図ることを通じて国民経済の健全な発展に資すること」（日本銀行法第 2 条）として定められています。一方，アメリカの中央銀行は，連邦準備制度理事会（Federal Reserve Board：FRB）およびその傘下の連邦準備銀行から構成されていますが，その目的は，物価の安定および，雇用の最大化を図ることと規定されています。

日米の中央銀行の理念・目的を踏まえて，本書では中央銀行の使命が，物価の安定とそれを通したマクロ経済の成長・発展にあると考えます。物価が安定するとは，1円で買える品物の量が時間とともに変わらないということ，すなわち貨幣（通貨）の価値が安定するということです。第1・2章で学んだように，物価の指標にはGDPデフレーターやCPI（消費者物価指数）などさまざまなものがありますが，日銀はその中で，日常生活で取引する品物の値段の動きを反映し，速報性も高いCPIを重視し，その安定を目標にしています。

> **POINT 4.3　中央銀行の使命**
> 物価の安定およびそれを通したマクロ経済の成長・発展

中央銀行の役割

　本書ではこれまで，銀行の銀行，あるいは発券銀行として中央銀行を説明してきました。しかし中央銀行にはそれ以外にもさまざまな役割があります。次の節以降では，主に以下の4つの役割を説明します。

> **POINT 4.4　中央銀行の主な役割**
> ①準備預金制度の維持　②現金通貨の発行　③金融政策の実行
> ④金融システムの安定化

　中央銀行にはさらに，政府の銀行として政府資金（国庫金）を預かったり，また外国為替市場において通貨介入を行ったりする役割などもあります。

中央銀行の役割①

▶ 準備預金制度の維持

　この節では，準備預金に関する中央銀行の業務について説明します。

「銀行の銀行」としての中央銀行

　序章でも説明しましたが，私たちが金融機関に預金口座を持つのと同様に，金融機関は中央銀行内に口座（中央銀行当座預金口座）を持ちます。金融機関に

| CHART | 表 4.2　金融機関のバランスシート（簡略化） |

資　産	負債・純資産
貸出金	預金
準備預金	その他負債
保有現金・有価証券	純資産
その他資産	

は顧客から預かった預金総額の一定割合（預金準備率，支払準備率）を法定準備金としてその口座に最低限預ける義務があります。その1つの理由は，金融機関が預金をすべて貸出に回したら，預金の引き出しに対応できなくなる恐れがあるからです。この制度を準備預金制度，そして金融機関が中央銀行に預けるお金を準備預金といいます。預金準備率は中央銀行が決定します。その値は預金の種類や金額によって異なりますが，日本では 2019 年現在 1% 程度です（この章では主に，銀行など預貯金を扱う機関として金融機関という言葉を用いますが，一般には証券会社・保険会社などを広く含む意味合いで用いられる場合もあります）。

　準備預金は，金融機関のバランスシート（貸借対照表）に現れます。バランスシートとは企業等の財務状況を示す表であり，お金を外からどう調達したかを示す資産と，調達したお金の使い道を示す負債，そして資産の総額から負債の総額を除いた純資産の項目からなります。表 4.2 は，このバランスシートを簡略化したものです。金融機関の負債は主に顧客から預かった預金，そして資産は主に個人や企業への貸出金，保有する証券・現金，準備預金からなります。

　金融機関が法定準備金以上の準備預金（超過準備）を中央銀行に預けることも可能です。しかし，準備預金に付く金利は非常に小さく，超過準備の利点はあまりないため，通常少額です。本書では，準備預金は法定準備金に等しいと仮定します。なお，準備預金に付ける金利も中央銀行が決めます。

> **POINT 4.5　準備預金制度**
> 金融機関が預金額の一定割合（預金準備率）を最低限中央銀行に預ける制度

決済システム安定化

　金融機関同士の決済は，最終的には中央銀行当座預金口座を介して行われます。日本においては，この決済に用いるネットワークを日銀ネット（日本銀行

3　中央銀行の役割①　●　93

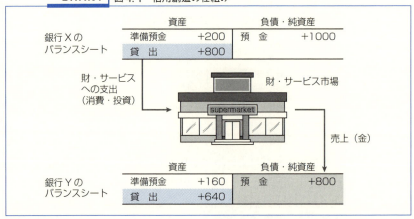

図4.1　信用創造の仕組み

金融ネットワーク・システム）と呼び，日銀が管理しています。金融機関同士の決済がスムーズになされるためには，各銀行がこの口座に十分な額のお金を預ける必要があります。準備預金にはこういった金融機関の決済を円滑にする役割もあります。東日本大震災の際も日銀ネット自体は通常に機能し，経済活動の維持に貢献しました。

　一般に，経済主体の間でスムーズにお金や証券の受け渡しが行われるための仕組み全体を決済システムといいます。中央銀行にはこのシステムの安定化を図る責務があります。

| 信用創造 |

　金融機関が預かった預金を貸出に回すと，貸し出されたお金は財・サービスの支出（消費・投資）に用いられます。序章でも説明しましたが，結果としてそのお金は必ず誰かの所得になります。そして，その所得の一部は新たに金融機関に預金として預けられます。このように，金融機関が自ら預金を増やしていく仕組みのことを信用創造といいます。そして信用創造の程度には，預金準備率の水準が影響を与えます（信用には，お金の貸借に関する貸し手と借り手との関係性という意味があります）。ここでは信用創造について，例を用いて考えます。簡単化のため，人々は現金を持たず，支出に回さないお金をすべて銀行の預金口座に預けると仮定します。また，預金準備率を20％とします。

　いまAさんが銀行Xに新たに1000円を預金として預けたとします。銀行

Column❹-2　信用創造反対の国民投票（スイス）

　信用創造は，金融機関が預金・貸出が繰り返されることにより発生します。しかし，金融機関による過度な貸出は不良債権の増加を呼び，金融危機を招くという批判もあります。スイスでは 2018 年，預金準備率を 100% にする，つまり信用創造を禁止することについての国民投票が行われました。可決された場合，金融機関は，資金を金融市場から直接調達するか，あるいは中央銀行から融資を受けるなどしないと企業に融資ができなくなります。結果は否決されました。

　（参考文献）　2018 年 6 月 4 日付ウォールストリートジャーナル電子版 "Central Bankers Versus the Market: Who Would Lend Better?"。

X は，預金の 20% 分の 200 円を準備預金として中央銀行に預け，残りの 100%−20%＝80% 分，つまり 0.8×1000＝800 円を別の会社や個人（B さんとします）への貸出に回します。このお金の流れを示したのが図 4.1 です。B さんは借りた 800 円を支出に，たとえば店での買い物に使ったとします。そして，その店の店主は売上 800 円を別の銀行 Y に預金します。最初の 1000 円の預金が，新たな預金（800 円）を生みました。確かに信用創造が起きていることがわかります。

　信用創造はまだ続きます。銀行 Y の預金増 800 円は，新たな貸出を通してその 80%，つまり元の預金の 80%×80%＝64% 分の 640 円の預金増をさらに別の銀行 Z にもたらします。こういった預金の増加の連鎖は永遠に続きます。増える預金を数列として表すと，1000，1000×0.8，1000×0.8^2，…というように初項（第 1 項）が 1000 で公比（次の項の値との比）が 0.8 の永遠に続く等比数列として表現できます。最終的に発生する預金の総額は，等比数列の和の公式（章末の付録で詳しく説明します）より，以下のように預金総額 1000 を 0.2 で割って得られる値の 5000 円と求められます。

$$1000 + 1000 \times 0.8 + 1000 \times 0.8^2 + \cdots = \frac{1000}{1-0.8} = \frac{1000}{0.2} = 5000$$

ここで数字の 0.2 は預金準備率そのものです。一般に，預金増の総額は最初の預金増を預金準備率で割ったものとなります。よって預金準備率が下がると信

3　中央銀行の役割①　● 95

用創造の効果は強まることがわかります。

> **POINT 4.6　信用創造**
> 金融機関が預金を自ら増やす仕組みのこと

例題 4.1　預金準備率を 25% とする。新規に 2000 円の預金がなされたとすると，最終的に発生する預金総額を求めなさい。
答　預金増が信用創造を通して生み出す預金総額は $\frac{2000}{0.25} = 8000$ 円である。

中央銀行の役割②

▶ 現金通貨の発行

中央銀行は，物価・経済の安定のため，貨幣供給量を調節しようとします。この節では，中央銀行と貨幣供給量の関係について説明します。

発券銀行としての中央銀行

中央銀行は，発券銀行とも呼ばれるように，現金通貨（紙幣），とくに法定通貨を独占的に発行する権利を持っています。これにはいくつか理由があります。まず，1 つの国で現金通貨が何種類もある場合，品物の値札を併記にしたり，異なる通貨間の交換レートを示したりする必要が出て，取引が混乱するということが理由としてあげられます。

また，現金通貨の自由な発行を認めると，粗悪で偽造可能なものも出回る恐れがあります。どの現金通貨が信用できるかを各個人が判断するのは困難です。結果，通貨制度そのものへの信頼が失われる恐れがあります。確かに経済学者のフリードリヒ・ハイエクがいったように，さまざまな現金通貨が流通した場合，競争を通して優れたもののみが最終的に残るかもしれません。しかし，その優れた通貨が決まるまでに，いろいろな不便が生じます。よって多くの国では，現金通貨はその国，あるいはその国を含む地域を管轄する中央銀行が発行するもののみとなっています。日銀は円を，そしてアメリカの FRB はドルを発行しています。一方，ヨーロッパでは，欧州中央銀行（ECB）が統一通貨ユーロを発行しています。

なお，近年は電子決済が進む中，世界各国の中央銀行は，紙でなく，オンライン上で使えるデジタル通貨（仮想通貨・暗号資産）の発行を検討しています。2017年，ウルグアイの中央銀行は，デジタル通貨「eペソ」の試験的な運用を行いました。2019年現在，スウェーデンの中央銀行も，デジタル通貨「e-クローナ」の発行を検討しています。

> **POINT 4.7** 発券銀行としての中央銀行
> 中央銀行には現金通貨を独占的に発行する権利がある

インフレ，デフレと貨幣供給

物価が増加し続けることをインフレ（インフレーション），下落し続けることをデフレ（デフレーション）といいます。インフレやデフレは，ある1つの品物の値段が変動することを指すわけではありません。多くの品物の値段が同時に上がり（下がり）続けるときに，インフレ（デフレ）が起きているといいます。

ある一定の額の貨幣を用いて購入できる財の量を，貨幣の持つ購買力といいます。インフレは，貨幣の購買力を減らし，結果として貨幣価値を下げます。たとえば，インフレによりリンゴの値段が1個100円から1個200円になったら，1000円札1枚で買えるリンゴの数は10個から5個に減ります。反対にデフレが起きると貨幣の購買力は増え，貨幣価値は上がります。

物価の安定を使命とする中央銀行は，インフレ，デフレを避け，貨幣価値を安定化させようとします。貨幣価値の決定には，貨幣供給量が密接に関わっています。ある野菜が豊作となり市場に大量に供給されたら，その野菜の価格は下がります。それと同様に貨幣供給量が増えたら貨幣価値が下がり，インフレが起きます。逆に，貨幣供給量が減ると貨幣価値が上がりデフレになります。したがって，中央銀行は，貨幣供給量を調節して貨幣価値が過度に変動しないようにしています。

第2章でも説明したように，物価水準が変化する割合を物価上昇率またはインフレ率といいます。中央銀行はCPI（消費者物価指数）を用いて物価水準を捉え，そしてインフレ率をCPIが前年（または前月）に比べて何％変化したかにより求めます。たとえば，2019年8月におけるインフレ率（前年同月比）は0.5％でしたが，これはその月のCPIが2018年8月に比べて0.5％増えたこと

4 中央銀行の役割② ● 97

CHART 図 4.2 インフレと貨幣供給の関係

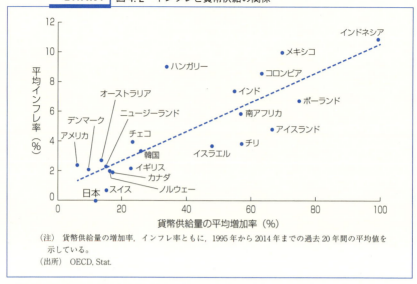

（注）貨幣供給量の増加率，インフレ率ともに，1995 年から 2014 年までの過去 20 年間の平均値を示している。
（出所）OECD, Stat.

を意味しています。

　図 4.2 は，世界各国の貨幣供給量の増加率と物価上昇率との関係を散布図で示したものです。確かに両者の間には正の関係があることがわかります（同時にこの図は，日本の物価上昇率，そして貨幣供給量増加率が諸外国に比べて低いことも示しています）。物価を安定させるため，中央銀行は貨幣供給量を調節しようとします。インフレが起きているときには，物価を下げる，つまり貨幣価値を上げるため貨幣供給量を減らそうとし，デフレが起きているときには貨幣供給量を増やそうとします。その具体的な方法については次節で説明します。

> **POINT 4.8** 貨幣とインフレ，デフレ
> 貨幣供給量が増加（減少）し続けるとインフレ（デフレ）になる

マネタリーベース

　前項では貨幣供給量が物価水準に影響を及ぼすことを示しましたが，物価の番人である中央銀行は貨幣供給量の値を「直接」決定することができません。貨幣供給量のうち現金通貨の量は中央銀行の裁量で増減できますが，預金通貨の量は，預金者と金融機関との間の取引により決まり，中央銀行がその値をコ

| **CHART** | 表 4.3　中央銀行のバランスシート（簡略化） |

資　産	負債・純資産
貸出金 有価証券（国債など） その他資産（金地金など）	現金 準備預金 その他負債（引当金など） 純資産

ントロールすることはできません。

　一方，中央銀行は，預金準備率を上下させることにより準備預金の量を調節できます。準備預金と現金通貨との和を，中央銀行が直接供給できる貨幣としてマネタリーベース（ハイパワードマネー）といいます。中央銀行はマネタリーベースの値の操作を通して貨幣供給量を（間接的に）調節しようとします。

　表 4.3 は中央銀行のバランスシートを簡略化したものです。左側の資産は，金融機関への貸出金や保有する有価証券などからなります。一方，右側の負債は主に現金通貨と準備預金からなりますが，これはマネタリーベースそのものです。つまり，マネタリーベースには中央銀行の負債としての側面があります。中央銀行が金融機関から預かった準備預金は要求に応じて返す義務があり，負債に入ります（現金も負債として扱われますが，これは日本の場合，日銀設立当初，紙幣が兌換紙幣であったことの名残と考えることができます）。

> **POINT 4.9** マネタリーベースの定義
>
> マネタリーベース＝現金通貨＋準備預金

> **例題 4.2**　現金通貨（の額）が 30 兆円，普通預金が 100 兆円，（企業の）当座預金が 20 兆円，定期預金が 60 兆円，準備預金が 10 兆円のとき，①貨幣供給量（M1），②マネタリーベースの値はそれぞれ何兆円か求めなさい。
>
> **答**　①貨幣供給量は現金通貨と預金通貨（＝普通預金＋当座預金）の和なので 30 ＋ 100 ＋ 20 ＝ 150 兆円。②マネタリーベースは現金通貨と準備預金の和なので 30 ＋ 10 ＝ 40 兆円に等しい。

4　中央銀行の役割②　● **99**

5 中央銀行の役割③

▶ 金融政策の実行

　中央銀行の役割の3つ目は，物価と経済の安定のため，さまざまな策を立案し，実行することです。中央銀行のとる施策を金融政策といいます。政府が決める財政政策に公共事業や減税など，さまざまな手段があるのと同様，金融政策の手段も複数あります。前節で物価の変動に貨幣供給量が関わっていることを説明しましたが，金融政策は，この貨幣供給量に影響をもたらします。本書では金融政策の主な手段として以下の3つを説明します。

> **POINT 4.10** 金融政策の主な手段
> ①公開市場操作　②公定歩合操作　③預金準備率操作

政策手段①——公開市場操作

　金融政策の第1の手段は，中央銀行が金融市場において債券を売買する公開市場操作です。この操作は，中央銀行が金融機関から債券などを購入する買いオペレーション（資金供給オペレーション）と，金融機関に対し自らが持つ債券などを売却する売りオペレーション（資金吸収オペレーション）からなります。オペレーションとは操作のことで，以下この言葉をオペと略します。こうしたオペを通して中央銀行が金融市場への資金供給を増減させます。ここでの「公開」とは，中央銀行が，資金をやりとりする金融機関をあらかじめ定めず，市場において決めるという意味です（参考：セントルイス連銀）。日銀は，金融市場における資金供給量を調整することを金融市場調節と呼びます。

　公開市場操作は貨幣供給量に影響を与えます。たとえば，中央銀行が買いオペをして金融機関から債券を1億円分購入する場合，その代金は，新たに貨幣を1億円発行することでまかないます。債券を売った側の金融機関は，その代金を企業への融資などに充てるため，社会に流通する貨幣量が増えます。つまり，買いオペは貨幣供給量を増やします。反対に，中央銀行が売りオペをする場合，貨幣供給量は減ります。したがって，中央銀行はインフレのときは売り

オペをすることにより貨幣供給量を減らして物価を下げようとし、反対にデフレのときには買いオペをして物価を上げようとします。なお、個人や企業同士で債券を売買したとしても、代金は個人・企業間を移動するだけで、経済全体における貨幣の量は変わりません。中央銀行が債券を売買する場合にのみ貨幣供給量に変化が起きます。

中央銀行が公開市場操作を行う対象は通常、資金貸借の期間、債券でいうと償還期間が1年未満である短期金融市場が中心です。民間の金融機関と違い、企業に対して融資をするノウハウがない中央銀行が長期の資金貸借にまで影響を及ぼすようになると、結果としてあまり成長性のない企業に資金が提供されてしまうなど、金融市場の健全な発展が阻害される可能性があります。したがって、通常中央銀行は公開市場操作の対象を短期に限定しています。

上で述べた短期金融市場は、金融機関同士がお金の貸借をする金融市場であるインターバンク市場と、金融機関以外の一般企業などが参加できるオープン市場とに分かれます。インターバンク市場の中で、貸借の期間が1日程度のごく短期の資金をやりとりする市場をコール市場、そしてその市場に付く短期金利をコールレートといいます。

公開市場操作はコールレートに影響を与えます。たとえば、中央銀行の買いオペにより金融機関が資金供給を受けたとき、その金融機関は資金を最終的には企業への融資などに充てます。しかし、融資先決定には時間がかかるため、通常はその間、コール市場で運用します。財市場で財の生産量が増えたらその値段が下がるのと同様に、コール市場において資金の供給量が増えたら、その市場でお金を借りる際の値段であるコールレートは下がります。コールレートが下がれば、多くの金融機関がそれだけ容易に資金を調達することができるようになり、結果として企業への融資も増えます。逆に、売りオペを行うとコールレートは上がります。

中央銀行の多くは、コールレートを金融政策の目標値としています。政策目標となる金利は一般に（誘導）政策金利と呼ばれ、政策金利を上げることを利上げ、下げることを利下げといいます。コールレートにも種類があり、今日借りたお金を翌日に返す、担保を取らない取引にかかる金利を無担保コール翌日物金利と呼び、日銀はこの金利を政策金利としています。ここで担保とは、借りた金を返せなくなったときに備え、返済の代わりとして前もって借り手が貸

5　中央銀行の役割③　● 101

し手に差し出す資産のことです。一方，FRBは，金融機関の間で準備預金の過不足を取引しあうコール市場（フェデラル・ファンド市場）に付く金利であるフェデラル・ファンド金利を政策金利としています。

　第3章で学んだように，長期金利は，短期金利の水準に依存しています。したがって，短期金融市場を対象とした公開市場操作は間接的に長期金利にも影響を与えます。たとえば，中央銀行が売りオペにより利上げをしたとき，顧客に長期でお金を貸し出すよりコール市場で短期間お金を運用した方が得だと考える金融機関が増えます。結果，長期間借りられる資金が減り，長期の資金貸借の価格である長期金利は上がります。

> **POINT 4.11　公開市場操作**
> 中央銀行が金融政策の手段として，債券などの売買を通して金融市場への資金の供給量を調節すること

政策手段②——公定歩合操作

　私たちが金融機関からお金を借りるのと同様に，金融機関は中央銀行からお金を借りることがあります。この場合にかかる金利を公定歩合といい，中央銀行は政策手段としてこの値も決めます（歩合とは割合や手数料のことを指す言葉です）。日銀は公定歩合のことを「基準割引率および基準貸付利率」といいます。中央銀行からお金を借りられる相手は金融機関のみで，家計や企業が借りることはできません。また，借りる場合は通常，担保の提供が必要です。

　公定歩合が下がると，金融機関は中央銀行からお金を借りやすくなるため，企業への貸出が増え，貨幣供給量は増加する傾向にあります。逆に，公定歩合の上昇は，貨幣供給量を減らす方向に働きます。

　日銀は，1995年の阪神・淡路大震災のとき，被災金融機関に対し，公定歩合の利率で資金を供給（復興支援貸出）しました。また，アメリカでは2008年の金融危機のときに，経営健全化のため，FRB傘下のニ

金利一覧	
（3日現在、年、%）	
▽基準貸付金利(公定歩合)	
日　本	0.30
▽誘導政策金利	
日　本(翌日物)	—
米　国（FF金利）	
	1.50〜1.75
ユーロ圏	0.00
（市場介入金利）	
▽プライムレート	
短　期	1.475
長　期	0.950
変動長期	
（3年以内）	1.775
（3年超）	1.975
▽大口定期預金（3カ月）	
5億円以上	0.010

さまざまな金利（『日本経済新聞』2020年2月4日付朝刊）

102　● CHAPTER 4　貨幣の機能と中央銀行の役割

ューヨーク連邦準備銀行が金融機関の JP モルガンに対し公定歩合の利率で資金を貸しました。

　金融機関が中央銀行からお金を借りるのは上記のように災害が起きたときや経営が悪化したときなどの非常時が主であり，通常は金融市場から直接お金を調達します。したがって現在，日銀など多くの中央銀行は，公定歩合操作よりも公開市場操作を金融政策として重要視しています。

> **POINT 4.12** 公定歩合操作
> 中央銀行が金融政策の手段として，金融機関にお金を直接貸すときの金利を調節すること

政策手段③──預金準備率操作

　中央銀行は金融政策の一環として，預金準備率も決定します。この値は，前述のコールレート，公定歩合同様，貨幣供給量に影響を与えます。預金準備率は（中央銀行が値を直接決めることができる）マネタリーベースが貨幣供給量に与える程度に影響を与えます。貨幣供給量をマネタリーベースで割ったものを貨幣乗数（信用乗数）といいます。経済学では増大の程度を示す指数のことを乗数といいますが，貨幣乗数は，マネタリーベースが増えたときに貨幣供給量がその何倍増えるかを示したものといえます。

　これから貨幣乗数と預金準備率との関係を考えます。ここでは簡単化のため，預金と預金通貨は同じものとします。現金通貨，預金通貨，準備預金を用いて貨幣乗数は以下のように表現できます。

$$貨幣乗数 = \frac{貨幣供給量}{マネタリーベース} = \frac{現金通貨 + 預金通貨}{現金通貨 + 準備預金}$$

ここで，現金通貨と預金通貨の比を現金預金比率と呼ぶことにすると，準備預金と預金（＝預金通貨）の比は預金準備率に等しいため，上式の分母と分子をともに預金通貨で割ると以下のような式を得ます。

$$貨幣乗数 = \frac{現金預金比率 + 1}{現金預金比率 + 預金準備率}$$

この式から，現金預金比率が一定のもとで預金準備率を下げると，貨幣乗数の値が増えることがわかります。これは，準備預金が減れば，金融機関が貸出に

5　中央銀行の役割③　● 103

回せるお金が増え，貨幣供給量が増えやすくなるからです。たとえば，中央銀行が物価を下げようとするときは預金準備率を上げて貨幣供給量の増加を抑えようとします。反対に物価を上げる場合は預金準備率を下げます。

　貨幣乗数の式の分母に現れる預金準備率は 1 以下のため，乗数の値は常に 1 以上となります。中央銀行がマネタリーベースを増やしたら，金融機関の持つ信用創造の機能を通してそれ以上に貨幣供給量は増加します。

POINT 4.13 預金準備率操作

中央銀行が金融政策の手段として預金準備率を上下させること

例題 4.3 (1) 現金預金比率が 50% であるとする。預金準備率が 25% のとき，貨幣乗数はいくらか，またマネタリーベースが 100 円増えるとき，貨幣供給量はいくら増加するか求めなさい。

(2) (1) の状況において，預金準備率が 0% に下がった場合の貨幣乗数はいくらか。また，マネタリーベースが 100 円増えるとき，貨幣供給量の増加量を求めなさい。

答 (1) 貨幣乗数 $= \frac{0.5+1}{0.5+0.25} = 2$。貨幣供給量の増加 $= 100 \times 2 = 200$ 円。

(2) 貨幣乗数 $= \frac{0.5+1}{0.5+0} = 3$。貨幣供給量の増加 $= 100 \times 3 = 300$ 円。

金融緩和と金融引き締め

　一般に，貨幣供給量を増やし，物価を押し上げる金融政策を金融緩和政策，その逆に，貨幣供給量を減らし，物価を下げるような金融政策を金融引き締め政策と呼びます。公開市場操作における政策金利の利下げ，公定歩合の引き下げ，預金準備率の引き下げは金融緩和政策に，そして利上げ，公定歩合の引き上げ，預金準備率の引き上げは金融引き締め政策に分類されます。

　金融政策は物価だけでなく，実体経済，具体的には国内総生産（GDP）の値にも影響を与えます。たとえば，金融緩和として政策金利や公定歩合の引き下げがなされると，金融機関は金融市場からお金を調達しやすくなり，その結果として金融機関から企業への融資が行われやすくなります。融資が増えればそれだけ企業は設備投資などに多く支出するようになり，経済活動が活発化し，GDP が増えます。反対に，金融引き締めは経済活動を鎮静化させ GDP を減らす方向に働きます。

104 ● **CHAPTER 4** 貨幣の機能と中央銀行の役割

POINT 4.14 金融政策の分類
- 金融緩和：貨幣供給量を増やし，物価を上げ経済活動を活発化させる
- 金融引き締め：貨幣供給量を減らし，物価を下げ経済活動を鎮静化させる

中央銀行の独立性

　政府が財源を増税で調達しようとすると，負担が増えるため有権者から反対される場合が少なくありません。そのため，もし通貨発行権を持つ中央銀行を政府が支配下に置いていれば，財源を紙幣（現金通貨）の増刷に頼りがちとなります。しかし，通貨発行に頼りすぎると貨幣供給量が増え，貨幣価値の下落，つまりインフレを招く可能性が高くなります。

　紙幣乱発によるインフレを避けるため，多くの国は中央銀行の政策運営を独立させています。中央銀行が政府や国会に影響されずに意思決定を行うことを中央銀行の独立性といいます。日本の金融政策は金融政策決定会合において，日銀政策委員の多数決により決定されます。FRB は連邦公開市場委員会（Federal Open Market Committee：FOMC）で政策を決定します。

POINT 4.15 中央銀行の独立性
中央銀行が政府，国会から干渉されず政策を決めること

1990 年代以降の日本の金融政策

　日本は 1990 年代以降，長引く不況やデフレに苦しみました。そのため，日銀は，これまで行われなかった，非伝統的な金融緩和政策をいくつか実行しました。まず，日銀は 1999 年，政策金利を 0% にするゼロ金利政策を先進国で初めて実施しました。原則として市場の金利はゼロ以下にならないため，この政策は公開市場操作による金融緩和の一種の限界といえます。この政策はいったん 2000 年に解除されました。

　その後も経済状況は改善せず，日銀は 2001 年，金融政策の目標を短期金利から，日銀当座預金の残高に変更し，その残高が目標値に達するように買いオペを行うなどの政策を実施しました。日銀が金融機関から債券を購入した場合，代金はその金融機関が持つ日銀当座預金口座に振り込まれます。日銀当座預金

5　中央銀行の役割③　● 105

CHART 図 4.3 貨幣供給量（M1）とマネタリーベースの推移

（出所）日本銀行ホームページ。

　残高が増えるということは，それだけ金融機関は潤沢な資金（超過準備）を持っているということになり，民間への貸出が増えることが期待されます。このように，政策の目標を金利ではなく，預金残高などの量に設定する金融緩和政策を量的金融緩和政策といいます。

　日銀はこの量的金融緩和政策を 2006 年にいったん解除しますが，2013 年には，マネタリーベース，および長期国債と ETF の保有額をそれぞれ 2 年で 2 倍にすること，そしてそれを通して消費者物価（CPI）上昇率（年率）が持続的に 2% を超えることを目標にした新たな量的金融緩和政策（量的・質的金融緩和政策）を実施しました（ETF とは証券取引所に上場されている投資信託のことです。主なものに，日経平均株価に連動するように複数の株式を購入・運用する ETF などがあります）。目標の達成のため，日銀は大規模な買いオペを始めました。一般に物価上昇率に関し中央銀行が目標値を設定するような金融政策をインフレ・ターゲット政策といいます。

　図 4.3 は，ここ 20 年のマネタリーベース，そして貨幣供給量の推移を示しています。この図を見ると，2013 年からマネタリーベースが急増していることがわかります。これは，量的・質的金融緩和政策により超過準備の額が急増したのが 1 つの理由です。しかし金融機関の持つこの「余分な」準備預金が新規の貸出に回る効果は弱く，マネタリーベースの急激な増加に比べ，貨幣供給量の伸びは低い状態が続きました。このことは，信用創造の仕組みがうまく機

図 4.4 日本の長期金利・短期金利の推移

(出所) OECD. Stat, 日本銀行ホームページ。

能しなかったことを示唆しています。金融機関に対し，超過準備を企業への融資に回すよう促すべく，2016 年 2 月，日銀は超過準備の一部に負の金利（−0.1％）をかける**マイナス金利政策**を実施しました。この政策は，日銀当座預金口座の利用にいわば料金を課すものといえます。

　マイナス金利導入後，各種の金利が償還期間を問わず低下し，イールドカーブが大きく下方にシフトし，長期金利も 0％ を下回るようになりました。長期金利までがマイナスになると，金融機関が融資業務などで長期的な利益を上げることが難しくなり，経営が苦しくなります。長期金利安定化のため，日銀は 2016 年 9 月，長期金利（10 年物国債の利回り）に目標値（0％）を設定しました。この政策を長短金利操作付き量的・質的金融緩和といいます。中央銀行が長期の金利に政策目標を設定するのは特に先進国においては異例といえます。図 4.4 は，日本の短期金利・長期金利の推移を示しています。ここ 20 年は一貫して金利が低下傾向にあることがわかります。

 中央銀行の役割④

▷ 金融システムの安定化

　この節では，中央銀行の第 4 の役割である金融システムの安定化について学

> ### Column ❹-3　トルコの高い政策金利
>
> 　金融緩和政策が長引いた結果，日本の政策金利は近年非常に低い値となって
> いますが，高い政策金利を設定した国もあります。その1つが2018年ごろの
> トルコです。当時のトルコは，自国通貨のリラが対ドルなどで通貨安となり，
> 輸入品の値段が上がった結果，物価高が深刻な問題となりました。2018年8
> 月にトルコの消費者物価上昇率は約18%を記録しました。通貨安・物価上昇
> を止めるため，トルコ中央銀行は同年9月，利上げを行い，政策金利（1週間
> 物レポ金利）を24%という非常に高い値に設定しました。ある国の金利が上
> がると，その国で発行された債券などで資金を運用するメリットが高まるため，
> その国の通貨への需要が増え，結果通貨高になる傾向があります。そのため，
> 通貨安を止めようとする中央銀行は，しばしば政策金利を引き上げます。金利
> と為替の関係については第9章で詳しく説明します。
>
> （参考文献）ブルームバーグニュース2018年9月3日付「トルコ：8月消費者物価イン
> 　　フレは15年ぶり高水準——PPIは32%上昇」，『読売新聞』2018年9月14日付「ト
> 　　ルコ中銀　大幅利上げ　政策金利24%に　物価安定図る」。
> （注）レポ市場に付く金利をレポ金利という。レポ市場とはオープン市場の1つで，債
> 　　券を担保にして資金を賃借する短期金融市場のことである。

びます。

金融機関に対する検査

　多数の金融機関が参加する資金貸借の仕組み全体を金融システムといいます。
中央銀行には，金融システムを安定的に機能させる役割があります。日本銀行
法は信用秩序の維持が日銀の役割の1つであると明記しています。

　金融システムが機能するには，まず金融機関の経営状況が良好でなくてはな
りません。中央銀行は，電話による聞き取り調査（モニタリング），あるいは立
ち入り検査などを通して，金融機関の検査を定期的に行い経営状態の把握を行
います。日銀が行う検査を考査といいます。なお，日本では日銀だけでなく，
政府組織の1つである金融庁も検査を行っています。

　FRBやECBは検査の一環として，金融機関に対しストレス・テストを行い
ます。これは国全体の景気が著しく悪化した場合にも経営が健全であり続ける
かを問う厳しい検査です。たとえば，国際的な業務を行う金融機関に対しては，

自己資本比率（返済の義務のない資金を意味する自己資本が，自己資本と借入金などの他人資本を合わせた総資本に占める割合）が8%以上を超えなくてはならないという国際的な決まりがあり，このルールは世界の中央銀行をメンバーとする組織である国際決済銀行（BIS）が設定しているため，BIS規制と呼ばれますが，ストレス・テストでは，BIS規制が不況時にクリアできるかもチェックします。テストに不合格となった場合，金融機関は増資（株などを発行して元手のお金を増やすこと）など，経営を健全にする対応をとらなくてはなりません。

最後の貸し手としての中央銀行

金融機関の経営が悪化すると，預金者は財産を守るべくその金融機関に預けたお金を引き出そうとします。これを銀行取り付けといいます。日本ではたとえば1995年に木津信用組合の経営が悪化し，下の写真のように預金者が取り付けのため店に殺到しました。

金融機関は通常，預金の大半を貸出に回していて，預金者全員の引き出しには応じられません。取り付けを放っておくと金融機関は資金が枯渇して倒産し，結果，預金者の資産が失われます。日本では，預金保険制度，たとえばペイオフなどの仕組みにより預金が保護されています。しかし，ペイオフにより保護される預金の額には限度があり，また外貨預金等は対象外であるため，完全に取り付けを防止できる制度ではありません。

金融機関が破綻して困るのは預金者だけではありません。破綻した金融機関から融資を受けていた企業は，この先お金が借りにくくなるため，経営が悪化する可能性が高まります。もし，その企業が倒産すると，今度はその企業にお金を貸していた別の金融機関の経営も悪化します。一般に，1つの金融機関の破綻がほかの金融機関の連鎖的な破綻を招く危険性をシステミック・リスクといいます。金融システムが機能し

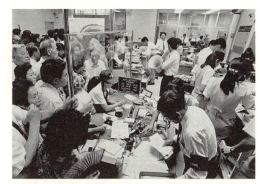

木津信用組合の預金引き出し（写真提供：共同通信社）

Column ④-4　北海道拓殖銀行の破綻

　　北海道拓殖銀行（拓銀）は，かつて北海道を代表する金融機関でした。しかし1990年初頭のバブル経済崩壊とともに，資金回収の見込みが立たない融資案件が増え，経営が悪化しました。拓銀の経営不安に関する情報が流れるにつれ，預金の取り付けが深刻となりました。破綻直前のころの銀行内部文書を入手した北海道新聞によれば，1996年からのわずか半年で，定期預金が1兆円流出しました。資金繰りに苦しんだ拓銀は，1997年11月，準備預金を積むためのお金を短期金融市場（コール市場）においてほかの金融機関から調達できなくなり，直後に破綻しました。短期金融市場は，金融機関にとって生命線であることがわかります。その後，日銀は拓銀の預金者保護のため，日銀特融を実施しました。

　（参考文献）『北海道新聞』2017年11月17日付「断末魔の拓銀，半年で大口定期性預　　金の4割流出　破綻20年」。

なくなると経済活動全体に甚大な悪影響が及びます。このような事態を金融危機といいます。預金者保護のため，また金融システムの破綻やそれに伴う金融危機を避けるため，中央銀行は最後の貸し手として金融機関に資金を供給することがあります。日本では，緊急時に日銀が金融機関に対し無担保の融資を行います。これを日銀特融といいます。前述の木津信用組合にも日銀は特融により資金を供給しました。

　なお，中央銀行は，経営状態の悪い金融機関を見つけてもすぐには救済しません。中央銀行からいつでも助けてもらえるとなれば，金融機関は，融資先の選定などの経営努力を怠り，その結果，金融全体の発展が妨げられる恐れがあります。一般に，救済の仕組みがあるせいで個人や企業の規律が乱れることをモラル・ハザードといいます。しかし，金融機関の努力にもかかわらず経営悪化が深刻化したり，経営が破綻したりした場合には，金融システムの安定化を図るため，中央銀行がその金融機関に融資を行います。

POINT 4.16　中央銀行による金融システム安定化
- 金融機関の検査・監督
- 経営危機に陥った，あるいは破綻した金融機関への融資

世界金融危機（リーマン・ショック）とFRBの対応

　金融危機として有名なものに，2008年におけるアメリカの大手投資銀行，リーマン・ブラザーズの経営破綻に端を発した世界金融危機（リーマン・ショック）があります。当時アメリカの多くの金融機関は，低所得者向け住宅ローン（サブプライム・ローン）を扱っていましたが，このローンの返済が滞りはじめ，また担保の土地の値段も下がり，結果，その多くが不良債権となりました。このような中，リーマン・ブラザーズの経営が破綻し，その後，他の金融機関も経営危機に陥りました。

　とくに事態が深刻だったのが，世界最大の保険会社であるAIGです。AIGはサブプライム・ローン関連の損失を補填する金融商品（クレジット・デット・スワップ）を販売していたため，購入者に対し巨額の支払いを強いられた結果，経営危機を迎えました。リーマン・ブラザーズに続き，AIGまで破綻すると経済全体が苦境に陥ると考えたFRBは，AIGに対し9兆円以上の融資を行いました。FRBはほかにも，米国政府と共同で大手銀行のシティグループの救済も行いました。その後AIGは経営が改善し，融資として受け取った公的資金もFRBに返済しました。

　世界金融危機を経て，中央銀行は，個々の金融機関の検査のみでは不十分であり，システミック・リスクの状況を分析し，その分析結果に基づき金融システムの安定化のための政策を実施すべきというマクロ・プルーデンスの考え方を取り入れるようになりました（プルーデンスには，用心深さという意味のほかに，金融の安定性という意味もあります）。マクロ・プルーデンス政策にはさまざまなものがありますが，イギリスの中央銀行であるイングランド銀行が導入した住宅ローン政策がその一例としてあげられます。この政策においては，ローンの額が（借り手の）所得の4.5倍以上となるような住宅ローンが全体に占める割合を15%以下に抑えるという規制が設定されています（参考：『日本経済新聞』2014年9月14日付「英，バブル予防へローン規制」）。

6　中央銀行の役割④　● 111

SUMMARY ●まとめ

□ 1 貨幣には決済手段，価値尺度，金融資産としての機能がある。

□ 2 貨幣供給量は現金通貨と預金通貨の和に等しい。一方，中央銀行が調節できる貨幣を示すマネタリーベースは現金通貨と準備預金の和に等しい。

□ 3 中央銀行は現金通貨の発行，準備預金制度の維持，金融政策の運営，金融システムの安定化を主な役割としている。

□ 4 金融政策は，主に公開市場操作，公定歩合操作，預金準備率操作の３種類からなる。中央銀行は金融政策により貨幣供給量を調節する。

EXERCISE ●練習問題

1 次の文章の [①] から [⑤] について，当てはまる単語を下の語群から選びなさい。

　貨幣供給量は [①] 通貨と [②] 通貨の合計として定義される。一方，貨幣のうち，中央銀行が直接値を調節できる部分のことを [③] といい，[①] 通貨と [④] の合計として定義される。[③] には，中央銀行の [⑤] としての側面がある。

[語群] a.資産　b.負債　c.現金　d.硬貨　e.預金　f.定期預金　g.外貨預金
　　　 h.マネタリーベース　i.貨幣供給量（マネーサプライ）　j.準備預金

2 以下の文章は，貨幣の持つ３つの機能（a.決済手段，b.価値尺度，c.価値の貯蔵）のうち，どれに最も近いか答えなさい。

①いつもＡさんは財布の中に１万円札を５枚入れている。

②漁師のＢさんは，釣ったマグロを魚市場で10万円で売り，そのお金を使って家電量販店でテレビを買った。

③買い物をするためにＣさんはスーパーに行った。値札を見てカレーパン１個を買うお金があればクリームパンが２個買えることがわかった。

3 以下の選択肢のうち，金融緩和政策に入るものをすべて選びなさい。

　a.公定歩合の引き下げ　b.預金準備率の引き上げ　c.国債の買いオペ

4 預金準備率が10％である経済を考える。貨幣供給量（M1）が100兆円でマネタリーベースが28兆円のとき，現金通貨はいくらか求めなさい。なお，この問題では預金通貨と預金は同じものとする。

5 マネタリーベースの額が20兆円，預金準備率が20％であり，現金通貨の量が10兆円のとき，貨幣供給量の値を計算しなさい。

6 次の文中の①～④に入るものがいずれも妥当なのは 1.～5. のどれか選びなさい。

　日銀は 2013 年に量的・質的金融緩和の導入を決定し，金融市場調節の操作目標を［　①　］に変更することとした。その後，日銀は 2016 年にマイナス金利付き量的・質的金融緩和の導入を決定し，［　②　］の一部にマイナス金利を適用することとした。また，同年には長短金利操作付き量的・質的金融緩和の導入を決定し，消費者物価上昇率の実績値が安定的に［　③　］の「物価安定の目標」を超えるまで，金融緩和を継続することとした。また，日銀は 2013 年，14 年，16 年に，ETF の年間買い入れを［　④　］することとした。（平成28 年度千葉市採用試験改題）

1. ①マネタリーベース　②日本銀行当座預金　③1%　④縮小
2. ①マネタリーベース　②日本銀行当座預金　③2%　④拡大
3. ①マネタリーベース　②住宅ローン金利　　③2%　④縮小
4. ①無担保コールレート　②日本銀行当座預金　③1%　④縮小
5. ①無担保コールレート　②住宅ローン金利　　③3%　④拡大

7 中央銀行が供給する現金通貨を C，預金通貨を D，金融機関の支払準備金（準備預金）を R，マネタリーベースを H，マネーストックを M とする。いま，$H=90$ 兆円，現金・預金比率 $C/D=0.2$，預金準備率（支払準備率）$R/D=0.2$ であるとすると，支払準備率が 0.1 に引き下げられた場合，貨幣乗数式に基づいて計算したときのマネーストックはいくら変化するか答えなさい。（平成 30 年度東京都特別区試験改題）

付録：等比数列の和について

　隣り合う項の値の比が一定値 r となるような数列を公比 r の等比数列といいます。ここでは第 1 項（初項）が a，公比が r の等比数列 $\{a,\ ar,\ ar^2,\ ar^3\cdots\}$ の各項を第 1 項から順に，永遠に（無限に）加えていったときの和 S の簡単な求め方について説明します。

$$S = a + ar + ar^2 + ar^3 + \cdots \tag{1}$$

まず，(1) 式の両辺を r 倍します。このとき，左辺の r 倍は rS に等しくなります。一方，右辺の r 倍については，右辺の各項を r 倍すると，初項は ar，次の項は ar^2 などとなり，再び公比 r の等比数列の和として表すことができます。よって以下の等式を得ます。

付録：等比数列の和について　● 113

$$rS = ar + ar^2 + ar^3 + \cdots \tag{2}$$

ここで，(1)式右辺の第2項およびそれより後の式 $ar + ar^2 + \cdots$ と (2) 式の右辺の式は完全に同じです。したがって，(1)式はより簡単に $S = a + rS$ と表せます。この式を S について解くことにより $S = a\frac{1}{1-r}$ を得ます。以上の結果は下のような公式にまとめられます。

《等比数列の和の公式》

$$a + ar + ar^2 + \cdots + ar^{t-1}\cdots = \frac{a}{1-r}$$

なお，この公式の成立には公比 r の大きさが1未満である必要があります。この公式についてのより詳しい説明は，ウェブサポートページを参考にしてください。

CHAPTER

第**5**章

財政の仕組みと機能

INTRODUCTION

　政府は公的な財・サービスを提供するために支出をしたり，その支出の財源確保のために税を課したり借入をしたりします。こういった政府による経済活動を財政といいます。政府による支出，つまり政府支出は，国内総生産（GDP）を支出面で見たときの構成要素の1つですが，家計が行う消費や企業が行う投資とは異なる影響を経済に与えます。また，政府は企業とは違い，利益をあげる組織ではないため，支出をするには税金をかけたり，債券を発行したりすることにより収入を確保しなくてはなりません。政府によるこのような財源確保の行為も経済に影響を与えます。この章では財政の果たす役割や財政が経済に与える影響について説明します。なお，政府には国だけでなく地方自治体も含まれますが，この章では主に国の財政を説明します。

　Keywords：公共財，歳出，歳入，基礎的財政収支，税制，政府債務，債務不履行

1 財政の意義

　以下では政府の経済活動を意味する言葉である財政の持つ主な3つの役割を
説明します。

公共財の供給

　財政の持つ第1の役割は，序章でも触れたように，道路整備や防衛などの公
共財を社会に提供することです。以下ではこの公共財の経済学的な定義につい
て説明します。一般に財・サービスを特定の人のみに消費させることができる
とき，その財・サービスは排除性を持つといい，一方，ある人が財・サービス
を消費した場合，別の人が同じ財・サービスを消費できないとき，その財・サ
ービスは競合性を持つといいます。そして競合性と排除性をともに持つ財・サ
ービスを私的財，排除性も競合性もない財・サービスを公共財といいます。

　ここで私的財・公共財の例としてパンと防衛を取り上げます。まずパンにつ
いて考えます。店で売られているパンは，お金を支払った人だけが食べられま
す。また，誰かがパンを食べた場合，そのパンを別の人が後から食べることは
もちろん不可能です。つまり，パンは排除性と競合性を両方とも持つので私的
財といえます。次に防衛を考えます。国の防衛による平和の恩恵は全国民に発
生し，特定の人をその恩恵から除くことはできません。よって防衛には排除性
がありません。また，ある人が防衛により平和な生活を送れるようになった際，
別の人が享受できる平和の程度が減ることもありません。したがって，防衛は
競合性も持ちません。そのため，防衛は公共財といえます。

　私的財の場合，それを欲しい人に値段を付けて財を売り，利益をあげること
ができますので，民間企業に生産（供給）を任せることができます。たとえば，
パンを手に入れるには，お金を支払って買うしか方法がありません。そのため，
企業は適切な値段を付けることで消費者から代金を受け取り，そして利益をあ
げることができます。

　一方，公共財の場合，企業は自発的に生産をしようとしません。たとえば，
国の防衛は国民の命や財産を守る大事なサービスですが，排除性のない防衛か

116 ● CHAPTER 5 財政の仕組みと機能

ら人々が受ける便益（ベネフィット）は，それに対し料金を支払おうが支払うまいが同じです。誰かがお金を出して国が防衛された場合，ほかの人はその恩恵にただ乗り（フリー・ライド）することができます。よって防衛に対し料金を自発的に支払うよう人々に期待するのは困難であり，防衛をビジネスとして成立させるのは不可能といえます。一般に公共財は市場において取引が成立せず，したがって放っておくと供給されません。そのため，公共財は，公的組織である政府が供給します。公共財と私的財の双方が社会に存在するためには，政府が限られた資源を上手にやりくりする必要があります。そのため，政府が公共財を提供する機能を資源配分の機能ともいいます。

不平等の是正

　財政の第 2 の役割は，社会のさまざまな不平等・格差へ対応することです。憲法第 25 条は，すべての人が健康で文化的な最低限度の生活を送ることを保障しています。そのため政府は，失業するなど所得がない人たちに対し，失業保険や生活保護などの形で補助を行います。また，仕事に就いて所得を受け取る労働者の間にも大きな格差があります。所得が低いせいで，働いても貧困を脱せない人々の存在が日本では問題になっています。所得の過度な不平等を是正すべく，政府は所得の高い人により高い税率を課します。これを累進課税といいます（詳しくは第 3 節で述べます）。一般に，高所得者から低所得者や所得のない人々へ所得が移転することを所得の再分配といいます。

　所得だけでなく，預貯金や土地など人々が持つ資産の額にも格差があり，その程度は所得格差以上といわれています。OECD の調査によれば，日本で上位 10% に入る高所得者の稼ぐ所得の合計が日本の総所得に占める割合は約 25% ですが，資産保有の面で上位 10% に入る家計の持つ資産の総額が日本の総資産に占める割合は 40% 程度となっており，所得よりも資産の方が上位層への集中の度合いが高いことがわかります（なお，この調査では資産として純資産，つまり資産から負債を引いたものを用いています）。資産格差が相続などを通して親の世代から子供の世代にそのまま受け継がれた場合，その世代は，個々の努力以前に，生まれながらに格差を持つことになります。政府は固定資産税や相続税などの課税を通して過度な資産格差の是正に努めています。

1　財政の意義　● 117

経済の安定化

財政の第3の役割は経済の安定化を図ることです。第1章で学んだように，政府支出はGDPを構成する項目の1つで，政府がより多くの支出をすることで，GDPを増やすことができます。不景気のとき，家計や企業は所得や利益が減ることを悲観し，消費や投資を減らそうとする傾向があります。このとき政府が支出を増やすことで経済を下支えしようとします。政府は，支出を増やすだけでなく，減税を行うことで，人々の可処分所得を増やし，消費を喚起しようとすることもあります。一般に政府による支出や徴税に関する政策をまとめて財政政策と呼びます（財政政策の効果は第6章で詳しく学びます）。

一部の税制は，不景気の際に家計や企業の税負担が自動的に軽くなるよう設計されています。たとえば，所得税には累進性があるため，所得が減ると，所得税率は自動的に下がります。また，企業の利益にかかる法人税の場合，企業が損失を出すと支払う必要がなくなります。このような税制の持つ経済の自動安定化機能をビルトイン・スタビライザーといいます。ビルトインとは「埋め込まれた」，そしてスタビライザーとは「安定化させるもの」という意味です。

> **POINT 5.1　財政の3つの役割**
> ①公共財の供給　②不平等の是正　③経済の安定化

2　政府の予算

政府が政策を実行するのに伴う支出である歳出と，それをまかなうための収入である歳入を示した文書のことをまとめて予算といいます。この節では，日本の予算が決まるプロセスや歳入・歳出の内訳について説明します。

予算の決まり方

日本において，国の予算のメインは，国の基本的な支出と収入を示した一般会計予算であり，毎年1回作られます。予算を立案する権利は内閣にのみ与えられています。内閣の中で予算案の編成作業にあたる組織は財務省です。各省

庁は自らが推進する政策に必要なお金，たとえば外務省なら大使館運営費用などを財務省に要求します。財務省は省庁の要求（概算要求）に基づき予算案を作ります。内閣で承認された予算案は，国会において審議，議決され，成立します。なお，震災復興事業や外国為替の介入など，一般会計から切り離し，単独で歳入と歳出を管理する事業もあります。これらの事業の予算は，特別会計という会計制度に基づき決まります。

　予算は原則として毎年作成します。たとえば，今年と来年の予算をまとめて同時に決めることはできません。これを予算の単年度主義といいます。また，ある年度の歳出は原則としてその年度の歳入でまかなわなければなりません。これを会計年度独立の原則といいます。しかし，これらの原則には例外があります。予算の細かな規則についてはウェブサポートページにて説明します。

　一般会計予算は年1回しか作成されないため，それだけでは予想外に発生する自然災害などに対応できない場合があります。一般会計予算の足りない部分を補うための臨時の予算を補正予算といいます。災害対策以外にも，経済状況が急激に悪化した際，経済安定化のため，経済対策（景気対策）と称して補正予算を組むこともあります。また，予算審議が年度初めに間に合わない場合に，暫定予算を組み，最低限の支出と収入を決めて成立させることがあります。これらすべての予算は内閣が立案し，国会の議決を経る必要があります。

> **POINT 5.2　国の予算**
> - 予算は内閣が作り，国会の議決により成立する
> - 国の基本の予算は一般会計予算である

歳入の内容

　ここで国の予算の概要を見てみましょう。予算の構成は毎年変わりますが，2018年度の一般会計予算の歳入および歳出は図5.1のようになっています。図5.1からわかるように，歳入は税収，その他収入，そして公債金収入の3種類から構成されます。以下ではこの3つの項目について説明します。

　まず，税収は主に，消費税・所得税・法人税（国税3税）の収入からなります。税収の中の「その他」には酒税等からの収入や印紙収入などが含まれます。次に，その他収入には，国有林野事業からの収入や日本銀行からの納付金（保

2　政府の予算　●　119

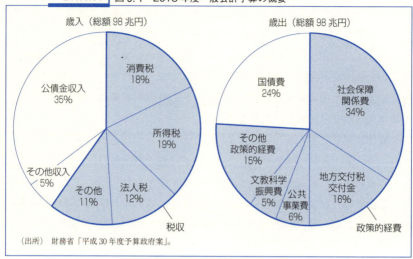

図5.1 2018年度一般会計予算の概要

(出所) 財務省「平成30年度予算政府案」。

有国債からの利息など）などが含まれます。

　歳入の第3の項目である公債金収入とは，国が財源調達のために発行する債券である国債の発行から得られる収入のことです。企業が（自己資金以上に）資金を必要とする際に社債を発行するのと同様に，国は税収だけで歳出をカバーできない場合，国債を発行します。公債金収入の部分は財政赤字とも呼ばれます。国債を発行する場合，国は国債購入者に対し，償還日までの間，継続的に利子を支払い，そして償還日に元本を返済します。政府から国債保有者へ支払うこれらのお金は次に説明する歳出に含まれます。

> **POINT 5.3　歳入の項目**
> - 税収：所得税収，消費税収，法人税収など
> - その他収入：国有林野事業からの収入など
> - 公債金収入：国債発行による収入

歳出の内容

　歳出は，政策遂行にかかる費用である政策的経費と，国債発行に伴う費用である国債費とに分かれます。以下では両項目を詳しく見ていきます。
　まず，政策的経費の中で近年最も大きな割合を占める社会保障関係費は，年

120　CHAPTER 5　財政の仕組みと機能

金，医療，介護などにかかる支出をさします。年金とは，主に勤労者世代から支払われた保険料を元手に，高齢者などにお金を支給する制度のことです。日本では少子高齢化が進み，保険料を支払う被保険者は減る中で，高齢者への年金支給額は増える一方であり，保険料収入は不足しています。年金制度維持のため，収入の足りない部分を社会保障関係費でまかなっています。年金と同様，高齢化に伴い医療・介護にかかる費用も年々増加しています。

次に，政策的経費のうち2番目に大きい割合を占めるのは地方交付税交付金です。国と同様に，地方自治体も予算を組み，税（地方税）や債券（地方債）発行などにより支出をまかなおうとします。しかし，それだけでは財源をすべて確保できない自治体に対しては国が補助を行います。これが地方交付税交付金です。政策的経費にはほかにも，社会資本の整備（蓄積）への政府の支出（公共投資）を指す公共事業費などが含まれます。社会資本が整備されることで財・サービスの生産能力が高まることを社会資本の生産力効果といいます。

歳出には，政策的経費とは別に，過去に発行された国債の保有者に対する利子の支払いや，満期時の元本の返済にかかる費用などの国債費が含まれます。日本は以前から，歳入のかなりの割合を公債金収入に頼ってきました。そのため，国債費が歳出に占める割合も近年高くなっています。

POINT 5.4 歳出の項目
- 政策的経費：社会保障関係費，地方交付税交付金，公共事業費など
- 国債費：利払い費および元本償還にかかる費用

基礎的財政収支

歳入の手段として公債金収入に頼りすぎると，国債の利払いや償還の財源を確保するため，より多くの税収を将来の時点で確保しなくてはならなくなります。結果として財政は不確実性を増し，健全性を失うことになります（国債発行の問題については本章第4節で詳しく説明します）。

財政の健全性を示す指標にはいくつかありますが，その中で有名なものに，「税収」と「その他収入」との和から「政策的経費」を引いた値として定義される基礎的財政収支（プライマリー・バランス）があります。これは，歳出のうち政策的経費を公債金収入以外の歳入でどれほどまかなえているかを示す指標

2　政府の予算　● 121

Column ❺-1 地方自治体の予算——秋田市の例

　このコラムでは，人口約30万人の秋田市の2018年度予算（計約1300億円）を取り上げます。下の表は，秋田市の歳入，歳出の内訳を示したものです。市が自ら得る収入（自主財源）の歳入に占める割合は5割程度であり，残りは地方交付税や市債発行などの依存財源でまかなっていることがわかります。市債とは，市が財源確保のために発行する債券のことで，地方自治体が発行する地方債の一種です。歳出は，国と同じく社会保障費が大きな割合を占めています。秋田は少子化が深刻化しており，市はその対策に当たっています。たとえばこの年，秋田市は第1子の保育無償化の事業に対し629万円を支出しました。

表　秋田市の2018年度予算

歳入（1300億円）			歳出（1300億円）	
自主財源	市税	34%	社会保障関係費	26%
	その他収入	14%	投資的経費（建設等）	6%
依存財源	地方交付税	16%	物件・維持補修費	14%
	国庫支出金	16%	人件費	17%
	市債	8%	公債費	11%
	その他	23%	その他	26%

（出所）　秋田市ホームページ，『秋田魁新報』2018年2月14日付。

のことです。この値が正のとき黒字，そして負のときは赤字といいます。

　基礎的財政収支は別の方法でも計算できます。予算の歳入と歳出は必ず等しくなるため，「税収＋その他収入＋公債金収入＝政策的経費＋国債費」という等式が成立します。この式の両辺から公債金収入＋政策的経費を引くことで，基礎的財政収支が「国債費－公債金収入」にも等しくなることがわかります。

POINT 5.5　基礎的財政収支

税収＋その他収入－政策的経費

例題5.1　2018年度の日本の一般会計予算においては，税収が約59兆円，その他収入が約5兆円，政策的経費が約74兆円となっている。この年の基礎的財政収支を計算しなさい。

答　基礎的財政収支は59＋5－74＝－10兆円，つまり約10兆円の赤字となる。

122 ● CHAPTER 5　財政の仕組みと機能

3　税　　制

　この節では税制の仕組みやその影響について，歳入に占める割合の高い，所得税，消費税，法人税を中心に説明を行います。

▍税に関する基本原則

　税制を企画・立案する際のルールとして有名なものに，「公平・中立・簡素」の3原則があります。第1の原則の「公平」とは，できるだけ納税者にとって平等な形で税金をかけるという意味です。公平性には，担税能力の高い人に対しより重い税負担を課すという垂直的公平性，そして税の支払い能力が同じであれば，税の負担も同じであるべきとする水平的公平性の2種類があります。

　第2の原則の「中立」とは，税制はできるだけ家計や企業の経済活動にゆがみをもたらさないようにするという意味です。この原則に基づけば，特定の個人や企業，あるいは特定の品物のみを対象にした偏った税金は避ける方がよいということになります。そして，第3の原則の「簡素」とは，税制はできるだけ納税者にとってわかりやすいものにするという意味です。

▍所 得 税

　保有債券や銀行預金から得る利子所得，保有株式から得る配当所得，そして労働の対価として得る給与所得など，所得全般にかかる税金を所得税といいます。所得税は，高所得者ほど高い税率が適用される累進課税の仕組みになっています。そのため，所得税は垂直的公平性の原則を満たしていると考えられます。しかし，所得を多く稼ぐ人たちに税金をかけすぎると彼らの働く意欲を削ぐため，過度な累進課税は経済に悪影響ではという批判もあります。この意味で，累進構造は課税原則の1つ，中立の原則に反する可能性があります。一方，所得税をかける際，職業により所得の捕捉の程度に差が出るため，所得税は水平的公平性の原則を満たさないといわれています。

　日本の所得税の累進構造はやや複雑で，計7段階ある（課税対象の）所得区分に対して異なる税率がかかる仕組みとなっています。各区分にかかる税率を

3　税　　制　● 123

CHART | 表 5.1 所得階級別の平均消費性向（2016 年）

所得階級	1	2	3	4	5
月収（万円）	21	29	35	44	62
平均消費性向	81%	79%	75%	72%	69%

（出所）　総務省「家計調査」。

限界税率といい，その中で，所得のうち最も低い部分にかかる税率を最低税率，そして最高額の部分にかかる税率を最高税率といいます。日本の所得税の最高税率は 45% で，この税率は所得 4000 万円を超える部分にかかります。

消費税

消費支出にかかる税金である消費税は，品物が同じであれば，支払う人によらず同じ税率がかかりますので，同じ金額を消費する人々の支払う消費税額はほぼ同じといえます。よって消費税は水平的公平性の原則を満たしているといえます。一方，低所得者ほど負担が高くなる税の性質を逆進性といいますが，消費税はこの逆進性の性質を持つため，垂直的公平性を満たさないといわれています。以下では，このことについて説明します。なお，本書では税負担の度合いを，所得に占める税負担額の割合として捉えます。

表 5.1 は，所得階級別に見た平均消費性向，つまり可処分所得に占める消費の割合をまとめたものです。所得階級とは，人々を所得の低い方から順に並べ，人数で 5 等分したものです。つまり第 1 所得階級は，最も所得の低い 20% の人々，そして第 5 所得階級は，高所得者の上位 20% の人々からなります。

この表からわかるように，平均消費性向は低所得者層の方が高くなっています。その理由の 1 つとして，消費には，所得によらず一定の支出をする部分（電気料金の基本料金など）が存在することがあげられます。消費税は消費に対しほぼ一定の割合でかかりますので，低所得者層の方が，所得に占める消費税支払いの割合が高く，したがって消費税の負担の程度は低所得者ほど重くなっています。つまり，消費税には逆進性があるといえます。

日本やヨーロッパの国々は，低所得者層の消費税負担の度合いを軽減することを目的として，生活必需品等への税率を下げるという軽減税率の制度を導入しています。日本の消費税率は 2019 年現在 10% ですが，食料品等一部の商品に対しては低い税率（8%）がかかります。ただし，軽減税率については，低

CHART 表 5.2　所得・消費・法人税率の国際比較（2019 年現在）

税の種類		日本	アメリカ	イギリス	ドイツ	フランス
所得税	最低税率	5%	10%	20%	0%	0%
	最高税率	45%	37%	45%	45%	45%
	税率の段階数	7 段階	7 段階	3 段階	連続的 [(注)]	5 段階
消費税率		10%	8.88% [(注)]	20%	19%	20%
法人税率		29.7%	27.9%	19.0%	29.8%	33.3%

（注）　ドイツの所得税率は所得の額に応じて連続的に変わる。またアメリカは各市によって小売
売上税（消費税に対応）の税率が異なる。表の数値はニューヨーク市のものである。
（出所）　財務省「個人所得課税の国際比較」「消費税に関する資料」「法人課税に関する基本的な
資料」。

所得者層だけでなく，高所得者層にも恩恵が生じるという批判があります。また，軽減税率を適用するか否かを，品物の種類で線引きすることも容易ではありません。つまり，軽減税率の仕組みは租税の簡素の原則に反している可能性があり，この点でも批判があります。

法人税

　法人とは，法律により各種の権限が与えられた組織のことで，企業を意味する普通法人や，農協などの協同組合などからなります。法人税とは，この法人の利益にかかる税金です（公益法人など，法人税の対象外となる法人もあります）。家計が負担する消費税，所得税と違い，法人税は組織が負担します。簡単化のため，以下では法人は企業と同じものとみなします。

　企業にとっては，法人税が高いと税引き後の利益が減ります。日本の法人税が諸外国に比べ高い場合，企業が日本から移転し，雇用が失われるなどして，結果として経済発展が阻害される恐れがあります。そのため，経済のグローバル化が進行し，企業の国際移転も増加しつつある中，法人税率は引き下げられる方向にあります。日本の法人税率は 2019 年現在，約 30% です。2016 年度の段階では税率は 37% でしたので，数年で 5% 以上下がったことになります。

　以上，所得税・消費税・法人税について説明してきましたが，表 5.2 はこれら 3 つの税の税率を主要 5 カ国について比較をしたものです。国ごとにかなりの違いがあることがわかります。

3　税　　制　● 125

> ### Column❺-2　アイルランドの法人税と驚異的高成長
>
> 　近年の経済成長率は，先進国の場合，5% を超えたら非常に高いといえ，成長著しいインドでもその値は 8% 程度です。そういった中，2015 年のアイルランドの経済成長率が 26% という驚異的な値を記録し，世界のエコノミストを驚かせました。非常に低い法人税（2015 年時点で 12%）を魅力的と思った世界の多くの企業（本社）がアイルランドに移ったことがその理由の 1 つとされています。さすがにその後の成長率は下がりましたが，それでも諸外国に比べ値が高い傾向は続いています。
>
> 　（参考文献）　ブルームバーグニュース 2016 年 7 月 12 日付 "Ireland's Economists Left Speechless by 26% Growth Figure"。

租税負担率・国民負担率

　家計や企業にかかる税全体の負担の程度を示す概念として，租税の支払額が国民所得に占める割合を指す租税負担率があります。しかし，家計や企業は税金だけでなく，年金保険料などの社会保障制度への支払いも行っています。この社会保障負担と租税負担の合計が国民所得に占める割合を国民負担率といいます。財務省によれば，2018 年現在，日本の租税負担率は約 25%，そして国民負担率は約 43% となっています。なお，財政赤字は将来時点に発生するであろう潜在的な財政負担を表しているといえ，財務省は税金，社会保障負担にこの財政赤字を加えたものと国民所得との比を「財政赤字を含む国民負担率」と呼んでいます。2018 年度時点でのこの負担率の値は約 48% です。

4 国　債

　この節では，国が財源調達のために発行する債券である国債について，その発行意義や問題点を説明します。

国債の分類

　国債は，発行に伴い生じる資金の使途により分類できます。たとえば，公共

126 ● CHAPTER 5　財政の仕組みと機能

事業の財源をまかなうため発行する国債を建設国債，そして公務員への給与支払いなど，日常的な支出の財源確保のため発行する国債を赤字国債（特例国債）といいます。

　財政法（第4条）は，国債の発行自体を原則禁止しており，歳出は税収などでまかなうよう規定していますが，同時に，その条文の但し書きで建設国債の発行を認めています。公共事業の恩恵が将来世代にまで及ぶことがその背景といえます。一方で，赤字国債の発行をする場合は，毎年新たな法律を作らなくてはなりません。しかし，赤字国債の発行は常態化しており，2018年度予算の場合，公債金収入約34兆円のうち，8割以上が赤字国債発行によるものでした。

　国債は，その償還期間，つまり発行されてから元本（額面）が返ってくるまでの期間の長さによっても分類することができます。償還期間は，短いものだと数カ月，そして長いものだと40年となります。本書では，償還期間が5年を超える国債を長期国債，1年以上5年以下の国債を中期国債，そして1年未満の国債を短期国債といいます。短期国債は主に，国の短期の資金繰りのために発行される国庫短期証券を指します。

　長期国債は，金融市場における最も代表的な資金の運用手段の1つです。新規に発行された，償還期限が10年後の長期国債（10年物国債）の利回りは日本における長期金利の代表的指標の1つとなっており，この金利の変動は，住宅ローンなど，ほかの金利に大きな影響を与えます。

　なお，利回りとは債券から得られる収益率のことで，表面利率とは少し違います。この違いを説明するため，額面価格が1000円，表面利率が5％（つまり利子が年50円）で，償還期限が1年後の国債が金融市場で取引されている状況を考えます。財市場において財に価格が付くのと同じように，この国債にも金融市場で価格が付きます。国債価格は額面価格と一緒とは限らず，国債への需要に応じて上下します。仮にこの国債をAさんが750円で買ったとします。Aさんはこの国債を買うことで，来年，利子50円に加え，国債の額面価格1000円を受け取ることができます。最初に投じたお金が750円ですので，収益は合計50＋1000－750＝300円となります。この場合，国債から得る収益率は，国債の購入価格（750円）に占める収益（300円）の割合ですので，40％となります。この値が国債の利回りであり，確かに表面利率5％と異なります

（償還日が複数年後の場合，利回りは 1 年当たりの利益と購入価格との比になります）。

上の例において，国債の利回りが表面利率より高いのは，国債の購入価格が額面価格より安いためです。一般に，国債価格が下がる（上がる）と，利回りは上がり（下がり）ます。国債発行が累積するなどにより，その償還が疑問視された国の発行する国債は需要が減るため値下がりし，利回りが高くなる傾向があります。一般に，債券の場合，この利回りを金利として捉えます。

> **POINT 5.6** 国債の種類
> 国債は，発行の目的により建設国債や赤字国債などに，また償還期間の長さによって，短期国債や長期国債などに分類される

例題 5.2 額面価格が 1000 円，表面利率が 30％，そして償還期限が 1 年後の国債を今年 1250 円で購入した。この国債の利回りを計算しなさい。

答 この国債を持つことで，来年利子 300 円と額面 1000 円の計 1300 円を受け取る。国債の購入価格は 1250 円であるから，利回りは $\frac{1300 - 1250}{1250} = 4\%$ となる。額面価格より高い値段で国債を購入したため，利回りは表面利率を下回る。

国債発行の意義

国債は国の「借金」といわれますが，そのすべてが悪いわけではありません。税金で政府の支出の全部をまかなうより国債発行に頼った方が社会にとって望ましいこともあります。例として，洪水被害を減らすために政府が公共事業として河川を改修することを考えます。この改修工事をするために，建設会社に費用を 10 億円支払わなくてはならないとします。国債発行が認められない場合，工事費用 10 億円は建設会社から請求される際に生存している人々（現役世代）からの税収ですべてまかなわなくてはなりません。しかし，その改修から人々は安全という利益を長い間享受できます。利益が将来世代にも及ぶのに，負担だけ現役世代にかかるのはある意味不公平といえます。

河川改修の財源の一部を国債に頼る場合，その分，現役世代の税負担が減ります。この場合，国債を償還する将来時点において，通常は償還財源の確保のために増税がなされます。つまり，現役世代の税負担が減った分，将来世代に税負担が増えることになります。一般に，便益が長期に及ぶ公共事業の財源調達のために国債を発行することは世代間の公平性を改善する側面があります。

公共事業の場合以外にも，国債を発行することが望ましい場合があります。それは不景気のときです。経済状況が悪化すると，税収が減ります。もし政府が国債を発行しないならば，増税をするか，支出を削減する，たとえば年金支給額を減らすかどちらかしかありません。増税すれば，さらに経済は悪化してしまうかもしれません。一方，年金額を減らせば，老年世代の生活が悪化します。このような不景気のときに国債を発行し，好景気になり税収が増えたときにその国債を償還する方が，人々の負担が少ない場合があります。ただし，不景気のすぐ後に好景気がやってくれば問題ないのですが，不景気が長く続いてしまう場合，国債を長期にわたり発行し続けなくてはならず，この場合は将来世代に大きな負担がのしかかることになります。

国債発行により発生する問題

　企業が債券を発行する場合，額面価格に等しい金額を債券購入者に将来返済しなくてはならず，その意味で社債発行は会社にとっての借金です。しかし，国債発行により発生する国民全体の負担は，社債の場合とは少し違います。いま仮に，日本の国債をすべて日本人が引き受けていて，今年100兆円分の国債の満期が来るとします。政府が100兆円の償還に必要な財源を増税で確保する場合，納税者にとっては可処分所得が減り，負担増となります。しかし，その100兆円を受け取る国債保有者も日本人であり，彼らの可処分所得は増えます。つまり国全体で見ると，国債の償還は納税者から国債保有者への資金の移動を意味し，国内の総所得を減らすわけではありません（国債を外国人が引き受けている場合は，償還により国内の所得は減ります）。

　しかし，国債発行に問題がないわけではもちろんありません。国債を引き受ける際の財源は主に家計の貯蓄です。もし国債がなければ，その貯蓄は企業への融資に回ったかもしれません。そのお金を企業が技術開発に充てることで新製品を開発できた可能性もあります。このように，国債発行により，企業に流れる資金が減るという問題が生じます。このことは，経済発展にとって悪影響となります（第3章で示したように，投資は国民経済計算上，民間貯蓄と政府貯蓄の和に等しくなります。国債の発行は，政府支出が税収を超える，つまり政府貯蓄がマイナスになるということを意味し，この場合，民間貯蓄一定のもと確かに投資は減ることになります）。

4　国　債 ● 129

また，国債発行が増えると，国の予算のうち，国債の利払い費，あるいは償還費用が歳出に占める割合が増え，結果的に社会保障や公共事業といった政策的経費に割くお金がその分減ります。歳出に占める国債費の割合が増えてしまうことを**財政の硬直化**と呼び，これも国の経済に悪影響を与えます。

　さらに問題なのは，国債を購入する世代と，その後償還の財源確保のために増税をされる世代が異なる点です。とくに所得税増税により財源をまかなう場合，負担は償還時の現役世代に集中します。つまり，国債を発行すると今の世代から将来世代へ財政負担の先送りが行われてしまうことになります。

> **POINT 5.7　国債発行による問題**
> ● 民間部門の投資の減少
> ● 財政の硬直化
> ● 将来世代への財政負担の先送り

政府債務累積の問題

　日本はこれまで予算の財源として国債に大きく依存してきました。このため，その発行総額が多額となりました。この節ではこの問題について説明します。

日本の債務

　日本は近年，多額の国債を毎年発行しています。国債依存の度合いを示す数値として，公債金収入が歳入に占める割合を指す**公債依存度**があります。この値が高いということはそれだけ税収が不足していることになります。2018年度の公債金収入は約34兆円であり，公債依存度は，第2節の図5.1からもわかるように約35％です。この数字はほかの先進国に比べてかなり高い値といえます。

　この公債金収入は，予算を組むために新たに発行する国債のことで，全体のごく一部でしかありません。過去に発行した国債の償還および利払いには毎年多額のお金が必要で，それらをすべて税収でまかなうことは不可能です。そのために政府は元本の償還および利払いを繰り延べ（借り換え）するため，**借換**

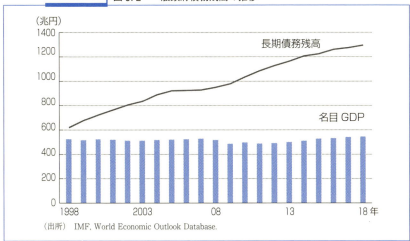

CHART 図5.2　一般政府債務残高の推移

(出所) IMF, World Economic Outlook Database.

債と呼ばれる国債を発行します。財務省の国債発行計画によれば，2018年度の国債発行総額は約150兆円にのぼり，そのうち，借換債の発行額が約100兆円を占めています。償還と利払いの双方のために新たに国債を発行するわけですので，そのまま借り換えをし続けると，国債発行総額は毎年，金利に等しい割合で増大していくことになります。

　なお，国だけでなく，県や市などの地方自治体も，財源確保のために債券（地方債）を発行しています。総務省の地方債計画によれば，2018年度の地方債発行額は約12兆円で，国債発行に比べて規模は小さいことがわかります。これら中央政府，地方政府の債務残高に社会保障部門（社会保障基金）の抱える債務を加えた合計を一般政府債務といいます。これらの値が「債務」と呼ばれるのは，後日返済の義務のあるお金の量を示しているからです。

　図5.2は，この政府債務残高と名目GDPの推移を示したものです。GDPの値があまり変わらない中，政府債務は近年増加を続け，2018年現在でその残高は約1300兆円となっています。

　日本政府の抱える巨額の債務の返済可能性は，日本国内のみならず，世界から注視されています。この問題を判断する際の指標としては，政府債務残高そのものではなく，その額とGDPの比である

$$債務GDP比率 = \frac{政府債務残高}{GDP}$$

5　政府債務累積の問題　●　131

CHART 表 5.3　公債依存度と債務 GDP 比率の国際比較（2018 年）

	日本	アメリカ	イギリス	ドイツ	フランス
公債依存度	34.5%	10.8%	2.3%	0.0%	26.6%
債務 GDP 比率	235.6%	107.8%	87.2%	56.0%	96.5%

（出所）　財務省「主要国の一般会計，公債依存度，利払費及び長期政府債務残高等の国際比較」「日本の財政関係資料」。

が主に用いられます。この比率がどんどん拡大していく場合は，国民の所得を仮にすべて返済に回したとしても債務を完済できなくなることを意味しています。つまり，この場合債務は維持不可能といえます。図 5.2 からわかるように，近年 GDP との比は 2 倍以上になっていることがわかります。

表 5.3 は，世界 5 カ国の公債依存度，そして債務 GDP 比率を国際比較（2018 年）したものです。諸外国に比べ日本の値がともに非常に高いことや，ドイツの値が低く，財政状況が健全であることなどがわかります。ドイツ財政が公債発行に依存しない理由に関しては，第 2 次世界大戦前に公債を大量に発行し，その償還財源を中央銀行の通貨発行でまかなった結果，インフレを招いた過去の経験からきているといわれています。

日本においてここまで政府債務が増えたことについては，さまざまな理由がありますが，1 つには，経済の低迷が続き税収が伸びない中，高齢化に伴い，医療・年金などの社会保障にかかる費用が増加したことがあげられます。内閣府『高齢社会白書』によれば，2017 年現在，日本の 65 歳以上人口は約 3500 万人で，日本の総人口約 1 億 2600 万人に占める割合（高齢化率）は約 28% となっています。約 25 年前の 1993 年における高齢化率は約 15% ですので，約 2 倍に増えた計算になります。当時の日本の歳出は約 40 兆円，そして社会保障関係費は約 13 兆円ですので，こちらも今は規模が倍以上に増えたことになります。今後，高齢化率は 40% 程度に上昇することが予想されており，政府による社会保障への支出，そして政府債務がさらに増えることが懸念されます。

政府債務の返済可能性（発展）

政府債務，そして債務 GDP 比率の推移には，実は金利が大きな影響を与えます。以下ではこのことを説明します。まず例として，発行されているすべての国債の償還期間が 1 年間であり，昨年度末の段階における国債発行総額が

10兆円，そして金利が20％であるとします。簡単化のために，政府債務として国債のみを考えます。この場合，昨年発行された国債のすべてが今年償還の対象となります。そして今年，政府は利払いに2兆円，そして元本返済に10兆円，計12兆円の支払い（国債費）が必要となります。支払いの財源となるのが，税収および税外収入のうち，政策的経費に使った残りの値，つまり基礎的財政収支です。ここで基礎的財政収支が8兆円の黒字であったとします。この場合，国債費12兆円の支払いのうち，12−8＝4兆円分が足りません。よって，政府は新たに4兆円の国債を発行する必要があります。この値が今年における政府債務の額です。

　一般に，今年度末の政府債務の額と，その1年前の債務の額との間には，以下のような式が成立します。

> **POINT 5.8**　政府債務累積の公式
> 今年度末の債務残高
> 　＝(1＋金利)×昨年度末の債務残高−今年度の基礎的財政収支

　ここで債務GDP比率が増えない条件を考えてみましょう。簡単化のため，毎年の基礎的財政収支の額がゼロと仮定します。このとき，債務の増加率はちょうど金利と一致します（基礎的財政収支がゼロではない一定値の場合，債務の増加率は時間がたつにつれて金利に近づくことを示すことができます）。つまり，GDPの成長率よりも金利が大きいとき，債務GDP比率は，分子の増え方の方が分母の増え方よりも大きくなり，結果この比率は無限に拡大します。

　逆に，GDPの増加率が金利を上回るとき，債務GDP比率はしだいにゼロに近づきます。通常税収はGDPにほぼ比例しますので，いつか債務を税収でカバーすることができます。債務GDP比率が増えない条件は以下のようにまとめることができます。

> **POINT 5.9**　政府債務の返済可能性条件
> 金利≦(名目)経済成長率

　この条件を最初の提唱者である経済学者のエブセイ・ドーマーにちなみドーマー条件といいます。ドーマー条件は，基礎的財政収支がゼロでないときも成立します。今の日本がこの条件を満たしているかについて考えてみましょう。

5　政府債務累積の問題　● 133

CHART 図 5.3 経済成長と金利の推移

(出所) OECD. Stat, 内閣府「国民経済計算」。

図 5.3 は，1998 年から 2018 年までの金利と経済成長率の関係を示したグラフです。ここで，償還期間が 10 年の新規発行された国債（新発 10 年物）の利回りを金利としています。この 20 年間では 2013 年以降の数年間のみ経済成長率が金利を上回っており，条件が成立していることがわかります。

金利は通常マイナスにはなりませんので，ドーマー条件が成立するには名目 GDP がプラス成長をすることが必要条件となります。経済の豊かさを測るのは実質 GDP だという議論がありますが，負債を多く抱えている日本にとっては，名目の経済成長率をプラスにすることも重要であることがわかります。

債務 GDP 比率の安定性に関するその他の条件として，「債務 GDP 比率が前年度に比べ増加したとき，基礎的財政収支の GDP 比が黒字の方向に増えるような財政状況であれば，この比率は安定化する」というボーン条件と呼ばれる条件も知られています（この条件については，Bohn (1998) を参考にしてください）。

> **例題 5.3** 金利を 10%，そして基礎的財政収支を常にゼロとする。今年度末の債務残高が 100 兆円のとき，2 年後，つまり再来年度末の債務残高を求めよ。
> **答** 基礎的財政収支がゼロであるから，毎年債務残高は 1.1 倍される。したがって，2 年後の債務残高は $100 \times 1.1^2 = 121$ 兆円である。

国債の保有者

日本全体のお金の流れを把握する統計である資金循環統計によれば，図 5.4 のように，日銀，保険会社，国内銀行の順に国債を多く保有していることがわ

図5.4 国債の保有者の内訳（2018年12月現在）

中央銀行 43%　保険年金 22%　銀行 16%　海外 7%　その他 12%

（出所）日本銀行「資金循環統計」。

かります。日銀が国債を大量に保有しているのは，日本銀行が2013年以降，量的金融緩和政策において金融市場で国債を購入してきたためです。

公開市場操作の一環として，中央銀行である日銀が金融市場において国債を購入することは認められています。しかし，財政法（第5条）は，日本銀行が政府から国債を直接引き受けることを（特別な理由があり，国会で認められた場合を除き）禁止しています。これは財政規律を守り，インフレを防ぐためです。

債務不履行の問題

多額の国債発行により，政府債務残高が増えすぎると，債務の返済可能性が市場で疑われるようになります。現在の日本は，まだ国債費が歳入の範囲内に収まっていますが，国債発行がさらに増え，仮に国債費が歳入の規模を超えたら，その段階で利払いや借り入れた元本の返済が滞ることになります。国債は人々の貯蓄手段としての役割を果たせなくなり，誰も買おうとしなくなります。

一般に，政府や会社，または個人が債務を返済できなくなる事態を債務不履行（デフォルト）といいます。もしある国の国債が債務不履行になった場合，経済に多大な悪影響が及びます。まず，国債を保有している人々の持つ資産の価値の一部が失われ，消費などの経済活動に大きな支障が出ます。また，個人だけでなく，国債を資金運用目的で大量に保有している保険会社などの企業も打撃を受けます。保険会社の経営状態が悪化すると，生命保険や個人年金の支払いが滞ることが予想されます。また，日本では現在，中央銀行である日本銀行が多額の国債を保有していますが，国債の債務不履行により日銀の資産状況が悪化し，結果，円への信頼が揺らぎ通貨価値の下落（インフレ）が起きる可能性もあります。政府債務の不履行は何としても避けなくてはならない問題と

Column ⑤-3　アルゼンチンによる債務不履行

　南米３位の経済大国アルゼンチンは，よく債務不履行の問題を引き起こして
きました。とくに 2001 年の債務不履行は有名です。アルゼンチンは，1990 年
代後半から経済の低迷とそれによる税収の低下に苦しみ，GDP の半分近くに
及ぶ債務を抱えるようになりました。債務の対 GDP 比は日本の方が深刻です
が，日本と違う点は，アルゼンチンが外国への債務，とくにドルなどの外国通
貨建ての債務を抱えていたという点です。債務が自国通貨建ての場合，中央銀
行が紙幣を発行することで返済できますが，外国通貨でお金を借りた場合，返
済には外貨を調達しなくてはならず，返済の困難さが増します。そういった中，
2001 年，アルゼンチンは対外債務返済ができなくなり，債務不履行が発生し
ました。不履行額は 10 兆円以上にのぼり，資産運用のためアルゼンチン国債
を買っていた日本の個人や企業・自治体も多額の損失に苦しみました。

　借金を踏み倒す側のアルゼンチンにとって債務不履行は都合のよい話のよう
に思えます。しかし，いったん債務不履行を行うと，信用を失い，世界の金融
市場から排除され，設備投資などのための資金確保が難しくなり，深刻な不景
気が引き起こされます。2002 年にアルゼンチンの経済成長率はマイナス
10.9％ に，そして失業率は 19.6％ になりました。アルゼンチン政府は，支払
いに関し元本を減らすなどの交渉を諸外国と行っていますが，債務不履行から
15 年以上たった 2018 年現在まだ完全な解決には至っていません。

（参考文献）『読売新聞』2002 年 12 月 21 日付朝刊「アルゼンチンの円建て国債，500
　　億円債務不履行」，『読売新聞』2018 年 2 月 14 日付朝刊「アルゼンチン債　不履行で
　　和解案　元本の 150％ 支払い」。

（データ出所）　世界銀行，World Bank Open Data.

いえます。経済規模の大きな国による債務不履行として有名なものにアルゼン
チンによるものがあります（詳しくは **Column ⑤-3** を参照してください）。

　近年では，政府債務残高の対 GDP 比率が日本より低いヨーロッパの各国で
深刻な財政危機が発生しています。ギリシャでは，かつて政府が発表する債務
の統計に虚偽が見つかり，公表額より実際の債務がはるかに多いことがわかり，
ギリシャ国債の価格が急落しました。国債価格が下落すると，政府にとって財
源の調達が困難になります。財政の破綻を避けるべく，ギリシャ政府は EU か
らの資金面の支援を得る代わりに，予算の規模を減らす緊縮財政の政策をとり

136 ● CHAPTER 5 財政の仕組みと機能

ました。そのため経済状況が悪化し，失業率が高まり政策への反発も起こりました。ギリシャのほかにもスペインやイタリアなども多額の政府債務を抱えていて，債務不履行の可能性が危惧されています。

SUMMARY ●まとめ

□ 1 財政には主に公共財の供給，不平等の是正，経済の安定化の役割がある。
□ 2 国による歳出，歳入をまとめたものを予算という。
□ 3 歳入は，税収，その他収入，公債金収入からなる。
□ 4 歳出は，国債費と政策的経費に分かれる。
□ 5 税収以上の歳出が必要な際に国が発行する債券を国債という。

EXERCISE ●練習問題

1 次の文章の［ ① ］から［ ④ ］について，当てはまる単語を下の語群から選びなさい。

　財政の主な3つの役割としては，第1に，民間企業が自発的に生産しないが社会に必要な財・サービスである［ ① ］を供給すること，第2に社会におけるさまざまな不平等を是正すること，そして第3に経済を安定化することがあげられる。第1の役割である［ ① ］については，厳密には排除性と［ ② ］を持たない財として定義される。第2の役割である不平等の是正を行うため，所得税は低所得者の方に低い税率を課す仕組みになっているが，このような税を［ ③ ］的という。第3の役割については，所得税が［ ③ ］的であるため，所得が減ると税負担が自動的に軽くなり，人々の経済活動を下支えする仕組みになっている。このような税制の経済安定化機能を［ ④ ］という。
［語群］a.私的財　b.非対称性　c.累進　d.ビルトイン・スタビライザー　e.競合性　f.逆進　g.基礎的財政収支　h.公共財　i.プライマリー・バランス

2 国債に関する以下の文章のうち正しいものを選べ。
①ドーマー条件は，金利とインフレ率との比較として表現される。
②国債費は主に利払い費と償還費からなる。
③公共事業をまかなうために発行する国債を特例国債という。
④国債費を公債金収入が上回るとき，基礎的財政収支は黒字になる。

5　政府債務累積の問題　● 137

③ 2019年度の日本の一般会計予算においては，歳出が101兆円，税収が約63兆円，その他収入が約6兆円，政策的経費が約78兆円となっている。この年の基礎的財政収支を計算しなさい。

④ ある国の昨年末の債務総額を100，そして毎年の基礎的財政収支を5（黒字）とする。金利が年10%のとき今年末の債務の額を計算しなさい。

⑤ 財政指標に関する次の文中の①～③に入るものがいずれも妥当なのはどれか。
（平成30年度千葉県庁採用試験改題）

　財政規模の指標として国民負担率（租税負担額および社会保障負担額の国民所得に対する比率）がある。日本の国民負担率は近年，約 ［　①　］ 割であり，これに財政赤字を含めると約5割である。財政の健全性の指標として公債残高のGDPに対する比率があり，この指標の安定を考える際には基礎的財政収支が重視される。基礎的財政収支は，利払い・償還のための公債費から公債金収入を引いた額がプラスならば ［　②　］ である。公債残高のGDPに対する比率は，基礎的財政収支がゼロの場合，GDPの成長率が利子率よりも ［　③　］ ならば一定水準に落ち着いていく。

1．①2　②赤字　③高い
2．①2　②黒字　③低い
3．①4　②赤字　③高い
4．①4　②黒字　③低い
5．①4　②黒字　③高い

⑥ GDPが50，消費が30，税が5でかつ政府貯蓄が−5のとき，民間貯蓄と投資をそれぞれ求めなさい。

第 **2** 部

マクロ経済学の基本モデル

PART 2

CHAPTER

6 GDPと金利の決まり方
7 総需要・総供給分析
8 インフレとデフレ
9 国際収支・為替レートとマクロ経済

第2部のレイアウト

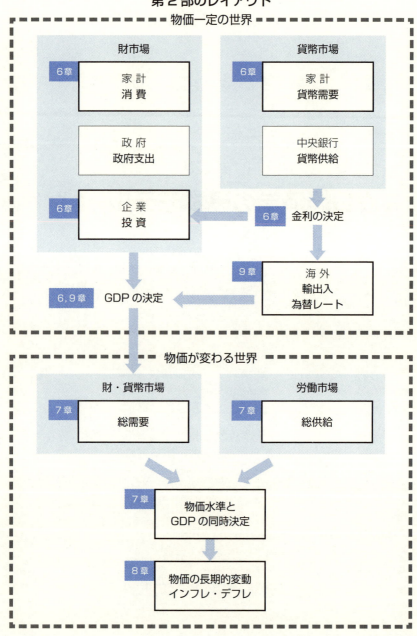

CHAPTER

第 **6** 章

GDP と金利の決まり方

INTRODUCTION

　この章では財・サービスの市場，そして貨幣の市場を表現した簡単なマクロ経済モデルを説明し，その中で国内総生産（GDP）や金利の値がどう決まるかを考えます。さらに，財政・金融政策により政府支出や貨幣供給量の値が変化したとき，金利や GDP の値がどのように動くのかについて経済モデルを用いて説明します。第 4 章，第 5 章でも説明しましたが，財政・金融政策の目的の 1 つに，マクロ経済の安定化や持続的な成長があります。この章では，経済政策がどのようにマクロ経済に影響を与えるか，モデルを通して学びます。なお，この章では，物価水準が一定である場合に限り分析を行います。

　Keywords：消費関数，政府支出乗数，均衡 GDP，均衡金利，財政政策，乗数効果，金融政策

1 消費関数

家計による消費は日本の GDP の約 6 割を占め，その動向は経済に大きな影響を与えます。この節では消費と GDP との関わりを考えます。

家計の消費行動

まず，家計の消費と所得の関係を見てみましょう。図 6.1 は，標準的な勤労者世帯（世帯人数 2 人以上）の消費と所得の額（1 カ月当たり）の推移を 2000 年から 16 年までの期間で示したものです。図において，横軸は所得額を，縦軸は消費額を表しています。たとえば図の点 A は，2005 年における消費，所得の状況を示しており，その年の所得は点 A の横座標である約 44 万円，そして消費は A の縦座標の約 33 万円であることがわかります。

図において，ある年の消費とその年の所得の値を示す点の位置は直線 l にほぼ沿っています。消費，所得を 1 万円単位で表記すると l の式はおよそ

$$消費 = 8 + 0.55 \times 所得 \qquad (*)$$

として表せます（この式は，最小 2 乗法と呼ばれる統計的手法により求められます。この手法についてはウェブサポートページで説明します）。（＊）式によれば，たとえば所得が 40 万円の家計の消費は（約）$8 + 0.55 \times 40 = 30$ 万円となります。消費を所得の関数として表した式を一般的に消費関数といいます。本書では消費は所得の 1 次関数であると仮定します。なお，ここでは所得として税引き後の所得，つまり可処分所得を用いています。なぜなら，家計の消費は所得そのものよりも手取りの所得に強く影響されると考えられるからです。

消費関数の式（＊）において消費は，所得に応じて比例的に増える部分と定数部分からなります。定数部分の 8（万円）は，所得の水準によらず消費される額を指し，この額を一般に基礎消費といいます。基礎消費には，生活に最低限必要な費用，たとえば水道や電気の基本料金などが含まれると考えられます。

次に，所得に応じて比例的に増える部分（0.55×所得）における係数 0.55 は，消費関数を示す直線 l の傾きに等しく，所得が 1 円だけ追加的に増えたときの

142 ● CHAPTER 6 GDP と金利の決まり方

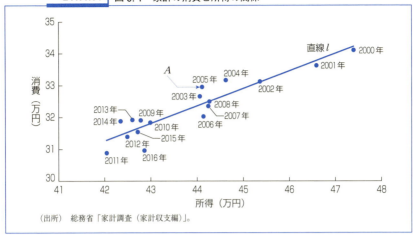

図6.1　家計の消費と所得の関係

（出所）総務省「家計調査（家計収支編）」。

消費の増加額を示しています。この値を一般的に**限界消費性向**（marginal propensity to consume）といいます。ここで限界（marginal）とは追加的という意味の用語です。家計は通常，所得が増えた分を100%消費に回すことはなく，一部を貯蓄に回すため，限界消費性向は1より小さい値をとります。(＊)式の場合，所得が1増えたら貯蓄は1−0.55＝0.45だけ増えます。

なお，家計の実際の消費は，所得以外の要因，たとえば保有する金融資産の額にも依存します。なぜなら，金融資産が増えれば，それを取り崩し現金化することでより多くの消費ができるからです。株価などの資産価格が上昇すると消費が増える傾向がありますが，これを消費の**資産効果**といいます。本書では，この資産効果を，基礎消費の増加として解釈します（反対に，資産価格が下落すると消費は減りますが，これを消費の逆資産効果といいます）。

> **POINT 6.1　消費関数**
> - 消費と所得の関係を示したものを消費関数という
> - 限界消費性向とは所得の増額のうち消費の増加に回る割合を指す

平均消費性向の性質

図6.2において，直線 l は消費関数を示しています。直線 l 上の点 E_1 において，所得は y_1 そして消費は c_1 であり，平均消費性向 $= c_1/y_1$ は線分 OE_1 の

1　消費関数　●　143

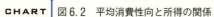

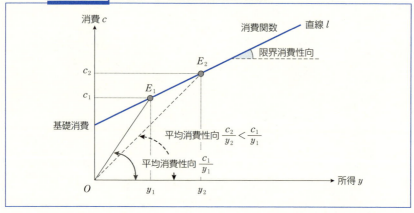

傾きに等しくなっています。いま，所得が y_1 から y_2 に増えて，消費と所得を示す点が E_1 から E_2 に移ると，図からわかるように，平均消費性向を示す線分 OE_2 の傾き（c_2/y_2）は元の傾き（c_1/y_1）より小さくなります。一般に，所得が増えると平均消費性向は下がります。この理由は，消費の中の基礎消費が所得によらず一定の値をとるためです。第5章で説明したように，確かに日本でも高所得者層の平均消費性向は相対的に低くなっています。なお，「限界」消費性向は，直線 l の傾きであり，図からも明らかなように平均消費性向の値とは異なります。

　本書においてはある時期の消費が単にその時期における所得にのみ依存すると仮定しますが，消費の理論には，家計が生涯の間に受け取る総所得（生涯所得）を計算に入れたうえで現在から将来にかけての消費・貯蓄の計画を立てるというもの（ライフサイクル仮説）もあり，この理論に基づくと，家計の消費は，今の所得だけでなく，将来の所得にも依存します。詳しくは章末の付録1で説明します。

マクロ経済の消費関数

　各家計の消費が所得の関数である場合，国全体で見たときの総消費，つまり第1章の国民経済計算における消費も総所得の関数であると考えることができます。第1章で学んだように，財・サービスの生産が行われたとき，売上高は，国全体で見ると必ず誰かの所得になるため，総所得はGDPに一致します。つ

まり，消費はGDPの関数となります。以下では第1章と同じように，GDPを Y，消費を C として表記し，そしてGDPの関数としての消費を $C(Y)$ として表します。家計の消費関数と同様に，マクロ経済の消費関数 $C(Y)$ も以下のように1次関数であると仮定し，その傾き (c) を限界消費性向，定数部分 (a) を基礎消費と呼びます。限界消費性向 c は $0<c<1$ を満たすと仮定します。

> **POINT 6.2** マクロ経済の消費関数（C：消費，Y：GDP）
> $$C(Y) = \underbrace{a}_{\text{基礎消費}} + \underbrace{c}_{\text{限界消費性向}} \times Y$$

このような消費関数は，経済学者ジョン・メイナード・ケインズにより提唱されたことから，ケインズ型の消費関数といわれることがあります。

例題 6.1 消費関数が $C(Y) = 20 + 0.4Y$ であるとする。Y が 50 のとき消費，平均消費性向そして限界消費性向を求めなさい。
答 $C(50) = 20 + 0.4 \times 50 = 40$ であるため，消費 C の値は 40。平均消費性向の値は，$40 \div 50 = 0.8$ となる。限界消費性向の値は（Y の値によらず）0.4 に等しい。

GDP の決定

この節では，財・サービス市場の需給関係を通したGDPの決まり方を考えます。以下では簡単化のため，財・サービスを単に財と書きます。

総需要と総生産

第1章で学んだように，財市場において生産された財は，家計・企業・政府・海外の各部門に需要されます。各部門の需要量は，それぞれ消費 C，投資 I，政府支出 G，純輸出 NX であり，その合計（$C+I+G+NX$）は財への需要を国全体で合計したものといえます。これを総需要と呼び D で表記します。以下ではしばらくの間，政府支出 G と輸出入 NX は省略します。この場合総需要は $D = C + I$ と表せます。

第1章では，設備投資など，企業が計画的に行う投資と，売れ残りや品不足など企業の想定外に発生する在庫変化を合わせて投資と呼びましたが，話を簡

CHART 表6.1 総需要と GDP

GDP（国内総生産）Y	10	20	30	40
消費 $C=0.5Y$	5	10	15	20
投資 I（一定）	10	10	10	10
総需要 $D=C+I$	15	20	25	30
財の過不足 $Y-D$	品不足5	0（均衡）	売れ残り5	売れ残り10

単にするため，この章では計画的に行われる投資のみを投資と呼び，売れ残りなどの想定外の在庫変化を財の過不足として別個に扱うことにします。

例として，消費関数が $C=0.5Y$，投資 I が10である状況を考えます（ここでは簡単化のため，基礎消費の値をゼロとします）。表6.1は，GDP つまり国内総生産 Y の値が10から40まで変わるにつれ，総需要 D（$=C+I$）と総生産 Y，そしてその差である財の過不足がどう変化するかを示したものです。総生産が総需要を上回る場合，その部分は売れ残りを指します。その逆に，総生産が総需要を下回る場合，その差は品不足を意味します。

はじめに，GDP（総生産）Y が40であった場合を考えます。この状況は表の一番右の列に対応します。消費 $C=0.5Y$ の値は $40×0.5=20$ であり，投資 I は10であるため，総需要 $D=C+I$ は $20+10=30$ となります。生産した財の総額が40であるため，総需要との差 $40-30=10$ だけ財は売れ残ります。通常，売れ残りが出ると企業は生産を減らします。ここで，仮に企業が生産を10だけ減らし，結果 Y（総生産）が $40-10=30$ になったとします。これは表の右から2番目の列に対応します。この場合，表からもわかるように売れ残りは5に減るものの，まだなくなっていません。

その後，企業が生産をさらに10減らし，Y が表の中央の数字20になったとします。この場合，総需要は投資 $10+$ 消費 $10=20$ となり，総生産と一致するため，売れ残りがなくなります。この総需要と総生産が一致する状況を（財市場の）均衡と呼びます。

ここで，企業が生産をさらに減らし，Y の値が10になったとします。表の左から2番目の列が示すように，この場合の総需要は15となり，総生産10を5上回るため品不足となり，企業は生産を増やそうとします。財市場が均衡していない場合，企業の生産調整を通して，経済は均衡の状況に徐々に近づくことがわかります。

146 ● CHAPTER **6** GDP と金利の決まり方

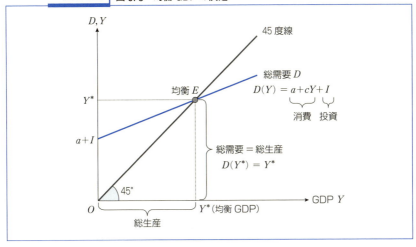

図6.3 均衡GDPの決定

均衡GDP

以上の議論を一般的な状況で考えてみましょう。消費関数が $C(Y)=a+cY$ のとき，総需要 D も Y の関数として $D(Y)=C(Y)+I=a+cY+I$ と書けます。財市場が均衡している状況，つまり総需要 $D(Y)$ が GDP（総生産）Y に等しい状況での Y の値を**均衡GDP**（均衡国内総生産）といいます。本書では，均衡を指す変数に＊印を付けることがあり，この場合，均衡GDPは Y^* と書けます。均衡を示す式 $Y=D(Y)$ は Y についての1次方程式 $Y=a+cY+I$ として表せ，Y^* の値はこの式を解くことで以下のように求められます。

$$Y^* = \frac{a+I}{1-c}$$

上の計算において，均衡GDPの値は，変数 a, c, I の値を定数とし，方程式 $Y=D(Y)$ を Y について解くことで求めています。この Y のように，経済モデルの中で値が決まる変数を**内生変数**，一方，基礎消費 a，投資 I のように，モデルの外で決まり，その値を所与と見なすような変数を**外生変数**と呼びます。

図6.3は，財市場の均衡をグラフで示したものです。図の直線 D は，横軸に GDP つまり Y の値をとった平面において，総需要を Y の1次関数 $D(Y)=a+I+cY$ として表したものです。直線の切片の値 $a+I$ は正で，傾き c は1未満です。直線 D 上の点において，その横座標の値が GDP に等しいとき，その

CHART 図 6.4　売れ残りの発生

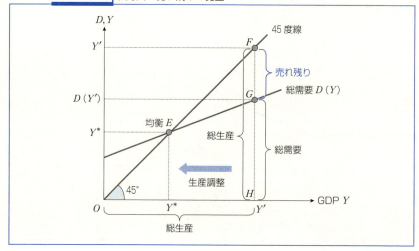

点の縦座標の値が総需要となります。ここで同じ平面上に，原点を通る傾き1の直線（45度線）を引きます。45度線上の点においては横座標と縦座標が常に等しくなります。したがって2つの直線の交点 E において，総需要とGDPの値が一致し，縦座標も横座標も均衡GDPの値 Y^* に等しくなります。つまり，点 E は財市場の均衡を示しているといえます。一般に，45度線を用いたこの経済モデルは **45度線モデル** といわれます。

　経済が均衡から外れた場合はどうなるでしょうか。いま，GDPの値 Y' が均衡値 Y^* より大きかったとします。この場合，総需要 $D(Y')$ は図6.4において線分 GH の長さに等しく，これは線分 FH の長さで示される総生産 Y' を下回っているため，線分 FG の長さに等しい売れ残りが発生しています。この場合，企業は売れ残りをなくすよう生産調整をし，結果，GDPが減ります。反対に，GDPが Y^* より小さい場合は需要が総生産を上回り，企業は生産を増やします。いずれの場合も経済は均衡 E に近づきます。

　ところで，第1章で学んだ国民経済計算においては，売れ残りが在庫投資として定義上は投資に含まれるため，財市場が均衡していなくも，消費と投資の和はGDPに常に一致します。一方，均衡GDPとは売れ残りがない場合のGDPの値のことです。以後は財市場の均衡を仮定して分析します。

例題 6.2　消費関数が $C = 20 + 0.8Y$，投資が $I = 30$ のとき均衡GDPの値 Y^* を求め

なさい（政府支出，純輸出をゼロとする）。

答 総需要は $D = C + I = 50 + 0.8Y$ である。財市場均衡式 $Y = D$ を Y について解くことにより $Y^* = 250$ を得る。

▌乗数効果▐

この項では，これまで一定としてきた投資 I の値が変化したときに均衡 GDP に与えられる影響について考えます。いま，投資の値が I から ΔI だけ増えて $I + \Delta I$ になった結果，均衡 GDP が Y^* から ΔY だけ増えて $Y^* + \Delta Y$ になったとします。ここで Δ（デルタ）とは増加量を示す記号です。本書では，たとえば投資 I が 6 から 8 に 2 だけ増えた場合 $\Delta I = 2$ と書きます。均衡 GDP の式 $Y^* = \frac{a + I}{1 - c}$ より，新たな均衡 GDP の値は以下のように書くことができます。

$$Y^* + \Delta Y = \frac{a + I + \Delta I}{1 - c} = Y^* + \frac{\Delta I}{1 - c}$$

つまり，以下のように GDP の増加量は投資の増加量に比例します。

$$\Delta Y = \frac{1}{1 - c} \cdot \Delta I$$

限界消費性向 c は 1 未満ですので，比例定数 $\frac{1}{1-c}$ の値は 1 を超えます。このことは，投資が増えたらそれ以上の GDP の増加がもたらされることを意味します。定数 $\frac{1}{1-c}$ の値を投資乗数といいます。この値は，投資が増えると GDP がその何倍増えるかを示しています。同様に，基礎消費 a が増えたとき，均衡 GDP はその $\frac{1}{1-c}$ 倍増えます。そのためこの値を消費乗数ともいいます。

図 6.5 は，投資の増加の影響をグラフで示しています。図において，当初の総需要 $C(Y) + I$ を示す直線 D_1 に比べ，投資が増えたあとの総需要 $C(Y) + I + \Delta I$ を示す直線 D_2 は ΔI だけ上に位置します。したがって，均衡は 45 度線上で点 E_1 から右上の点 E_2 に移り，均衡 GDP の値は Y_1^* から Y_2^* に増えます。図からもわかるように，GDP の増加 $\Delta Y = Y_1^* - Y_2^*$ は確かに投資の増加 ΔI を上回っています。

投資は GDP の支出面での構成要素ですから，まず投資が増えた分だけ GDP が増えます。しかし，投資乗数が 1 を超えることからわかるように，投資の増加は，GDP に追加の効果を与えます。たとえば，ある企業が新規に設備投資を行い，ロボットを 1 単位購入するとします。まずこの段階で，GDP は定義

CHART 図 6.5 投資の増加が GDP に与える影響

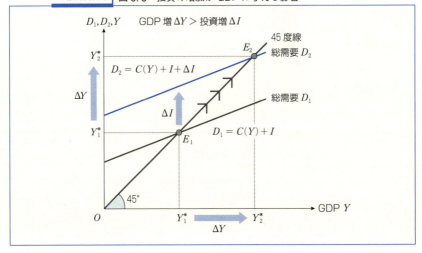

上，自動的に1増えます。次に，この投資により，ロボットのメーカーの従業員（Aさんとします）の所得が1増えるため，Aさんは所得増1と限界消費性向cの積cに等しい量だけ消費を増やします。消費もGDPの構成要素ですので，投資増1に加え，消費増cだけさらにGDPが増えます。

投資の効果はまだ続きます。Aさんが消費を店で行ったとすると，今度はその店で働く店員（Bさんとします）の所得がcだけ増え，そしてBさんは所得増cと限界消費性向cの積c^2だけの消費を新たに行います。したがって，またGDPは増えることになります。

一般に，需要が増えたときに，所得・消費の増加が連鎖し，結果として最初の需要増を上回るGDPの増加がもたらされることを**乗数効果**と呼びます。GDPの総増加量ΔYは，下の式のように元の投資増1とそれに続く消費増（$c, c^2, c^3, \cdots$）の無限の和として表せ，その値は，第4章で説明した等比数列の和の公式を用いることで，投資乗数に一致することがわかります。

$$\Delta Y = 1 + c + c^2 + c^3 + \cdots = \frac{1}{1-c}$$

例題 6.3 例題 6.2 の状況（$C = 20 + 0.8Y$, $I = 30$）で投資Iが10だけ増えたとき，均衡GDPはいくら増えるか求めなさい。

答 限界消費性向は0.8であり，投資乗数は$\frac{1}{1-0.8} = 5$となる。均衡GDPの増加量

は，投資の増加量 10 と投資乗数 5 の積 5×10＝50 となる。

 財政政策

この節では，政府支出の増加や増税が経済にもたらす影響について考えます。

財政政策の効果

政府支出 G を考慮に入れるとき，総需要 D は $C+I+G$ に等しくなります。消費関数の式が POINT 6.2 で示した $C=a+cY$ の場合，総需要 D は Y の 1 次関数として $D(Y)=a+cY+I+G$ と表せます。財市場均衡式 $Y=D(Y)$ を解くことにより，均衡 GDP の値は以下のように与えられます。

POINT 6.3 均衡 GDP の公式

$$Y^* = \frac{\overbrace{a}^{基礎消費} + \overbrace{I}^{投資} + \overbrace{G}^{政府支出}}{\underbrace{1-c}_{限界消費性向}}$$

（均衡 GDP）

この公式からもわかるように，投資の場合と同様，政府支出が増えたら，その増えた量の $\frac{1}{1-c}$ 倍だけ均衡 GDP が増えます。したがって，この値を政府支出乗数ともいいます。政府は不景気のときなど，経済安定化のため，乗数効果を期待して政府支出を増やすことがあります。なお，外国との貿易がある開放経済において，総需要 D は純輸出 NX を用いて $D=C+I+G+NX$ と表せ，均衡 GDP の値は $Y^*=\frac{a+I+G+NX}{1-c}$ となります。

POINT 6.4 乗数の公式（c：限界消費性向）

$$政府支出乗数 = 消費乗数 = 投資乗数 = \frac{1}{1-c} > 1$$

これらの乗数は限界消費性向 c の増加とともに増えます。たとえば $c=0.5$ ならば，乗数の値は $\frac{1}{1-0.5}=2$ ですが，$c=0.8$ ならその値は $\frac{1}{1-0.8}=5$ に増えます。

これは限界消費性向が高いと所得増が消費増に反映されやすくなるからです。

所得税の効果

これまでの講論では所得税の存在を考えていませんでした。家計の消費が税引き後の可処分所得に依存するのと同様に，所得税 T がかかる場合，総消費 C は，GDP（国内総所得）Y から税 T を除いた総可処分所得 $Y-T$ に依存するといえます。ここで消費関数が以下のように表せる場合を考えます。

$$C(Y) = a + c(Y - T)$$

限界消費性向は c のままとします。この場合，総需要は $D(Y) = cY + a + I + G - cT$ と書け，均衡 GDP の値は財市場均衡の条件式 $Y = D(Y)$ を解き，

$$Y^* = \frac{a+I+G-cT}{1-c} = \frac{a+I+G}{1-c} - \frac{c}{1-c}T$$

となります。税 T の存在は，均衡 GDP を $\frac{c}{1-c}T$ だけ下げていることがわかります。所得税がかかると，まず消費が可処分所得減少分 T と限界消費性向 c との積 cT だけ減ります。この減少は，乗数効果を伴い，最終的に消費乗数 $\frac{1}{1-c}$ との積 $\frac{c}{1-c}T$ だけ均衡 GDP を減らします。所得税が1だけ増えることによる均衡 GDP の変化量 $-\frac{c}{1-c}$ を租税乗数といいます。

増税とは反対に1単位だけ減税すると，租税乗数の大きさ $\frac{c}{1-c} = \frac{-c}{1-c} \times (-1)$ だけ GDP が増えますが，限界消費性向 c が1より小さいため，この値は（$c<1$ より）政府支出乗数 $\frac{1}{1-c}$ を下回ります。つまり，同じ1単位の変化でも減税の方が政府支出の増加よりも GDP を増やす効果は弱くなります。それは，政府支出の増加は総需要を直接増やす一方，減税によって可処分所得が増えた分のすべては消費に回らず一部が貯蓄に向かうからです。

一般に，経済活動を活発化させ，GDP を増やすような経済政策を拡張的，経済活動を抑えて GDP を減らすような経済政策を緊縮的といいます。拡張的財政政策には政府支出の増加や減税が，そして緊縮的財政政策に政府支出の減少や増税が含まれます。

政府支出の財源として，国債発行などの借入に頼る場合，政府支出が増えるとその増加分に政府支出乗数をかけた額だけ GDP が増えます。一方，支出増の財源を税金に頼る場合の GDP への影響は，政府支出増による正の効果から，

152 ● CHAPTER 6 GDP と金利の決まり方

増税による負の効果を引いたものとなります。政府支出の額と税額をともに1単位増やしたとき，均衡 GDP が増える量を**均衡予算乗数**といいます。この値は政府支出乗数 $\frac{1}{1-c}$ と租税乗数 $-\frac{c}{1-c}$ の和，つまり1となります。

> **POINT 6.5** 財政政策の効果（c：限界消費性向）
>
> - 政府支出 G を1単位増やす場合 ：GDP の変化量＝$\frac{1}{1-c}$
> - （所得）税 T を1単位増やす場合：GDP の変化量＝$\frac{-c}{1-c}$
> - G と T を両方1単位増やす場合 ：GDP の変化量＝1

例題 6.4 消費関数を $C=20+0.8(Y-T)$，投資を $I=30$，所得税を $T=10$，政府支出を $G=10$ とする。いま，税と政府支出がともに 20 増えたとき，均衡 GDP の増加量 ΔY はいくらになるか求めなさい。

答 均衡予算乗数は1なので，ΔY は政府支出の増加量 20 と等しい。

4 投資と金利

これまで投資の値は定数（外生変数）と仮定してきましたが，実は投資は金利と深く関わっています。この節ではこの関係について学びます。

企業の投資行動

ここでは，企業がどのように投資の額を決定するかについて考えます。例として，横浜，京都，大阪の3カ所のうちの何カ所かに店を開業する計画を立てている企業を考えます。出店費用，つまり投資額は1店舗当たり100とします。もし2店舗に出店する場合，投資総額は $100\times2=200$ となります。この企業はお金を金融市場で銀行から借りて投資を行います。お金を貸し借りする際に付く金利（年利）を $2\%=0.02$ とします。たとえば，1つの店舗の開業費用 100 を銀行から借りた場合，来年は元本 100 に加え，$100\times0.02=2$ の利子を銀行に支払う必要があります。今年投資をした場合，店舗を来年開業することができ，店舗から売上を得るのは来年1回限りとします。

表 6.2 は各店舗が来年の開業時に得る売上，投資収益，そして収益率を示しています。投資収益とは売上の額から費用である投資額を引いたものです。投

4 投資と金利 ● 153

CHART 表6.2 投資と収益率

出店場所	投資額	売　上	投資収益 （＝売上－投資）	収益率 （＝投資収益/投資額）
横浜	100	106	6	6%
京都	100	104	4	4%
大阪	100	101	1	1%

資以外にかかる（人件費などの）費用などはないものとします。収益率とは投資額1円当たりの投資収益のこと，つまり投資収益を投資で割った値です。表からわかるように，たとえば横浜に出店する場合，売上は106，投資収益は106－100＝6，そして収益率は6/100＝6%となります。簡単化のため，来年の売上は今年の段階で確実にわかっているものとします。

　この例において，利益は投資収益から利払い費を引いたものとなります。企業が利益の総額を最大にしたい場合，どこに出店すべきでしょうか。ここで，大阪での投資収益1は利払い費2を下回っています。言い換えると，投資の収益率1%は金利2%より低くなっています。つまり利益はマイナス（1－2＝－1）となり，大阪への投資をすることで結果的に損失が出ることになります。一般に，企業が投資をする条件はその投資からの収益率が金利を超えることです。条件が成立する京都，横浜の2店舗を開業させれば利益の総額が最大になり，総投資額は100×2＝200，そして利益総額は（6－2）＋（4－2）＝6となります。

　図6.6は投資からの収益率と金利の関係を棒グラフで示したものです。図において，収益率を示す縦棒の高さが，金利を示す水平な点線を超えるような場所で投資が行われることになります。図からわかるように，金利が2%の場合，京都と横浜に投資がなされますが，金利が5%に上がると，金利を示す線が上にシフトし，京都には投資されず，横浜にのみ投資されることがわかります。つまり，投資は金利が上がると減ります。

　収益率が金利を上回るような投資のみ実施されるという上の結果は，企業が投資を自己資金でまかなう場合も成立します。再度大阪を例にとると，自己資金を投じて大阪に投資をして収益1をあげるより，同じお金を金融市場で誰かに貸して利子収入2を得た方が得になるため，投資は実行されません。

　これまでは，投資からの売上が来年1回だけの場合を考えてきましたが，投

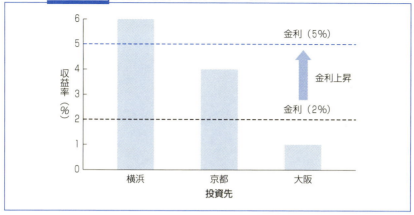

図 6.6 投資の収益率と金利の関係

資と金利との負の関係は，売上が複数回発生する場合においても成り立ちます。投資と金利との関係についての一般的な議論は章末の付録 2 で取り上げます。

投資関数の導出

各企業の投資が金利の関数である場合，国全体で見たときの総投資，つまり国民経済計算における投資 I も金利の関数であると考えることができます。前項では一企業の投資を考えましたが，さまざまな企業が経済活動を行っている国全体で見た投資の総額 I も金利 r が上がると減ります。金利 r の減少関数としての投資 I を投資関数といい，$I(r)$ と表します。本書では，投資関数は金利 r の 1 次関数として $I(r) = b - d \times r$ のように表せると仮定します。そして定数項 b を独立投資と呼びます。図 6.7 は金利 r を縦軸にとったときの投資関数 $I(r)$ のグラフを示しています（経済学ではグラフを書く際，通常は金利 r を縦軸にとります）。図において，金利が r_1 から r_2 に上がるにつれ，投資は I_1 から I_2 に減っています。

なお，投資は金利以外の要因によっても変化します。最初の例で示したように，投資は将来の収益に関する企業の予想に依存します。この予想が強気になった場合，予想収益が増え，すべての金利水準において，投資が増えます。また，株価が上がると企業は資金を調達しやすくなり，この場合も投資が増える傾向にあります。これらの状況は投資関数における独立投資の増加として表せます。

4 投資と金利 ● 155

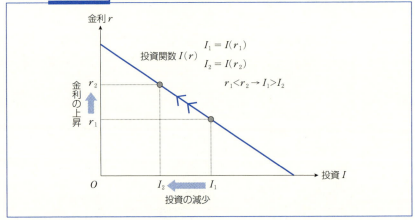

POINT 6.6 投資と金利の関係
投資は金利が上昇すると減少する

金利と GDP の関係

投資 I が金利 r の関数である場合，金利が決まれば，投資，そして均衡 GDP の値を順に求められます。POINT 6.3 で求めた均衡 GDP（Y^*）の公式に投資関数 $I(r)$ を代入すると，$Y^* = \frac{a+G+I(r)}{1-c}$ という式を得ます。この場合，投資関数と同様，均衡 GDP も金利の減少関数となります。つまり，財市場を均衡させる GDP Y と金利 r との関係は，Y を横軸に，r を縦軸にとった平面（以下 Yr 平面と呼びます）上で図 6.8 のように右下がりの曲線として表せます。この曲線を IS 曲線と呼びます。

図 6.7 で示したように，金利が r_1 から r_2 に増えると投資は I_1 から I_2 に減ります。この金利の増加と投資の減少により，均衡 GDP の値は図 6.8 が示すように，$Y_1 = \frac{a+G+I_1}{1-c}$ から $Y_2 = \frac{a+G+I_2}{1-c}$ に減ります。

第 3 章で説明したように，財市場均衡式 $Y = (D=)C+I+G$ は，投資 I と貯蓄 $S = Y-C-G$ が一致するという式に変形できます。IS 曲線という名前の由来は，財市場の均衡が投資 I と貯蓄 S の一致を意味することからきています。

例題 6.5 消費関数が $C = 0.5Y+20$，投資関数が $I = 30-40r$，政府支出が $G = 10$

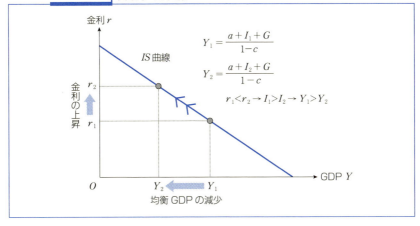

図6.8 *IS*曲線

のとき *IS* 曲線を示す式を求めよ。

答 総需要は $D=C+I+G=0.5Y+60-40r$ である。財市場均衡式 $Y=D$ を Y について整理することで *IS* 曲線の式 $Y=120-80r$ を得る。

5 貨幣市場と金利

　金利とは，お金に付く値段といえ，その値はお金をやりとりする貨幣市場の需給関係により決まります。この節では，金利決定の仕組みを学びます。

貨幣需要・貨幣供給

　財と同様，貨幣にも需要と供給があります。貨幣を需要すること，そしてその量を貨幣需要といいます。小麦への需要に，食べるための需要や飼料にするための需要があるのと同様，貨幣需要にも種類があります。本書では貨幣需要が，金融資産としての貨幣需要を示す資産需要と，決済手段としての貨幣需要を示す取引需要の2つから構成されると考えます。

　一方，貨幣の供給量は，文字どおり貨幣の総量である貨幣供給量です。第4章で説明したように貨幣供給量は中央銀行がコントロールします。以下では，中央銀行の金融政策を，貨幣供給量を決めることと捉えます。

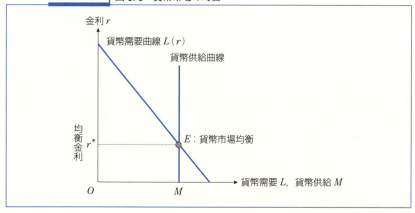

図6.9 貨幣市場の均衡

貨幣需要関数

　貨幣需要はさまざまな経済変数に依存します。本書ではこれらの変数として主に金利，GDP，物価の3つを取り上げます。まず金利との関係を説明します。貨幣をそのままの形で持ち続けると，そのお金を金融市場で誰かに貸した場合に得られたはずの利子収入を失います。つまり，利子は貨幣保有の機会費用となります。したがって，金利が高くなるとその費用も増え，資産需要としての貨幣需要が減少します。また，貨幣需要はGDPにも依存します。GDP，つまり国内総所得が増えた場合，財の取引金額が増加し，結果として取引需要としての貨幣需要が増えます。実は貨幣需要は物価水準にも依存しますが，この場合については次章で考えます。

　一般に，貨幣需要と経済変数との関係を示した式を貨幣需要関数といいます。簡単化のため，しばらくの間，貨幣需要は金利のみに依存すると仮定し，金利 r の減少関数としての貨幣需要関数を $L(r)$ と書きます。ここで L は金融資産の貨幣への交換しやすさを表す流動性（liquidity）という用語からきています。

貨幣市場の均衡

　図6.9のように，金利を縦軸に，貨幣の量（需要・供給）を横軸にとった平面において，貨幣需要関数 $L(r)$ で示される金利 r と貨幣需要 L の関係は，右下がりの曲線（貨幣需要曲線）として表せます。一方，中央銀行が貨幣供給量を一定値 M に決めたとすると，この値は金利によらず一定なので，貨幣供給

量を示す直線（貨幣供給曲線）は垂線となります。

財市場の均衡と同様に，貨幣需要と貨幣供給が一致する状況を貨幣市場の均衡といいます。貨幣需要曲線と貨幣供給曲線の交点 E での金利 r^* は，貨幣市場が均衡するような金利です。これを均衡金利（均衡利子率）といい，以下の式を満たします。

$$\underbrace{M}_{貨幣供給} = \underbrace{L(r^*)}_{貨幣需要}$$

以下では，金利は貨幣の過不足がない均衡金利に等しくなると考えます。

> **POINT 6.7** 貨幣市場での需給均衡
> - 貨幣需要関数 $L(r)$：金利 r の減少関数
> - 貨幣供給量 M：中央銀行が決定
> - 貨幣市場の均衡金利：方程式 $M=L(r)$ により決定

例題 6.6 貨幣需要関数が $L(r)=15-25r$，貨幣供給量が $M=10$ のとき貨幣市場を均衡させる金利 r^* を求めなさい。
答 貨幣市場均衡式は $15-25r=10$ と書け，これを解いて $r^*=0.2$ となる。

財市場・貨幣市場の同時均衡

この節では財・貨幣両市場を均衡させる GDP と金利の求め方を示します。

均衡 GDP と均衡金利の決定

図 6.10 は，Yr 平面上において，財市場の均衡を示す IS 曲線と，貨幣市場の均衡金利（r^*）を示す水平な点線とを示しています。IS 曲線上の点の中で，縦座標，つまり金利の値が r^* に等しいような点 E において，財市場と貨幣市場の双方が均衡しています。よって，この点の横座標の値が均衡 GDP（Y^*）になります。

例題 6.7 消費関数が $C=0.5Y+5$，投資関数が $I=10-50r$，政府支出 G が 5，貨幣需要関数が $L=50-200r$，そして貨幣供給量 M が 30 であるとする。このとき均

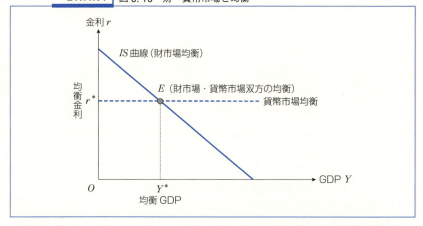
図6.10 財・貨幣市場と均衡

衡GDP Y^* を求めなさい。

答 IS曲線は，財市場均衡条件 $Y=C+I+G$ より $Y=40-100r$ として表せる。一方，均衡金利 r^* は，貨幣市場均衡条件 $L=M$ より $50-200r=30$ つまり $r^*=0.1$ となる。IS曲線の式に均衡金利の値 $r^*=0.1$ を代入して $Y^*=30$ を得る。

財政政策の効果

　第3節では45度線モデルを用いて財政政策の効果を分析しましたが，その分析はIS曲線を用いても行うことができます。政府支出が増えると，すべての金利水準においてGDPも増えるため，図6.11のようにIS曲線は右にシフトします。シフトする量は，政府支出の増える量 ΔG と政府支出乗数 $\frac{1}{1-c}$ の積に等しくなります。金融政策に変更がない場合，均衡金利は変化しません。よって財・貨幣市場均衡を示す点は右に移り，GDPは $\frac{\Delta G}{1-c}$ だけ増えます。

　政府支出の増加と同様に，基礎消費，独立投資が増えると，IS曲線は右にシフトします。一般に，総需要が増加（減少）するとIS曲線は右（左）にシフトします。

金融政策の効果

　この項では，貨幣供給量の増加が金利，そしてGDPに与える影響を考えます。貨幣市場を示した図6.12(a)において，当初の貨幣供給量を M，そして貨幣供給曲線を M_1 とします。このとき，市場均衡は曲線 M_1 と貨幣需要曲線 L

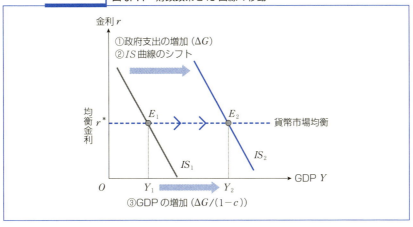

図6.11 財政政策とIS曲線の移動

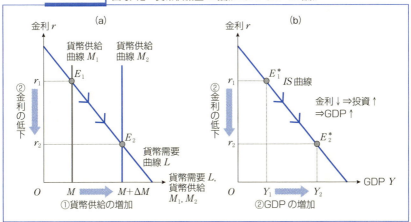

図6.12 貨幣供給量の増加によるGDPの増加

との交点 E_1 で表され、均衡金利は E_1 の縦座標である r_1 です。いま、金融緩和政策により貨幣供給量が ΔM だけ増えたら、貨幣供給曲線が右にシフトします。新しい貨幣供給曲線を M_2 とすると、均衡は点 E_1 から、貨幣需要曲線 L に沿って曲線 M_2 との交点 E_2 に移り、均衡金利は r_2 に下がります。

このとき、図6.12(b)において貨幣・財双方の市場均衡を示す点は、IS曲線上に沿って縦座標が r_1 の点 E_1^* から、縦座標が r_2 の点 E_2^* に移り、均衡GDPは（E_1^*の横座標）Y_1 から（E_2^*の横座標）Y_2 に増えます。一般に、金融緩和政策は金利を下げ、それによる投資増が乗数効果を伴いGDPを増やします。

6 財市場・貨幣市場の同時均衡 ● 161

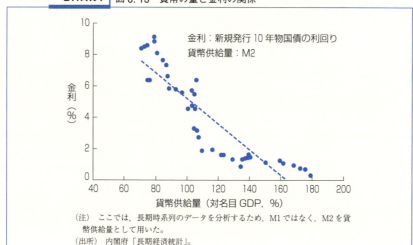

CHART 図 6.13　貨幣の量と金利の関係

(注) ここでは，長期時系列のデータを分析するため，M1 ではなく，M2 を貨幣供給量として用いた。
(出所) 内閣府「長期経済統計」。

　逆に，貨幣供給量を減らす金融引き締め政策は金利を上げ，GDP を減らします。この意味で，金融緩和政策は拡張的，そして金融引き締め政策は緊縮的な金融政策といえます。なお，新聞等では通常，政策金利を下げること（利下げ）を金融緩和政策，政策金利を上げること（利上げ）を金融引き締め政策と呼びますが，本書では金融政策を貨幣供給量の増減として捉えます。

　図 6.13 は，日本における貨幣供給量（対名目 GDP 比）を横軸に，縦軸に金利をとり，1974 年から 2014 年までの 40 年間における両者の関係を散布図にしたものです。確かに貨幣供給量が増えるにつれて金利は下がっていることがわかります（ここで，名目 GDP との比をとっているのは，経済規模の変化が貨幣需要に及ぼす影響を除くためです）。

　なお，金融政策の分析は，45 度線モデルを用いても行うことができます。投資関数を示した図 6.14(a) において，金融緩和により均衡金利が r_1 から r_2 に下がると，投資の値が I_1 から I_2 に増えます。このとき，45 度線モデルを示した図 6.14(b) において，総需要を示す直線は投資の増加分だけ上に（D_1 から D_2）シフトします。したがって，均衡は 45 度線に沿って E_1^* から E_2^* に移り，均衡 GDP は Y_1 から Y_2 に増えます。金融政策により金利が変化し投資などの実体経済に影響が及ぶ過程を，金融政策の波及経路と呼びます。

CHART 図6.14　45度線モデルを用いた金融緩和政策の分析

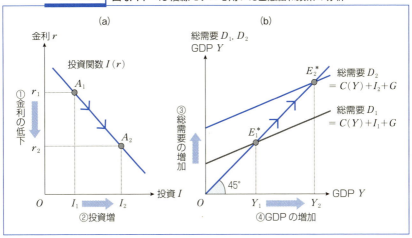

> **POINT 6.8**　金融政策の効果（貨幣供給量の変更）
> 金融緩和政策：　　　貨幣供給量(M)↑ ⇒ 金利(r)↓ ⇒ 投資(I)↑ ⇒ GDP(Y)↑
> 金融引き締め政策：貨幣供給量(M)↓ ⇒ 金利(r)↑ ⇒ 投資(I)↓ ⇒ GDP(Y)↓

例題6.8　財・貨幣市場が当初例題6.7（$C=0.5Y+5$, $I=10-50r$, $G=5$, $L=50-200r$, $M=30$）の状況にあったとする。ここで，貨幣供給量Mが20増えたとき，均衡金利の変化量Δr，均衡GDPの変化量ΔYをそれぞれ求めなさい。

答　貨幣市場均衡条件は$M=50-200r$と表せる。変化後の貨幣供給量をM'，金利をr'とすると，新たな貨幣市場均衡条件は$M'=50-200r'$と書ける。両均衡式の差をとると$M'-M=-200(r'-r)$となる。したがって，貨幣供給量の変化量$\Delta M=M'-M$と金利の変化量$\Delta r=r'-r$は関係式$\Delta M=-200\Delta r$を満たす。$\Delta M=20$より$\Delta r=-0.1$となる。IS曲線は$Y=40-100r$と表せるため，ΔYとΔrとの間には$\Delta Y=-100\Delta r$の関係が成立する。$\Delta r=-0.1$より$\Delta Y=10$を得る。

流動性の罠（発展）

　金融緩和政策による金利の低下には限界があり，通常金利を負にはできません。これをゼロ金利制約といいます。なぜなら金利が負だと資金貸借の成立が困難になるからです。例として，AさんがBさんから1万円を借り，来年返済する状況を考えます。もし金利が仮に−5％であるとすると，Aさんの返済

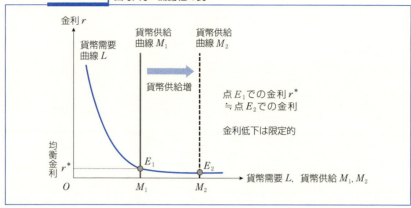

図6.15 流動性の罠

額は元本以下の9500円となります。借り手のAさんにはよい話ですが、貸したお金が一部戻らないBさんにとってはお金を貸さずに現金のまま持つ方がましとなります。一般に、金利がマイナスだと資金の貸し借りが行われなくなるため、通常金利は0以上になります。

また、金利がゼロに近い状況でさらに金融緩和を行うと、金利を下げる効果は徐々に弱くなるため、投資、そしてGDPは増えにくくなります。金利の下限があるために金融緩和政策が効かなくなる状況を流動性の罠といいます。この状況下でGDPを増やすには財政政策など別の政策に頼るべきといえます。政府支出の乗数効果はゼロ金利制約に関係なく機能します。

例として、貨幣需要関数 $L(r) = \frac{1}{r}$ を考えます。貨幣供給量が M のとき、均衡金利は $r^* = \frac{1}{M}$ となります。M が増えると r^* は下がりますが、0を下回ることはありません。M が大きくなるにつれ経済は流動性の罠に陥り始めることがわかります。

図6.15は、貨幣市場における流動性の罠を示しています。図において、貨幣供給量が M_1 のときの均衡は点 E_1、そして均衡金利は r^* です。点 E_1 付近で貨幣需要曲線が横軸に接近しており、r^* は0に近くなっています。この状況で貨幣供給量を M_2 に増やすと、貨幣供給曲線は右にシフトしますが、新たな均衡 E_2 での金利は r^* とほぼ同じく0に近いままで、金利の下落はわずかであり、投資（そしてGDP）への効果はほとんどありません。

Column ❻-1 日本のマイナス金利

　本文では金利は通常マイナスにならないと説明しましたが，2016 年以降，日本の金利，とくに国債の金利（利回り）はマイナスの値を付けることが多くなっています。たとえば，2019 年 10 月 30 日時点での長期金利（新発 10 年物国債の利回り）は－0.18％ となっています。このことはつまり，償還時まで保有すると損になる国債を経済主体が購入・保有していることを意味しています。その理由としては，国債がさまざまな資金貸借の際の担保としても有用であること，日銀のマイナス金利政策により，金融機関が余剰資金を日銀当座預金に預けた場合に「利用料」がかかること，そして国債価格が将来さらに上がった場合，売却により利益を得られることなどがあげられます。マイナス金利が続いているにもかかわらず，国債価格がさらに上昇する可能性がゼロではないのは，日銀が量的金融緩和政策の一環で多額の国債を買い続けていることが背景にあると考えられます。

　（参考文献）「国債マイナス金利，損するのになぜ買う」『日本経済新聞』2016 年 2 月 11 日付電子版。

7　IS-LM モデル（発展）

　この節では，貨幣需要関数が金利だけでなく GDP にも依存する場合の GDP の決まり方について説明します。

LM 曲線

　第 5 節で説明したように，貨幣需要の中の資産需要は金利（r）が上がると減り，また取引需要は GDP（Y）が増加すると増えます。つまり厳密には，貨幣需要関数は r の減少関数でありかつ Y の増加関数となります。このような関数を $L(Y, r)$ と表すと，貨幣供給量が一定値 M のとき，貨幣市場均衡条件は，$M = L(Y, r)$ と表せます。この条件が成立するような Y と r の間には正の関係があります。なぜなら GDP が増加し貨幣の取引需要が増えた場合，金利も上がり，貨幣の資産需要が減らないと貨幣が需要超過となるからです。貨

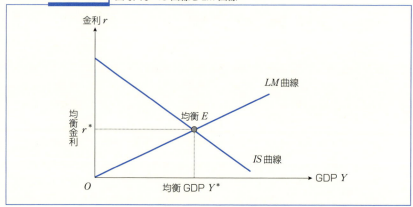

CHART 図6.16 *IS* 曲線と *LM* 曲線

幣市場を均衡させる Y と r の関係は，Yr 平面上において右上がりの曲線として表せ，これを *LM* 曲線といいます（第5節の設定のように貨幣需要が金利のみに依存する場合，貨幣市場を均衡させる金利は一定で，*LM* 曲線は水平になります）。

均衡の導出

図 6.16 が示すように，Yr 平面上において，右下がりの *IS* 曲線と右上がりの *LM* 曲線には交点 E があり，この点で財市場・貨幣市場の双方が均衡しています。したがって，均衡を示す点 E の縦座標は均衡金利に，横座標は均衡 GDP にそれぞれ等しくなります。

ここで政府支出が増加したとすると，第6節（図 6.11）で示したように *IS* 曲線は右にシフトします。したがって，この変化により均衡は右上にシフトし，均衡 GDP および均衡金利はともに増えます。この状況を示しているのが図 6.17 (a) です。一方，貨幣供給量が増加すると，すべての GDP の水準において，貨幣市場を均衡させる金利は下がります。よって *LM* 曲線は右に，そして均衡は右下にシフトし，その結果として均衡 GDP は増え，均衡金利は下がります。この状況を示しているのが図 6.17 (b) です。

例題 6.9 貨幣需要関数を $L(Y, r) = 2Y + 30 - 200r$，貨幣供給量を $M = 30$ とする。財市場の状況は例題 6.7（$C = 0.5Y + 5, I = 10 - 50r, G = 5$）と同じとする。
(1) *LM* 曲線を示す式を求めなさい。
(2) 均衡金利 r^* と均衡 GDP Y^* を求めなさい。

答 (1) *LM* 曲線を示す式は貨幣需給均衡条件 $30 = 2Y + 30 - 200r$ より $Y = 100r$ と

CHART 図 6.17 IS-LM 曲線を用いた経済政策の分析

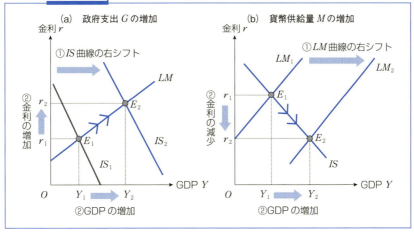

なる。(2) 例題 6.7 より IS 曲線を示す式は $Y=40-100r$ と書ける。両式を連立させ $r^*=0.2$, $Y^*=20$ を得る。

SUMMARY ●まとめ

- ☐ 1 マクロ経済の消費関数とは，消費を GDP の関数で表したものである。
- ☐ 2 均衡 GDP，均衡金利は財・貨幣市場の均衡により決まる。
- ☐ 3 政府支出が 1 増えたときに GDP が増える量を政府支出乗数という。
- ☐ 4 投資関数，そして貨幣需要関数はともに金利の減少関数である。
- ☐ 5 財市場を均衡させる GDP と金利の関係を示す曲線を IS 曲線と呼ぶ。
- ☐ 6 貨幣供給量の増加は金利を下げ GDP を増やす。

EXERCISE ●練習問題

1 次の文章の [①] から [④] について，当てはまる単語を下の語群から選びなさい。

家計の消費関数とは，消費と [①] との関係を表したものである。[①] が 1 単位増えるときに増える消費の量を [②]，そして [①]

7 IS-LM モデル（発展） ● 167

に占める消費の割合を [③] という。[①] が増えると [③] の値
は [④] する。

　[語群]　a. 貯蓄　b. 限界消費性向　c. 平均消費性向　d. 基礎消費　e.
　　増加　f. 減少　g. (可処分) 所得　h 投資

2　消費関数を $C = 0.75Y + 30$，投資を $I = 40$，政府支出を $G = 20$ とする。

(1)　均衡 GDP の値 Y^* を計算しなさい。

(2)　政府支出乗数の値を計算しなさい。

(3)　政府支出を 50 に増やしたとき，均衡 GDP の増加量を求めなさい。

3　消費関数が $C = 0.8Y + 15$，投資関数が $I = 10 - 15r$，貨幣需要関数が $L = 40 - 50r$，貨幣供給が $M = 30$，そして政府支出 G が 5 であるとする。均衡金利 r^* および均衡 GDP Y^* を計算しなさい。

4　貨幣需要関数を $L = 80 - 50r$，消費関数を $C = 0.5Y + 40$，投資関数を $I = 150 - 100r$ そして政府支出を $G = 20$ とする。貨幣供給量を $M = 70$ の状態から 10 だけ増やしたときの均衡 GDP の増加量を計算しなさい。

5　閉鎖マクロ経済が次の式で表されるとき，下の問いに答えなさい。(平成 30 年度東京都庁採用試験改題)

　消費関数：$C = 60 + 0.75(Y - T)$，投資関数：$I = 60 - 2r$，貨幣需要関数：$L = 300 - 4r$，貨幣供給量：M，政府支出：G，税：T

(1)　なぜ投資・貨幣需要は金利の減少関数なのかそれぞれ簡潔に説明しなさい。

(2)　G, T, M を所与としたとき，均衡 GDP の関係式を求めよ。

(3)　$G = 60, T = 60, M = 280$ のとき，①均衡 GDP，②均衡金利，③家計の税引き後所得，④平均消費性向，⑤限界消費性向を求めなさい。

(4)　財政政策によって，T, M を不変としたまま，G を 1 増加させるとき，均衡 GDP はどの程度変化するか求めなさい。

(5)　財政政策によって，M を不変としたまま，G を 1 増加させ，同時に T も 1 増やしたとき，均衡 GDP はどの程度変化するか求めなさい。また，(4)の問題と比較し，違いの背景を説明しなさい。

6　財政政策の効果に関する次の記述ア～エは，社会資本の生産力効果，乗数効果，景気の自動安定化機能のいずれかについてのものである。これらのうちには景気の自動安定化機能についてのものが 2 つあるが，それらはどれか。(平成 28 年度千葉県庁採用試験改題)

　ア．公共投資の増加によって GDP が増加したことにより，消費が誘発されてさらなる GDP の増加がもたらされた。

　イ．所得税の税率は累進的であることから，景気がよくなって高所得者が増える

と，所得税収が大きく増加し，景気の過熱が抑制された。

　ウ．公共投資によって道路や空港，港湾施設が整備されたことにより，人の移動
　　や原材料・製品の輸送がスムーズになった。

　エ．景気が悪化して失業者や生活困窮者が増えたため，失業保険給付や生活保護
　　給付が増加した。

　　1．ア，イ　　2．ア，ウ　　3．イ，エ　　4．ウ，エ

7 貨幣需要関数を $L=20+0.5Y-50r$，消費関数を $C=0.8Y+4$，投資関数を $I=6$ $-20r$，政府支出を $G=2$，貨幣供給量を $M=30$ とする。

(1) IS 曲線，LM 曲線を示す式を求めなさい。

(2) 均衡金利 r^* および均衡 GDP Y^* を計算しなさい。

(3) 貨幣供給量を一定に保ったまま，政府支出を 10 だけ増やして $G=12$ にした
　　ときの均衡 GDP の変化量 ΔY と均衡金利の変化量 Δr を計算しなさい。

付録1：ライフサイクル・モデル（発展）

　ここではライフサイクル仮説に基づくモデルについて説明します。簡単化のため，家計は第1期（若年期），第2期（老年期）の計2期間しか生存しないと仮定します。また，家計が消費する財は一種類しかなく，その価格を第1期，第2期ともに1とします。この場合，消費量と消費額は一致します。さらに第1期から第2期にかけてお金を貸し借りする際に付く金利を r であるとします。

　第1期に経済活動を開始する家計は，所得を y_1 だけ受け取り，消費を c_1 だけ行います。所得は外生変数であり，一定であるとします。簡単化のため，第1期のはじめの段階で家計には金融資産がないものとします。消費が所得を下回る場合（$y_1>c_1$），家計はその差額を貯蓄として銀行に預けます。第1期終了時点での貯蓄額 s_1 は以下のように表せます。

$$s_1 = y_1 - c_1 \tag{1}$$

一方，消費が所得を上回る場合，差額は銀行からの借入でまかないます。これは s_1 が負の場合に相当します。貯蓄額が s_1 の場合，第2期に受け取る利子は金利 r と貯蓄との積 rs_1 となります。

　第2期に家計は所得を y_2 だけ受け取り，消費を c_2 だけ行い，経済活動を終了します。この家計は第3期以降生存しないため，第2期に預金をする利点はなく，また第3期以

付録1：ライフサイクル・モデル（発展）　● 169

降にお金を返済できないため，第2期に銀行からお金を借りることもできません。そのため，第2期の消費 c_2 は，その期の所得 y_2 と，第1期の預金 s_1 およびその利子 rs_1 の合計となり以下のように表せます。

$$c_2 = y_2 + (1+r)s_1 \tag{2}$$

第1期に借入を行う場合，つまり s_1 が負の場合，第2期の消費は，所得から，借入元本と利払いを引いた部分となります。仮定より借入金利も r ですから，借入を行う場合の c_2 の式も上と同じとなります。

式(1)，(2)からわかるように，所得が一定のもと，第1期の消費 c_1 を増やしたら，その分貯蓄 s_1 が減るため，第2期の消費 c_2 も減ります。c_1，c_2 の負の関係を表すため，式(1)を式(2)に代入し，s_1 を消去すると以下の式を得ます。

$$c_2 = (1+r)(y_1 - c_1) + y_2 \tag{3}$$

式(3)は，各期の消費・所得の関係をまとめたものであり，生涯の予算制約式といいます。この式より，c_1 を1だけ減らしたら c_2 を $1+r$ だけ増やせることがわかります。なぜなら，第1期の消費を減らして預金を増やすと，第2期はその増えた預金に利子を付けた分だけ余計に消費できるからです。

式(3)の消費に関する項を左辺に，所得に関する項を右辺に移項し，最後に両辺を $1+r$ で割ることで，生涯の予算制約式は下のようにも表せます。

$$c_1 + \frac{c_2}{1+r} = y_1 + \frac{y_2}{1+r} \tag{4}$$

この式の左辺（右辺）は，複数の時点における消費額（所得額）の合計と考えることができ，消費（所得）の割引現在価値といいます。家計は金利および各期の所得を所与として，生涯の予算制約式を満たす消費の組み合わせ (c_1, c_2) を選びます。

以下では，家計が消費の組み合わせ（配分）(c_1, c_2) から効用（utility）と呼ばれる幸福を得ており，その程度が消費 (c_1, c_2) に依存した効用関数 U により表されると仮定します。そして，家計は予算制約式(4)のもとで消費を上手に選び，U を最大にするとします。ここで，効用関数 U が最大化された状況を式で表してみましょう。以下では第 t 期の消費 c_t が1単位増加したときの効用 U の増加量を，第 t 期の消費に関する限界効用（marginal utility）といい MU_t と表します。第1期の消費 c_1 が x_1 単位増え，かつ第2期の消費 c_2 が x_2 単位増えた際の効用の総増加量は限界効用を用いて $x_1 \times MU_1 + x_2 \times MU_2$ と表せます（厳密には限界効用は効用関数の導関数として定義されます。詳しくはウェブサポートページにて説明します）。

いま，(4)式のもとで c_1 を1単位減らすと c_2 を $1+r$ 単位だけ増やせます。この消費の変化による効用増加量 ΔU は $\Delta U = -MU_1 + (1+r) \times MU_2$ となります。反対に，c_1 を1単位増やし，c_2 を $1+r$ 単位減らすことも予算上でき，この場合の効用増化量は $-\Delta U$

170 ● CHAPTER 6 GDPと金利の決まり方

になります。もしある消費の配分 (c_1^*, c_2^*) が(4)式のもとで効用 U を最大にしているなら，この配分を(4)式のもとどう変えても U の値は変わらないか減るかのどちらかです。よって $\Delta U \le 0$ かつ $-\Delta U \le 0$ が同時に成立します。つまり $\Delta U = 0$ となり，以下の式が成立します。

$$\underbrace{MU_1}_{\text{限界効用（1期）}} = \underbrace{(1+r)}_{1+\text{金利}} \times \underbrace{MU_2}_{\text{限界効用（2期）}}$$

(5)

家計の効用最大化条件を示すこの式はオイラー方程式と呼ばれます。

たとえば，効用関数が各期の消費量の積 $U = c_1 \times c_2$ である場合，各期の限界効用は $MU_1 = (c_1+1)c_2 - c_1c_2 = c_2$, $MU_2 = c_1(c_2+1) - c_1c_2 = c_1$ となるので，オイラー方程式(5)は $c_2 = (1+r)c_1$ と書けます。この式と予算制約式(4)を連立させることで，第1期の消費を所得の関数として $c_1 = \frac{1}{2}\left(y_1 + \frac{y_2}{1+r}\right)$ と求めることができます。

付録2：投資と金利との一般的関係

ここでは投資と金利の関係について式を用いて一般的な説明を行います。まず，投資からの売上が来年の1回だけであり，その売上を x，投資額を I，金利を r としたとき，この投資が実行される条件は，投資からの収益 $x - I$ が利払い費 rI を超えること，つまり $x > (1+r)I$ と書けます。次に，投資からの売上が来年（x）と再来年（y）の2回ある場合を考えます。この場合，再来年における最終利益が正になるのがこの投資が実行される条件となります。投資額を I，金利を r とします。来年得る売上金 x をそのままにせず，再来年まで1年間，銀行に預けると利息を xr だけ得ることができます。したがって，再来年の時点で投資から得ることのできる収入総額は $x + xr + y$ になります。

一方，投資のために借りたお金 I を再来年銀行に返済する場合，複利計算により，返済額は計 $I(1+r)^2$ となります。したがって，投資が行われる条件は不等式 $I(1+r)^2 < x(1+r) + y$ として表せます。この式の両辺を $(1+r)^2$ で割ると $I < \frac{x}{1+r} + \frac{y}{(1+r)^2}$ となり，金利が上がると式が満たされにくくなります。したがって，売上が複数年に及ぶ場合も金利が上がると投資は減るといえます。

投資が行われる条件は，来年の売上 x を借金の返済の一部に充てる場合も同じです。来年における借金の額は投資額と金利との積 $I(1+r)$ に等しく，売上 x との差額分 $I(1+r) - x$ をまた銀行から借りる必要がでます。再来年における借金の額はこの差額と金利の積 $(1+r)\{I(1+r) - x\}$ となり，この値を売上 y が上回るとき最終的に利益がプラスになります。この条件は先の不等式 $I(1+r)^2 < x(1+r) + y$ と同値であることは簡単に確認できます。

CHAPTER

第 **7** 章

総需要・総供給分析

INTRODUCTION

　前章までのモデルにおいて国内総生産（GDP）を分析する際，物価の変動については考慮していませんでした。現実社会では GDP 同様，物価水準は常に変わります。そして，政府も中央銀行も，物価と GDP の双方の動きを見ながら政策を立案，そして遂行しています。この章では，前の章の議論を発展させ，物価と GDP の双方の動きを分析できるモデルを説明します。そして，そのモデルの中で財政・金融政策が物価と GDP に与える影響と，その限界について考えます。

　Keywords：物価水準，総需要曲線，生産関数，名目賃金の硬直性，総供給曲線，完全雇用 GDP

1 総需要曲線

この節では物価の変化が貨幣市場と財市場にどのように影響するかを考え，総需要曲線と呼ばれる GDP と物価の関係を導きます。

貨幣需要と物価の関係

第6章では主に貨幣需要が金利のみの関数である場合を分析しましたが，この貨幣需要は物価にも依存します。物価が上がれば，財・サービスの購入に必要な貨幣の量が増えるため，貨幣への需要，とくに取引需要が増えます。したがって，貨幣需要は物価の増加関数となります。この章では，貨幣需要が金利と物価の双方に依存する場合を考えます（貨幣需要が物価・金利に加え，GDP にも依存する場合については練習問題で取り上げます）。

この章では，物価水準を P として表します。そして貨幣需要関数 L が下の式のように①金利 r の減少関数となり，かつ②物価 P に比例して増えるという2つの性質を持つと仮定します。

$$L = 物価 P \times (金利\ r\ の減少関数)$$

このような関数の具体例としては $L = P(2-3r)$ や $L = 4\dfrac{P}{r}$ などがあげられます（貨幣需要関数のうち，金利のみに依存する部分，つまり貨幣需要関数を物価 P で割ったものを実質貨幣需要関数と呼びます。同様に，貨幣供給量を物価で割ったものを実質貨幣供給量と呼び，貨幣市場の均衡を，実質貨幣需要と実質貨幣供給の一致として表現する場合もあります）。

これから，物価の変動が貨幣市場，そして金利に与える影響について考えます。図 7.1 の左側の図 (a) は，縦軸に金利を，横軸に貨幣需要および供給量をとった平面において貨幣市場の状況を描いたものです。貨幣需要曲線 L_1 は，物価水準がある一定値 P_1 のもとでの金利と貨幣需要との負の関係を示しています。たとえば，貨幣需要関数が $L = P(5-10r)$ のとき，物価水準が $P=4$ なら，貨幣需要は金利 r の減少関数 $L = 4(5-10r) = 20-40r$ として表せます。一方，貨幣供給量を一定値の M とすると，貨幣供給曲線は横軸の切片が M に

1 総需要曲線 ● 173

CHART 図7.1 物価と金利の関係

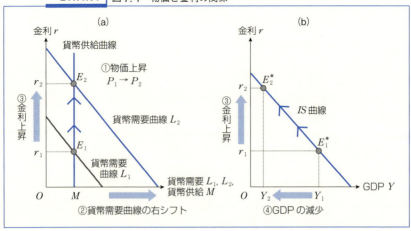

等しい垂線で示されます。貨幣市場の均衡は，貨幣供給曲線と貨幣需要曲線 L_1 との交点 E_1 で表され，均衡金利は点 E_1 の縦座標 r_1 となります。

いま，物価水準が変化し，P_1 から P_2 に上がったとします。すべての金利水準のもと，物価が上がると貨幣需要は増えるため，貨幣需要曲線は右にシフトします。シフトした後の新しい貨幣需要曲線を L_2 とすると，貨幣市場の均衡は点 E_1 からその真上の点 E_2 に移り，均衡金利は r_1 から r_2 まで上がります。つまり物価上昇は均衡金利を引き上げます。物価が上昇すると，貨幣の取引需要が増え，貨幣需要が貨幣供給を一時的に上回ります。そのため，貨幣の需要と供給が等しくなるまで，金利が上がることになります。

> **POINT 7.1　貨幣需要関数と物価水準**
> 貨幣需要関数が，物価水準の増加関数であり，かつ金利の減少関数である場合，物価水準と（貨幣市場における）均衡金利との間には正の関係がある

例題 7.1　貨幣需要関数が $L=2P/r$，貨幣供給量が $M=5$ のとき貨幣市場を均衡させる金利（均衡金利）r を物価 P の式として求めなさい。
答　貨幣需給均衡式 $L=M$ より $2P/r=5$ が成立する。つまり $r=0.4P$ となる。

総需要曲線の導出

前項で示したように，物価が上昇すると，貨幣市場を均衡させる金利が上が

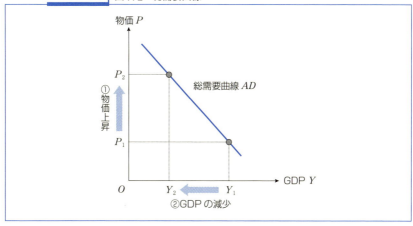

図7.2 総需要曲線

ります。このとき、投資は金利の減少関数ですので、金利の上昇により財市場では投資が減り、結果として均衡GDPも減ります。この変化は、図7.1(b)のように、IS曲線上に沿った均衡の移動として表せ、金利がr_1からr_2に上がると均衡がE_1^*からE_2^*に移り、GDPはY_1からY_2に減ります。

以上の結果をまとめると、物価が上がるにつれて、金利が上昇し、結果としてGDPが減るということになります。この関係を、Y（GDP）を横軸に、そしてP（物価）を縦軸にとった平面（YP平面）上に描くと、図7.2のように右下がりの曲線となります。これを**総需要曲線**（aggregate demand curve）と呼びADと表記します。ここで、aggregateとは合計を示す英語です。総需要という名がついているのは、この曲線が消費・投資といった需要の面から見たGDPと物価の関係を示しているといえるからです。

POINT 7.2 総需要曲線
財市場と貨幣市場を均衡させる物価とGDPとの負の関係を示した曲線

例題7.2 貨幣市場の状況が例題7.1（$L=2P/r, M=5$）と同一とする。財市場において消費関数が$C=0.8Y$、投資関数が$I=10-2r$、政府支出が$G=0$のとき総需要曲線を求めなさい。

答 財市場均衡式よりIS曲線$Y=50-10r$を得る。この式に、例題7.1で求めた物価と均衡金利の式$r=0.4P$を代入して総需要曲線$Y=50-4P$を得る。

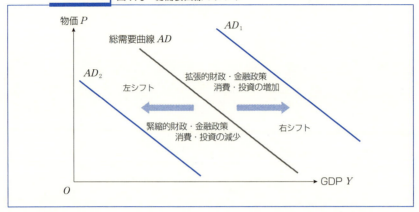

図7.3　総需要曲線のシフト

総需要曲線のシフト

　総需要曲線を導出する際は、政府支出や貨幣供給量の値は一定としていました。政策変更によりこれらの値が変わる場合、総需要曲線はその位置を変えます。第6章で学んだように、政府支出・貨幣供給量の増加といった拡張的財政・金融政策は（すべての物価水準において）GDPを増やします。その結果YP平面上において総需要曲線は右にシフトします。反対に、緊縮的財政・金融政策により総需要曲線は左にシフトします。

　同様に、総需要を構成する消費・投資の変化、具体的には消費関数における基礎消費や投資関数における独立投資の変化によっても総需要曲線は変化します。基礎消費や独立投資の増加は、拡張的経済政策と同様に総需要曲線を右にシフトさせます。反対に、基礎消費や独立投資が減少すると総需要曲線は左にシフトします。図7.3はこれらの動きをまとめて描いています。

> **POINT 7.3** 総需要曲線のシフト
> 総需要曲線は、基礎消費・独立投資の増加（減少）や拡張的（緊縮的）財政・金融政策により右（左）にシフトする

例題 7.3 例題7.2の状況（$L=2P/r$, $M=5$, $C=0.8Y$, $I=10-2r$, $G=0$）において、政府支出が増え、$G=6$となった場合の総需要曲線を求めなさい。
答 財市場均衡式よりIS曲線$Y=80-10r$を得る。この式に均衡金利の式$r=0.4P$を代入して総需要曲線$Y=80-4P$を得る。この曲線は元の総需要曲線$Y=50-4P$

と比べると YP 平面上で右方向に 30 だけシフトしている。

 ## 総供給曲線

　前節では，需要面から見た GDP と物価の関係を導出しました。この節では，利益の最大化を図る企業が生産要素としての労働をどう利用（投入）するかに着目し，生産面から見た GDP と物価の関係として総供給曲線を導きます。

名目賃金に関する仮定

　この項では，総供給曲線を導出する際に，賃金に関して置く仮定について説明します。以下では企業が労働者に支払う，労働量（＝労働投入量）1 単位当たりの報酬を指す言葉として賃金を用います。この賃金には名目と実質の 2 つの捉え方があります。まず，貨幣（円）を単位とした賃金の値を**名目賃金**といいます。「アルバイトの時給が 1500 円」といった場合，この値は円単位なので名目賃金です。一方，賃金の持つ購買力を測る際は，名目賃金を物価水準で割った指標が用いられ，これを**実質賃金**といいます。

　財の価格が財市場の動向で決まるのと同様に，労働の価格といえる名目賃金は労働市場において決まります。しかし，財の価格は日々変化する一方，名目賃金は労働者と会社との契約などで決まり，少なくともしばらくの間は固定されています。このことを**名目賃金の硬直性**と呼びます。以下ではこの硬直性を反映し，名目賃金は一定であると仮定します。

企業の利益（利潤）最大化問題

　この項では，まず個々の企業が生産する財の価格とその生産量との関係を考えます。企業は労働や資本などの生産要素を使用し，財を生産・販売し，その売上から費用を除いた利益を最大にしようとします。以下では企業の利益最大化問題を説明します。

　簡単化のため，この項では資本の値を一定とし，企業は労働の量のみを選んで利益を最大にするとします。この場合，財の売上金額は財の価格と生産量の

Column ❼-1　日本の最低賃金

　名目賃金が硬直的になる1つの要因として，最低賃金制度の存在があげられます。最低賃金とは，名目賃金の値に対して国が設定する下限のことです。労働者が安定した生活を送れるようにすることがその目的の1つです。最低賃金は都道府県により異なりますが，厚生労働省によれば，2019年10月現在，最低賃金の全国平均値は時給901円です。最低賃金の国際比較をする際には，フルタイムの労働者の賃金の平均値，あるいは中央値（メディアン）と最低賃金との比率を用いて行うことが多くなっています。他の先進国に比べ，日本での最低賃金の値はやや低く設定されていることが知られています。下の表は，先進主要5カ国の最低賃金水準をまとめたものです。

表　最低賃金水準の国際比較（2018年度）

	日本	アメリカ	イギリス	ドイツ	フランス
最低賃金/賃金の平均	36%	23%	45%	40%	50%
最低賃金/賃金の中央値	42%	33%	55%	46%	62%

（出所）　OECD. Stat.

積，そして費用は労働量と名目賃金の積に等しくなります。したがって，企業の利益は以下のように表せます。

$$利益 = \underbrace{価格 \times 生産量}_{売上} - \underbrace{名目賃金 \times 労働量}_{費用}$$

投入する労働量を増やすと生産量，そして売上は増えますが，その分，費用もかさみます。企業は，労働者を雇うことによる売上の増加と賃金支払いの増加とを比較しながら，利益が最大になるように労働量を決めます。ここで，名目賃金が一定の場合，財の価格が上がると，（利益の最大化を図る）企業が雇う労働量は増え，結果として生産量も増えます。なぜなら，価格が上がると財の生産・販売から得られる売上は上昇する一方で，名目賃金は変わらないので労働者に払う費用が割安になるからです。つまり，財の価格と企業の生産量との間には正の関係が成立します。より厳密な議論については本章第5節を参考にしてください。

178　●　CHAPTER 7　総需要・総供給分析

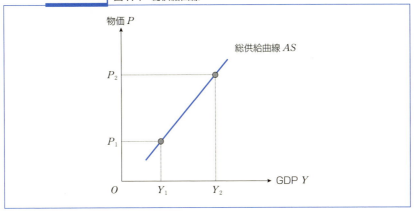

総供給曲線

　前項では，個別企業にとっての財の価格と生産量との正の関係を示しました。同様の関係は経済全体でも考えることができます。名目賃金が一定のもとで，国全体の財の価格水準＝物価水準が上昇すると，GDPが増えます。この関係は，図7.4のようにYP平面（横軸：GDP Y，縦軸：物価 P）上で右上がりの曲線として表現でき，これを総供給曲線（aggregate supply curve）と呼び，ASで表記します。ここで曲線に「供給」という名が付いているのは，この曲線が企業の生産面から導かれたものだからです。

> **POINT 7.4　総供給曲線**
> 名目賃金が一定の状況下で，企業が利益を最大にするように労働量を選ぶ場合に成立する，GDPと物価水準との正の関係を示した曲線

総供給曲線のシフト

　この項では，総供給曲線がシフトする要因について説明します。引き続き，名目賃金は一定とします。まず，資本（設備）の増加や技術水準の上昇（技術革新）などにより，労働者がこれまでより多くの財の生産をできるようになった場合を考えます。企業にとっては，労働者を雇うことにより利益がより上がりやすくなるため，すべての物価水準において労働量，そして生産量が増えます。したがって，総供給曲線は右にシフトします。逆に，自然災害や規制など

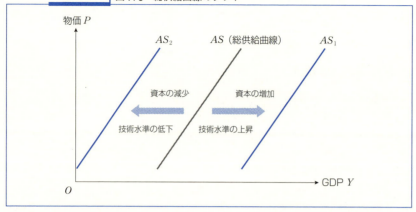

図7.5 総供給曲線のシフト

により，使用可能な資本の量が減ったり，これまで利用できた技術が利用できなくなるような場合（技術水準の低下），すべての物価水準において労働量，そして生産量が減るため，総供給曲線が左にシフトします。図7.5はこれらの状況をグラフで示したものです。

> **POINT 7.5** 総供給曲線のシフト
> 資本の増加（減少）や技術水準の上昇（低下）により，総供給曲線は右（左）にシフトする

 物価と GDP の同時決定

この節では総需要・総供給曲線から，物価水準と GDP がどのように決まるかを説明します。

均衡物価水準と均衡 GDP

総需要・総供給曲線はともに物価と GDP の関係を示しますが，両曲線はその傾きが異なります。両曲線を重ねて描いた図7.6において，右下がりの総需要曲線と右上がりの総供給曲線には交点 E があります。この均衡において財市場および貨幣市場は均衡し，そして企業は利益を最大化しています。この交点における物価水準 P^* を**均衡物価水準**，そして生産量 Y^* を（以前と同様に）

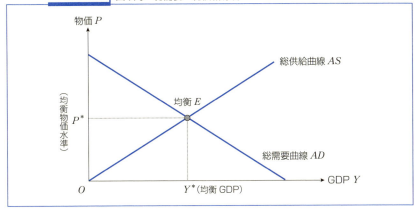

図 7.6 総需要・総供給分析

均衡 GDP と呼びます。

例題 7.4 財・貨幣市場が例題 7.2 ($L=2P/r$, $M=5$, $C=0.8Y$, $I=10-2r$, $G=0$) の状況と同一であるとする。総供給曲線が $Y=6P$ のとき，均衡物価水準 P^* と均衡 GDP Y^* を求めなさい。

答 例題 7.2 で得た総需要曲線の式 $Y=50-4P$ と総供給曲線の式 $Y=6P$ を連立し，物価 P に関する式 $50-4P=6P$ を得る。したがって，$P^*=5$，$Y^*=30$ となる。

総需要曲線のシフトと物価・GDP の変化

　この項では，総需要曲線の変化が経済に与える影響について考えます。図 7.7 において，当初の均衡は総需要曲線 AD_1 と総供給曲線 AS の交点 E_1 で表され，そして均衡物価水準は P_1，そして均衡 GDP は Y_1 であるとします。ここで，(基礎) 消費・(独立) 投資の増加や拡張的経済政策により，総需要曲線が右にシフトしたとします。移動後の曲線を AD_2 とします。このとき均衡は，新しい総需要曲線 AD_2 と総供給曲線 AS の交点 E_2 に移り，均衡物価水準は P_1 から P_2 に，そして均衡 GDP は Y_1 から Y_2 にそれぞれ増えます。反対に，(基礎) 消費・(独立) 投資の減少や緊縮的経済政策は総需要曲線を左にシフトさせ，結果，物価水準も GDP も減ります。実際，物価安定を担う中央銀行は，物価が下落しているときは金融緩和政策で物価を上げようとし，物価が上昇しているときは金融引き締め政策により物価を下げようとします。

　なお，政府支出を増やす拡張的財政政策を行った結果，物価が上がると，貨幣需要が増えるため金利が上がります。これは財市場において投資が減ること

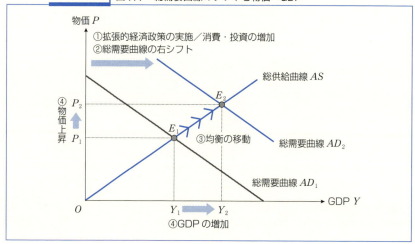

CHART 図 7.7 総需要曲線のシフトと物価・GDP

を意味します。政府支出の増加により民間企業の行う投資支出が減ってしまうことを**クラウディング・アウト**といいます。この言葉には押しのけるという意味があります。物価水準の変動を考慮に入れる場合，政府支出が GDP を増やす効果は（金利の上昇を通して）弱められます（貨幣需要関数が金利と GDP に依存している場合，物価が一定でもクラウディング・アウトが発生します。このことについてはウェブサポートページで説明します）。

> **POINT 7.6　総需要曲線のシフトと物価・GDP**
> 拡張（緊縮）的財政・金融政策や独立投資・基礎消費の増加（減少）により，総需要曲線は右（左）にシフトし，物価水準・GDP はともに増加（減少）する

総供給曲線のシフトと物価・GDP の変化

総需要曲線と同様に，総供給曲線のシフトによっても物価や GDP は変化します。図 7.8 のように，名目賃金が固定された状況で，技術革新や資本の増加などにより生産力が上がると，総供給曲線が AS_1 から AS_2 に（右方向に）シフトします。この結果，均衡は E_1 から E_2 に移動し，物価水準は P_1 から P_2 に下落し，GDP は Y_1 から Y_2 に増加します。反対に，資本が減少する，あるいは技術水準が低下するといった場合，総供給曲線が左にシフトし，GDP は減り，

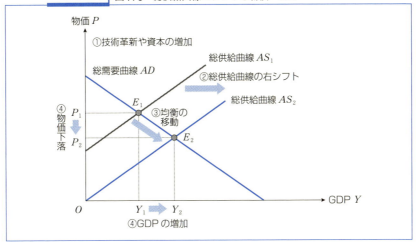

図7.8 総供給曲線のシフトと物価・GDP

物価水準は上がります。

> **POINT 7.7** 総供給と物価・GDP
> 資本の増加（減少）や技術水準の上昇（低下）により，総供給曲線は右（左）にシフトし，結果として物価水準が下落（上昇）し，GDPは増加（減少）する

経済政策の限界

　前節では拡張的経済政策によりGDPが増えることを示しましたが，経済政策だけでGDPを増やし続けることはできません。この節では経済政策の限界について説明します。

完全雇用下での総供給

　総供給曲線は財の値段が上がれば労働量が増え，そして生産が増えるという関係を示していますが，労働時間，労働者数ともに限りがあり，労働を無限に増やすことはできません。1つの国で，雇われる労働量が最大になっている状況を完全雇用，そしてこの状況における生産量，つまり生産量の最大値のこと

4 経済政策の限界 ● 183

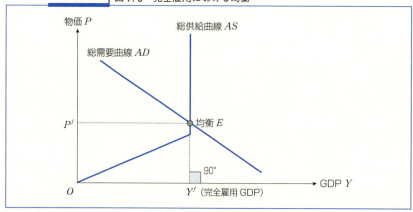

図7.9 完全雇用における均衡

を**完全雇用GDP**（完全雇用国内総生産）といい，Y^fで表記します。ここでアルファベットのfは，完全雇用を示す英語 full employment の頭文字からきています。

この場合，企業がいくら頑張ってもGDPをY^f以上に増やすことはできません。このことを考慮して総供給曲線を描くと，次の図7.9のような折れ線になります。GDPつまりYがY^f以下の場合は，これまでと同じく物価とGDPには正の関係があり，総供給曲線は右上がりですが，$Y = Y^f$において垂線となっています。つまり，物価がいくら上昇してもGDPはY^f以上にはなりません。

なお，完全雇用とは国民全員が強制的に働かされている状況を指すわけではありません。あくまで雇用は労働者・企業の自由な意思のもとに決まります。完全雇用とは労働市場において実現可能な最大限の労働量が実現した状態といえます。このことについては第5節で説明します。

> **例題 7.5** 財・貨幣市場の状況が例題7.2（$L = \frac{2P}{r}$, $M=5$, $C=0.8Y$, $I=10-2r$, $G=0$）と同一とする。完全雇用GDPの値を$Y^f=40$とする。完全雇用が実現しているときの均衡物価水準P^fと均衡金利r^fを求めなさい。
> **答** 総需要曲線の式（例題7.2）$Y=50-4P$に$Y^f=40$を代入し$P^f=2.5$を得る。完全雇用下での消費の値は$C^f=0.8Y^f=32$であるので，投資の値は$I=Y^f-C^f-G=8$となる。投資関数の式より，$I=8$となるような金利は$r^f=1$となる。

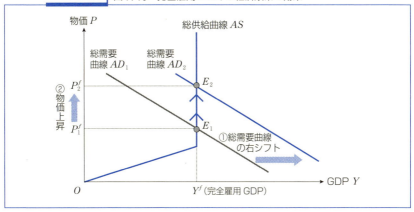

図7.10 完全雇用における経済政策の効果

完全雇用下での財政・金融政策の効果

この項では,経済が完全雇用の状態にあるとき,経済政策がGDPにどのような影響を与えるかを考えます。図7.10において,総需要曲線が当初AD_1の位置にあり,均衡が点E_1にあったとします。政府支出や貨幣供給量を増やす拡張的経済政策を行うと,総需要曲線は右上方向($AD_1 \to AD_2$)に移動します。このとき総供給曲線は垂直なため,均衡は真上の方向に動き点E_2に移ります。つまり,物価はP_1^fからP_2^fに増えますが,GDPは何の影響も受けずY^fのままです。つまり,拡張的経済政策による効果は物価上昇だけになります。

ここで金融緩和政策を考えます。政府支出Gは一定とします。金融緩和が行われても,完全雇用GDP Y^fと消費$C^f = C(Y^f)$の値は変わりません。そのため,財市場均衡式$Y^f = C^f + I(r) + G$より,完全雇用の状況では投資Iと金利rも変化しないことになります。一方,貨幣市場が均衡するとき,第1節で示した貨幣需要関数Lの式から,貨幣供給量Mと物価P,金利rと間に$M = P \times (r の関数)$という式が成立します。完全雇用下ではrが一定のため,金融緩和でMをx倍にすると,Pも同じくx倍されます。一般に,貨幣供給量と物価との間に比例関係が成立するとする考え方を**貨幣数量説**といいます。

POINT 7.8 完全雇用下の拡張的財政・金融政策
完全雇用のもとでは,拡張的財政・金融政策を実施しても物価が変化するだけでGDPに影響はない

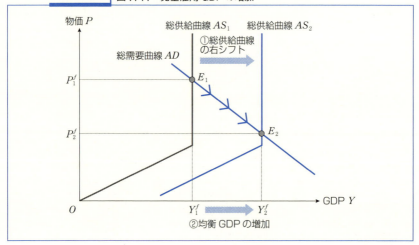

CHART 図7.11 完全雇用GDPの増加

　完全雇用が実現した状況においてGDPをさらに増やすには，総供給曲線自体がシフトする必要があります。すでに説明しましたが，資本の増加や技術の進歩などにより，同じ労働量でも生産できる量は増えますが，このとき完全雇用GDPも増え，総供給曲線全体が右側にシフトします。図7.11はこの様子を示したもので，総供給曲線の右シフトにより均衡は右下方向に移動し均衡GDPは Y_1^f から Y_2^f に増えます。

　第1章で学んだように，実際の日本経済は，長期にわたって成長を続けてきました。このことは，日本経済がとくに供給面で発展してきたことを意味します。GDPが技術水準の上昇や資本の増加により長期的に増え続ける仕組みについては第10章で説明します。

5 総供給曲線の導出（発展）

　この節では，企業の利益最大化問題を議論し，そのうえで名目賃金の硬直性がある経済において総供給曲線が右上がりになる理由について説明します。

CHART 表 7.1 労働と生産

労働者数	0人	1人	2人	3人
労働者名	—	A	A & B	A & B & C
生産量	0	8	15	20

$\llcorner$ +8 ↑ $\lrcorner$ $\llcorner$ +7 ↑ $\lrcorner$ $\llcorner$ +5 ↑

生産関数と限界生産力

　はじめに，企業（パン工場）が労働者（パン職人）を雇いパンを生産・販売する例を考えます。簡単化のため，パンの製造に用いるオーブン等の設備（資本）の量は一定とします。表 7.1 は，労働者数を 1 人，2 人，3 人と順に増やしていったときにパンの生産量がどう増えるかを示したものです。最初に雇われる労働者を A さん，次に雇われる労働者を B さん，そして 3 人目に雇われる労働者を C さんとします。

　表からもわかるように，誰も雇わない場合の生産量は 0 です。最初に雇われる労働者（A さん）はパンを 8 個作り，次に 2 人目（B さん）を雇うことで，パンの生産個数は計 15 個となります。さらに 3 人目（C さん）を雇うことで，生産個数は計 20 個になります。雇う労働者の数を増やすことでパンの生産量は増えていきます。一般に，資本や労働など生産要素の量と生産量との間に成立する正の関係を生産関数といいます。ここでは労働と生産との関係を示す生産関数を考えます（簡単化のため，労働量と労働者数は同じであると考えます）。

　ここで，各労働者を雇うことにより，「新たに」何個パンが生産できるかを考えます。最初に雇われる A さんの作るパンは 8 個です。次に，パン工場は 2 人目（B さん）を雇うことで，15−8＝7 個のパンを新たに作ることができます。同様に，3 人目（C さん）を雇うことで，新たに 20−15＝5 個のパンを作ることができます。一般に，労働を 1 単位増やしたときに新たに増える生産量を労働の限界生産力（marginal product of labor：MPL）といいます。この例では，労働者数が増えるにつれ労働の限界生産力は 8→7→5 と減っていきます。このような性質を一般に労働の限界生産力の逓減といいます（逓減とは徐々に減っていくことを意味します）。労働者が増えると，労働者 1 人当たりで見た設備（資本）の量が減ることなどが，その理由としてあげられます。

5　総供給曲線の導出（発展）　● **187**

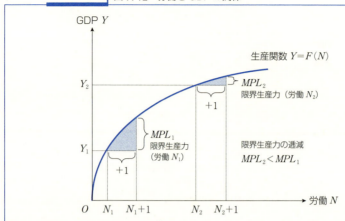

図7.12 労働とGDPの関係

マクロ経済の生産関数

本書では，国全体の労働と国全体の生産量＝GDP（Y）との間にも生産関数の関係があると仮定します。この生産関数をFで表すと，労働NとGDPとの間の関係は$Y=F(N)$と表せます。一方，労働をNの状況から1単位増やすことによる生産の増加，つまり限界生産力をMPLで表すと，この値は生産関数Fを用いて$MPL=F(N+1)-F(N)$のように表せます（より厳密には，限界生産力は，生産要素を微少量増やしたときに生産量がその何倍増えるかという量，つまり生産関数の導関数$F'(N)$として定義されますが，本書では主に上記のようなより簡単な定義を用います）。

図7.12は，生産関数をグラフにしたものです。労働がN_1, N_2のときのGDPの値はそれぞれY_1, Y_2に，そして限界生産力の値はそれぞれMPL_1, MPL_2に等しくなっています。確かに労働が（N_1からN_2に）増えればGDPの値は増える（$Y_1<Y_2$）一方，限界生産力は減る（$MPL_1>MPL_2$）ことがわかります。

POINT 7.9 マクロ経済の生産関数
- 生産関数：生産要素（労働）とGDPとの関係を示す関数
- 限界生産力：生産要素（労働）を1単位増やすことによるGDPの増加量

例題 7.6　生産関数を$Y=\sqrt{N}$とする（労働$N=0, 1, 2, \cdots$は整数とする）。
① $N=0, 1, 2$のときのYをそれぞれ求めなさい。

②労働の限界生産力を $N=0$ および 1 のときに求めなさい。

答 ① $N=0$ のとき $Y=0$, $N=1$ のとき $Y=\sqrt{1}=1$, そして $N=2$ のとき $Y=\sqrt{2}=$ 約 1.4 となる。②限界生産力は $N=0$ なら $\sqrt{1}-\sqrt{0}=1$, $N=1$ なら $\sqrt{2}-\sqrt{1}=$ 約 0.4 である。確かに N が増えるにつれ限界生産力は逓減している。

物価上昇と労働・生産の関係

この項では, 利益の最大化を図る企業を考え, 財の価格の水準がどのように労働量・生産量に影響を与えるか考えます。先のパンの例に戻ると, 労働者を 1 人雇うことにより追加的に発生する売上 (限界売上高と呼びます) は, 新たに雇われた労働者の限界生産力と価格の積であり, 一方, この雇用により企業が得る追加的な利益 (限界利益と呼びます) は, 限界売上高から, 1 人の雇用により新たに発生する費用である人件費, つまり名目賃金を引いたものです。したがって, 限界利益の値は以下の式のように書くことができます。

$$限界利益 = \underbrace{限界生産力 \times 価格}_{限界売上高} - 名目賃金$$

以下では名目賃金は 12, 価格は 2 と固定されているとします。

表 7.2 は, 雇う労働者を順に増やしていくときの限界売上高と限界利益を, 表 7.1 で示された労働と生産の関係に基づいて求めたものです。1 人目の労働者である A さんの限界生産力は 8 (個) ですので, 限界売上高はそれと価格 (2) との積 16, そして限界利益は 16－12＝4 となります。同様に 2 人目の B さんを追加で雇うときの限界利益は 2 となります。A と B の 2 人を雇うことで企業がトータルで得る利益は 4＋2＝6 となり, A を 1 人だけ雇うより増えます。しかし 3 人目の C さんを雇うと, 限界利益は－2 とマイナスの値であるため, 総利益も 6－2＝4 に減ってしまいます。一般に, 限界利益がプラスからマイナスに変わるぎりぎりのところまで労働者を雇うことにより企業の利益は最大になります。この場合, 企業の利益を最大にするような労働量は 2, そして総生産量は雇われる 2 人の限界生産力の和 8＋7＝15 となります。

ここで, 名目賃金や限界生産力が変わらない状況において, 財 (パン) の価格だけが 3 に上がったとします。この場合, 売上高＝価格×生産量は価格の上昇に比例して増加する一方, コストである名目賃金は同じなので利益があがりやすくなります。価格の上昇により, C さんを雇う場合の限界利益＝3×5－

5 総供給曲線の導出（発展） ● 189

CHART 表7.2 企業の利益と雇用（価格＝2）

労働者	1人目 (A)	2人目 (B)	3人目 (C)
限界生産力 (X)	8	7	5
限界売上高 ($2X$)	2×8=16	2×7=14	2×5=10
名目賃金 (W)	12	12	12
限界利益 ($2X-W$)	+4	+2	-2

12＝3もプラスになり，利益の最大化を図る企業は新たにこのCさんも雇うことになります。つまり，企業の雇う労働量は2から3に，そして総生産量は8＋7＋5＝20にそれぞれ増えます。この例からもわかるように，名目賃金が一定のもと，財の価格が上がると，雇用量，そして生産量は増えます。

実質賃金と雇用

　財の価格と雇用量との間の正の関係は，実質賃金を用いても説明することができます。実質賃金は名目賃金を物価水準で割って求められますが，先の例では財としてパンのみを考えていますので，実質賃金とは名目賃金をパンの価格で割ったものと考えることができます。ここで，前項で示した限界利益の式の右辺において価格をくくりだすと，以下の式を得ます。

$$限界利益＝価格×（限界生産力－実質賃金）$$

すでに説明したように，利益の最大化を図る企業はプラスの限界利益をあげる労働者をすべて雇います。上の式より，限界利益がプラスになるということは，労働者の限界生産力が実質賃金を上回ることと同じです。つまり，企業は限界生産力が実質賃金を超えるような労働者を雇うことになります。

　図7.13は，名目賃金が12のとき，実質賃金の水準と各労働者が生み出す生産量との関係を示したものです。図において，限界生産力を示す縦棒の高さが，実質賃金を示す水平な点線を超えるような労働者が雇われることになります。パンの価格が2のとき，企業は，限界生産力が実質賃金12/2＝6を超えるA・Bの2人を雇います。ここでパンの価格が3に上がると，実質賃金は12/3＝4に下がります。実質賃金が安くなるということは，販売するパンの価格に比べ，労働者の賃金が「割安」になるということを意味します。この場合，

190 ● CHAPTER **7** 総需要・総供給分析

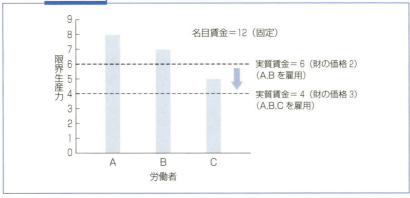

限界生産力が5に等しいCさんも新たに雇うことになります。つまり、名目賃金が一定のもとで、価格が上がると実質賃金が下がり、雇われる労働者数、そして生産量は増えます。

総供給曲線のシフト

総供給曲線も経済状況の変化によりシフトします。先ほどのパンの生産の例に戻ると、名目賃金が12で物価が2、つまり実質賃金が6の状況において、パンの生産技術が向上するなどの要因によって3人の労働者の限界生産力がそれぞれ3ずつ増えたとします。この場合、図7.14からもわかるように、3人の労働者ともその限界生産力が実質賃金を上回るため、企業が雇う労働者数がもともとの2人から3人に増え、結果として企業の生産量も上がります。

一般に、技術水準の上昇などにより労働者の限界生産力が増すと、すべての物価水準において生産量が増えます。その結果、図7.5が示すように、総供給曲線は右方向にシフトします。反対に、労働者の限界生産力が低下すると、総供給曲線は左にシフトします。

総供給曲線の数学的導出

この項では、生産関数を用いた総供給曲線の求め方を説明します。生産関数が $Y = F(N)$ で与えられ、物価水準が P、名目賃金が W であるとき、企業の売上は $P \times Y = PF(N)$、そして人件費の合計は賃金と労働量の積 $W \times N$ であるため、企業の利益（R とします）は労働 N の関数として、

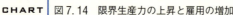
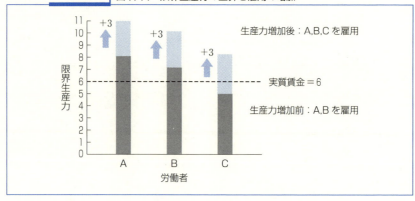

$$利益\ R(N) = P \times Y - W \times N = PF(N) - WN$$

と表せます。企業は物価 P，名目賃金 W が与えられたとき，利益を最大にするように N を選びます。この場合，名目賃金 W が一定の状況で，P が上がると，利益を最大にする N，そして Y が増えることを示すことができます。このときの P と Y の関係を示す曲線が総供給曲線となります。

> **例題 7.7** 生産関数を $Y=\sqrt{N}$，名目賃金を $W=1$ とする。物価水準を P とするとき総供給曲線を示す式を求めなさい。
>
> **答** 利益 $R = P\sqrt{N} - N$ は N の式として表せ，企業は N を選び利益 R の最大化を図る。R は Y の 2 次関数として $R = PY - Y^2$ と書ける。生産関数の式より N と Y には 1 対 1 の関係 ($N = Y^2$) があるため，R を N と Y のどちらについて最大化しても結果は同じになる。ここで R は $R = -(Y - \frac{P}{2})^2 + \frac{P^2}{4}$ と表せ，$Y = \frac{P}{2}$ のとき最大となる。この式 $Y = \frac{P}{2}$ が総供給曲線である。

労働需要と労働供給

　これまでは企業が雇おうとする労働力，つまり労働需要について主に考察してきましたが，この項では家計による労働供給についても考え，そして労働市場全体の動向を説明します。図 7.13 に示したように，労働需要は，賃金，とくに実質賃金に依存しており，ほかの条件が一定なら，実質賃金が下がると労働需要は増えます。この関係は，実質賃金を縦軸に労働需要を横軸にとった平面上において右下がりの曲線（労働需要曲線）として表現できます。一方，企

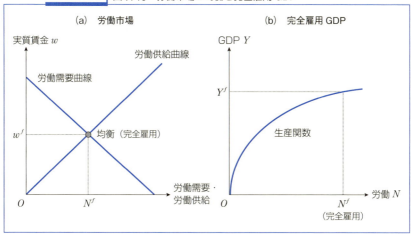

図7.15 労働市場の均衡と完全雇用GDP

業だけでなく労働力を提供する家計も実質賃金に影響を受けます。実質賃金が上がると，労働からより多くの物質的豊かさを手に入れることができるため，通常労働の供給量は増えます（減少する場合もあります）。この関係は賃金を縦軸に，労働供給を横軸にとった平面上において右上がりの曲線（労働供給曲線）として表現できます。

図7.15(a)は，労働需要・供給の両曲線を示しています。実質賃金水準が，両曲線の交点における値 w^f である場合，労働供給と労働需要はともに N^f に等しく，労働市場は均衡しています。前述の完全雇用とはこのような労働市場の均衡状態を指しています。生産関数を描いた図7.15(b)に示されているように，労働が N^f のときの総生産の量が完全雇用GDPつまり Y^f となります。

ここで，物価水準が P である状況を考えます。名目賃金の値が W に固定されているとすると，実質賃金の値は $w = W/P$ となります。この値が均衡実質賃金 w^f より高い場合は，労働需要が労働供給を下回り，労働の超過供給が発生します。この状況を示したのが図7.16です。この場合，序章で説明したショートサイドの原則より，労働市場において実際取引される量は需給で少ない方，つまり需要となり，労働需要の動向が労働量を決めます。前項までの分析はこの場合に該当します。労働需給の差は，与えられた賃金のもと働きたくても働けない失業者の数を示しており，こういった失業を非自発的失業といいます。

5 総供給曲線の導出（発展） ● 193

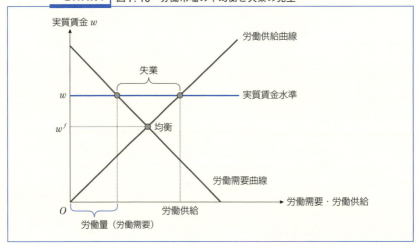

図 7.16　労働市場の不均衡と失業の発生

　なお，賃金水準は常に労働市場を均衡させるように動くため，GDP は常に完全雇用 GDP に等しく，財政・金融政策の雇用や GDP への効果は無効となるとする考え方もあります。このような考え方に基づく経済学を新古典派（マクロ）経済学といいます。一方，賃金水準は硬直的であり，非自発的失業がある場合は経済政策により総需要，そして GDP が増え経済が活性化するとする，前章および本章で説明した考え方に基づく経済学をケインズ経済学といいます。

SUMMARY ●まとめ

- □ 1　財市場・貨幣市場を均衡させるような物価と GDP との負の関係を示す曲線を総需要曲線という。
- □ 2　名目賃金が硬直的な状況で，企業が労働量を選ぶ場合に成立する，物価と GDP との正の関係を示す曲線を総供給曲線という。
- □ 3　総需要曲線と総供給曲線が交わる均衡における GDP，物価の値をそれぞれ均衡 GDP，均衡物価水準と呼ぶ。
- □ 4　完全雇用が実現されていない状況下での政府支出の増加と金融緩和はともに物価と GDP を増やす。
- □ 5　完全雇用の状態で財政・金融政策を実施しても，物価が変化するだけで GDP に変化はない。

EXERCISE ●練習問題

1 次の文章の [①] から [⑤] について，当てはまる単語を下の語群から選びなさい。

貨幣供給量が一定のもと，貨幣市場を均衡させる金利の値は，物価が下落すると [①]。金利のこの変化により投資，そして財市場を均衡させる GDP の値はそれぞれ [②]。この，物価と GDP との [③] の関係を描いた曲線を [④] 曲線という。ここで，貨幣供給量を増やすと，物価を縦軸，そして GDP を横軸においた平面上でこの曲線は [⑤] 方向 にシフトする。

[語群] a. 増える　b. 減る　c. 正　d. 負　e. 総需要　f. 総供給　g. 右　h. 左

2 貨幣需要関数を $L = 2P/r$，消費関数を $C = 10 + 0.5Y$，投資関数を $I = 10 - 100r$，貨幣供給量を $M = 100$，政府支出を $G = 10$，そして総供給曲線を $Y = 2P$ とする。

(1) 総需要曲線を求めなさい。

(2) 均衡物価水準 P^* および均衡 GDP Y^* を計算しなさい。

(3) 貨幣供給量が一定のもと，政府支出が 15 増えたら均衡 GDP はいくら増えるか求めなさい。

(4) 政府支出が一定のもと，貨幣供給量が 100 増えたときの均衡 GDP の増加量を求めなさい。

3 貨幣需要関数を $L = P(70 - 200r)$，消費関数を $C = 0.6Y + 40$，投資関数を $I = 30 - 100r$，貨幣供給量を $M = 600$，そして政府支出を $G = 20$ とする。いま経済が完全雇用の状況にあるとする。完全雇用 GDP の値を 200 とする。

(1) 均衡金利を求めなさい。

(2) 均衡物価水準を計算しなさい。

(3) 政府支出が 10 増えたら均衡物価水準はいくら増えるか求めなさい。

(4) 貨幣供給量が 300 増えたら均衡物価水準はいくら増えるか求めなさい。

4 貨幣需要関数を $L = P(8 - 10r)$，消費関数を $C = 0.75Y + 10$，投資関数を $I = 11 - 20r$，貨幣供給量を $M = 100$ そして政府支出を $G = 10$ とする。また，総供給曲線を $Y = 5P$ とする。

(1) 総需要曲線を求めなさい。

(2) 均衡 GDP を計算しなさい。

5 経済全体の生産関数が $Y = 12\sqrt{N}$ であり，名目賃金の値が $W = 4$ で与えられているとき，総供給曲線を求めなさい。

6 （貨幣需要が GDP にも依存する場合の分析）ある国のマクロ経済が次のように表されるとき，以下の設問に答えなさい。以下では，Y^f は完全雇用 GDP で

● 195

あり，この国の総供給曲線は $P = 1/6Y$（$Y \leq Y^f$ の場合）である。

$$C = 30 + 0.6Y, \quad I = 10 - 2r, \quad G = 10,$$
$$L = P(0.2Y - 4r), \quad M = 400, \quad Y^f = 150$$

（平成 26 年度外務専門職試験改題）

(1) ①総需要曲線，②均衡 GDP，③均衡物価水準，④均衡金利をそれぞれ求めなさい。

(2) 完全雇用 GDP の達成を目指す政府が，①貨幣供給量を増やすか，②特例国債発行により政府支出を増やすかを検討しているとする。それぞれの政策の有効性について論じなさい。なお本問ではゼロ金利制約の存在を仮定する。

196 ● CHAPTER 7 総需要・総供給分析

CHAPTER

第 **8** 章

インフレとデフレ

INTRODUCTION

前章では，総需要，総供給が国内総生産（GDP）と物価水準を決定するメカニズムについて学びました。実は，物価水準が長期にわたり増えたり減ったりすると，それ自体が実体経済に影響を与えます。物価が激しく上昇し，貨幣価値が大きく下がることの問題点についてはすでに説明しましたが，物価上昇の度合いがゆるやかな場合にも，そして物価水準が下がり続ける場合にも経済的な損失は発生します。この章では物価変動が社会に与える影響について考えます。

Keywords：インフレ，デフレ，ハイパーインフレ，期待インフレ率，フィリップス曲線，メニュー・コスト，実質金利，名目金利

1 インフレ・デフレ発生の原因

物価の上昇が続くインフレ，そして物価下落が続くデフレにはそれぞれいくつかの原因があります。この節ではその原因について説明します。

総需要・総供給とインフレ

第7章の図7.7で説明したように，消費・投資・政府支出などの総需要の増加により総需要曲線が右にシフトすると，均衡物価水準が上がります。つまり，総需要が増え続けるとインフレになります。このような需要増加に引っ張られて（pull）発生するインフレのことを，ディマンドプル・インフレといいます。

インフレは，総供給の変化によっても発生します。たとえば資本にかかる費用が増加すると，企業の持つ資本の量が減り，労働の限界生産力が低下します。結果として，総供給曲線は左方向にシフトし，均衡での物価水準は上がります。同様に，名目賃金の値が上昇すると，限界生産力が実質賃金を上回る，つまり雇うことで利益があがるような労働者の数が（すべての物価水準において）減少します。したがって，企業は雇う労働量，そして生産量を減らします。この場合も総供給曲線が左にシフトし，物価水準は上昇します。一般に，財・サービスの生産にかかる費用が増え続ける結果，インフレになることをコストプッシュ・インフレといいます。これはコスト高が物価水準を押し上げる（push）ことにより発生するインフレを意味します。

図8.1は総供給の変化による物価上昇の様子を示しています。当初の均衡は総需要曲線 AD と総供給曲線 AS_1 の交点 E_1 であり，均衡物価水準は P_1，均衡GDP は Y_1 であるとします。ここで，生産費用の増加により，総供給曲線が左にシフトすると，均衡は，総需要曲線と，シフト後の総供給曲線（AS_2）との交点 E_2 に移り，均衡物価水準は P_1 から P_2 に増え，均衡 GDP は Y_1 から Y_2 に減ります。コストプッシュ・インフレのもとでは GDP の減少とインフレが併存しますが，このような状況をスタグフレーションといいます。この言葉は生産の停滞を示す英語のスタグネーションとインフレーションを合わせてできたものです。

198 ● CHAPTER 8 インフレとデフレ

CHART 図8.1 コストプッシュ・インフレ

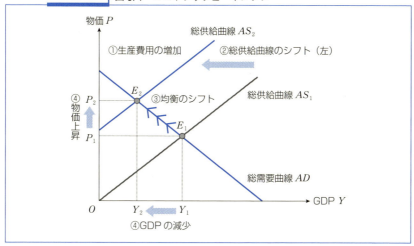

> **POINT 8.1　インフレの種類**
> - ディマンドプル・インフレ：総需要の増加により発生するインフレ
> - コストプッシュ・インフレ：生産費用の増加により発生するインフレ

インフレ税

　第4章で説明したように，インフレは貨幣供給量の増加とも密接に関わっています。貨幣供給量が増加した過去の事例として多いのが，中央銀行が政府から独立していない国において，政府が支出の財源として税の代わりに現金通貨の発行（紙幣の印刷など）に頼るケースです。現金通貨発行により政府が得る利益，つまり通貨の発行額から発行費用を引いたものを**通貨発行益**（シニョレッジ）といいます。しかしながら，かつて財源を通貨発行益に頼った多くの国の人々は，後に激しい物価上昇に苦しみました（なお，通貨発行益には，中央銀行が現金通貨を発行する際，それと引き換えに持つ金融資産から得る利子という意味もあります）。

　インフレは家計や企業が金融資産として保有する貨幣の（実質的）価値，そして政府が持つ国債などの債務の価値を同時に下げます。この影響は，民間部門の持つ貨幣に対し，あたかも資産税のような形で税金がかかり，その税収が政府部門に移ったとしたときの影響とよく似ています。そのため，インフレを

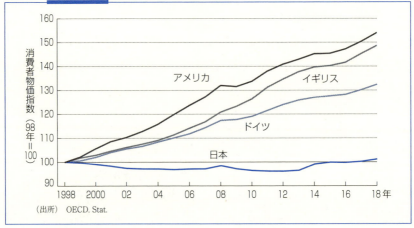

CHART 図 8.2　諸外国の物価動向

（出所）OECD. Stat.

通して富が民間から政府に移ることを**インフレ税**といいます。

デフレの原因

日本は 1990 年代後半から 2010 年代初頭までの長期にわたり，インフレとは逆のデフレを経験しました。図 8.2 は，近年の CPI（消費者物価指数）の推移を，4 カ国（日，独，米，英）について示したものです。日本だけ 1998 年から 2012 年ごろまで物価が下落し続けたことがわかります（2008 年ごろ一時的に物価が上昇していますが，これは原油価格などの値上がりなどによるものです）。

これまで説明してきたインフレの要因は，その向きが逆になるとデフレの要因にもなりえます。たとえば総需要が長期的に減少すると，総需要曲線が左側にシフトし，均衡での物価は下落します。一方，名目賃金など，生産の費用が下がると，総供給曲線が右にシフトし，この場合も物価は下落します。また，貨幣供給量が減少し続けた場合も，貨幣価値が上がり，デフレになります。

POINT 8.2　デフレの要因
総需要の減少・生産費用の下落・貨幣供給量の減少など

インフレ期待

現在から将来にかけてのインフレ率に関する人々の予想値を**期待インフレ率**，または期待物価上昇率といいます。ここで期待とは，予想と同じ意味で用いま

Column ⑧-1　少子高齢化とデフレ

　日本では少子高齢化とデフレが同時に進行したこともあり，デフレの原因は
人口構造にあるとの主張がなされることがあります。仮に，若年層の方が高齢
者より消費意欲が旺盛であれば，少子高齢化は総需要の減少と物価下落を招く
可能性があります。一方，ライフサイクル仮説（第6章）によれば，若年期に
行った貯蓄を高齢者が取り崩し消費に充てるため，高齢化は消費を増やし，イ
ンフレを招くかもしれません。このことに関していくつかの研究が行われてい
ます。たとえば，『平成23年 経済財政白書』は，生産年齢人口（15歳以上65
歳未満）の割合が減っている日本やドイツといった国々に関して生産年齢人口
の減少率とデフレとの関係は確認されないとの結果を示しており，デフレを生
産年齢人口の変化のせいだけで説明することには無理があると結論づけていま
す。

　（参考文献）　内閣府『平成23年　経済財政白書』第1章第2節「物価の動向と金融資
　　本市場」。

す。以下では，インフレ率と期待インフレ率をともに年率として説明します。
ここで昨年の物価水準を P_{-1}，今年の物価水準を P，そして来年の物価水準に
関する今年の予想値を P^e とおきます（本書では，変数 X の将来の値に関する予想
値を X^e として表現します）。今年のインフレ率（π とします）は，昨年と比較した
ときの今年の物価の上昇率であり，$\pi = \frac{P - P_{-1}}{P_{-1}} = \frac{P}{P_{-1}} - 1$ に等しくなります。一
方，今年の期待インフレ率（π^e とします）は，来年のインフレ率についての今
年の段階における予想値であり，以下のように求められます。

POINT 8.3　期待インフレ率の定義

$$\text{期待インフレ率 } \pi^e = \frac{\text{来年の物価水準の予想値 } P^e}{\text{今年の物価水準 } P} \quad 1$$

　天気予報の内容が天気自体を変えることはありえませんが，物価の場合，そ
の予想が実際の物価水準に影響を及ぼす可能性があります。例として，物価が
これまで安定していたにもかかわらず，何かの出来事をきっかけに，期待イン
フレ率が急に上がるような状況を考えます。この場合，人々は今後も財の値段
が上がる可能性が高まると予想しているため，できるだけ早く財を購入しよう

1　インフレ・デフレ発生の原因　● 201

とします。結果，財への需要が増え，価格が上がり，インフレが発生します。つまり，インフレ期待により物価は自己実現的に上昇してしまうのです。

　同じことはデフレについてもいえます。もしこれからデフレが起きると人々が信じたとすると，彼らは財の値段がこれから下がり続けると予想するため，財の購入を将来に先延ばししようとします。この結果，財が売れなくなりその値段が下がります。つまり，デフレの期待が実際にデフレを生むのです。

　実際の世の中で，人々の期待だけでインフレが発生することはほとんどありません。しかし，需要面や供給面の変化などを原因として発生したインフレが高いインフレ期待を呼び，さらなる大きなインフレを招くケースはよくあります。したがって，中央銀行は現在のインフレを抑えることだけでなく，インフレ期待をどうコントロールするかにも注意を払います。

　中央銀行は，人々のインフレ期待に混乱を与えないよう，政策決定日の明確化など金融政策に透明性を持たせようとします。また，中央銀行は将来にわたる政策のあり方を明示する場合もあります。これをフォワード・ガイダンスといいます。たとえば，マネタリーベースを今後5年間，年2%の割合で増やし続けると宣言するような金融政策はその一例です。

期待インフレ率の測定

　以下では，期待インフレ率に関するいくつかの調査・推計について説明します。まず，日本銀行は日銀短観にて，企業に対し，調査時点から1年たった後に物価がどれくらい上昇するかという予想について聞き取りを行っています。これを企業の物価見通しといいます。図8.3は，この企業の物価見通しに基づく期待インフレ率と実際のインフレ率を比べたものです。図によれば2014年9月における期待インフレ率は1.5%，そして実際のインフレ率は0.1%となっています。このことは，企業は2014年9月から1年後の15年9月にかけて物価が1.5%上昇すると予想したこと，そして実際はほぼ増えなかったことを意味しています。両者の動きには年によってずれがあることがわかります。

　また，期待インフレ率を，物価連動債と呼ばれる利子や額面（元本）の値段が物価上昇の度合いに比例して増える債券の利回りを用いて計算する場合もあります。この場合，期待インフレ率が上がると，物価連動債に人気が出てその価格が上がります。結果的に，その利回りは普通の債券の利回りと比べ，期待

202 ● CHAPTER 8 インフレとデフレ

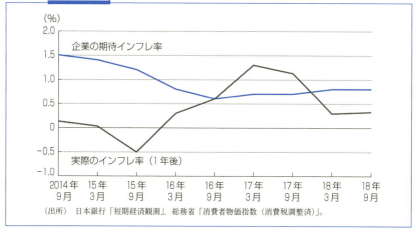

図 8.3　企業の物価見通しと実際の物価の推移

(出所)　日本銀行「短期経済観測」、総務省「消費者物価指数（消費税調整済）」。

インフレ率に等しい値だけ低くなります（物価連動債の利回りは、次節にて説明する実質金利に一致します）。普通の債券と、物価連動債との利回りの差として計算される期待インフレ率をブレーク・イーブン・インフレ率といいます。これは金融市場におけるインフレ期待を表しているといえます。

なお、経済全体における期待インフレ率の値を1つに定めることは難しいため、実質金利を実際に求める際は、期待インフレ率の代わりに実際のインフレ率を用いることがあります。

インフレ期待の形成（発展）

インフレ期待の形成のされ方については、いくつか考え方があります。まず、今年の期待インフレ率、つまり来年のインフレ率についての予想値が、今年のインフレ率に等しくなるとする考え方に基づく期待の形成を静学的期待形成といいます。また、経済主体が予測に必要な情報を完全に入手することにより期待インフレ率が実際のインフレ率に一致するとする考え方もあり、この考え方に基づく期待形成を合理的期待形成といいます。さらに、ある年における期待インフレ率が実際のインフレ率とずれた場合、そのずれを反映して次の年の期待インフレ率が修正されるとする考え方に基づく期待形成を適応的期待形成といいます。

以下ではこれらの期待形成を式で表します。今年を t 年とし、今年のインフレ率を π_t、そして期待インフレ率を π^e_{t+1} とします。π^e_{t+1} は来年（$t+1$ 年）のイ

ンフレ率 π_{t+1} についての今年における予想値といえます。このとき，静学的期待形成の場合は $\pi_{t+1}^e = \pi_t$ となり，合理的期待形成の場合 $\pi_{t+1}^e = \pi_{t+1}$ となります。また，適応的期待形成の場合，期待インフレ率の時間的変化は正の定数 a を用いて以下のように表せます。

$$\pi_{t+1}^e - \pi_t^e = a \times (\pi_t - \pi_t^e)$$

この式は，今年のインフレ率 π_t と，去年における期待インフレ率 π_t^e とが異なる場合，そのずれに応じて期待インフレ率の値が今年修正されるということを示しています。

> **例題 8.1** Aさんのインフレ期待は適応的期待 $\pi_{t+1}^e - \pi_t^e = 0.5(\pi_t - \pi_t^e)$ に基づき形成される。Aさんは去年，今年 (t 年) の物価が去年 ($t-1$ 年) と同じになると予想したが，実際物価は10％上昇した。今年におけるAさんの期待インフレ率を求めなさい。
>
> **答** 去年の期待インフレ率 π_t^e は 0，そして実際のインフレ率 π_t は 0.1 であるため，今年の期待インフレ率は $\pi_{t+1}^e = \pi_t^e + 0.5(\pi_t - \pi_t^e) = 0 + 0.5(0.1 - 0) = 0.05 = 5\%$ として求められる。

 ## 実質金利と名目金利

金利とはお金の運用から得られる利益率のことですが，金利から得る実質的な利益はインフレ率に依存します。この節ではこのことについて学びます。

実質金利の定義

私たちがお金を運用すると，将来，金利収入を手に入れることができます。しかし，同じ金利収入でも将来の物価水準が異なれば，そこから得られる「実質」的な収入も異なります。ここでいう実質的とは，円ベースで金利収入をいくらもらえるかではなく，その金利収入を用いて財をいくら手に入れられるかということです。以下では金利の実質的価値の捉え方について説明します。

例として，財がリンゴ1種類しかない社会を考えます。今年におけるリンゴの価格を1個100円，期待インフレ率を1％，そして金利を3％とします。A

さんの持つ資産の額が100万円のとき，その価値を財（リンゴ）の個数で測ると $\frac{100万}{100}=1$ 万個分です。Aさんがこの資産を金融市場で運用した場合，資産額は来年100万円×1.03＝103万円になります。一方，来年のリンゴの予想価格は1個100×1.01＝101円です。したがって，Aさんが来年，自らの資産を財（リンゴ）に交換した場合，手に入れるリンゴの個数（の予想値）は以下のようになります。

$$\frac{100万円 \times 1.03}{100円 \times 1.01} = \frac{103万円}{101円} = 約1万200個$$

金利は3%ありますが，物価上昇のため，Aさんの資産の実質的価値はリンゴ1万個分から1万200個分まで約2%しか増えないことになります。この2%を，金利3%の持つ実質的価値と考え，実質金利と呼びます。そして，これまで金利と呼んでいたものを名目金利と呼び，両者を区別します。実質金利とはインフレによる金利の価値の減少を割り引いた値といえます。

> **POINT 8.4　実質金利**
> 名目金利から物価変動の影響を除いたもので，金利の実質的価値を示す

┃ フィッシャー方程式 ┃

　以下では実質金利の一般的な定義について説明します。今年の物価水準を P，来年の予想物価水準を P^e，名目金利を i，実質金利を r とします。1円のお金を今年金融市場で運用すると来年 $1+i$ 円になりますが，今年の1円を（今年の）財の個数に換算すると $\frac{1}{P}$ 個分，そして来年受け取るお金 $1+i$ 円を（来年の）財の個数に換算すると $\frac{1+i}{P^e}$ 個分となります。お金の価値が金利により財 $\frac{1}{P}$ 個分から来年その $\frac{P(1+i)}{P^e}$ 倍の $\frac{1+i}{P^e}$ 個分に変化するため，財の価値で見た金利である実質金利 r は $r=\frac{P(1+i)}{P^e}-1$ として求められます。期待インフレ率の式 $\pi^e=\frac{P^e}{P}-1$ を用いると，r は以下のように表せます。

$$r = \frac{1+i}{1+\pi^e} - 1 \tag{1}$$

　この式の右辺は，名目金利 i と期待インフレ率 π^e の値が小さい場合，近似的に $i-\pi^e$ に等しくなります（詳しい説明はウェブサポートページにて行います）。したがって以下のフィッシャー方程式と呼ばれる関係式を導くことができます。

2　実質金利と名目金利　● 205

CHART 図 8.4　日本の実質金利と名目金利の推移

(注)　実質金利の計算に際しては，期待インフレ率の代わりに実際のインフレ率（CPI の対前年比増加率）を用いた。
(出所)　OECD. Stat，総務省「消費者物価指数（消費税調整済）」。（参考資料：2014 年 2 月 14 日付・日本経済新聞電子版「あなたの預金も減っている　インフレ時代の運用術」）

> **POINT 8.5　フィッシャー方程式**
>
> 実質金利 r ＝ 名目金利 i － 期待インフレ率 π^e

この方程式は，経済学者アービング・フィッシャーにより提示されました（名目金利 i についての式 $i = r + \pi^e$ を指す場合もあります）。図 8.4 は近年の日本における実質金利と名目金利の推移を示しています（ここでは期待インフレ率の代わりに実際のインフレ率を用いて実質金利を計算しています）。

例題 8.2　名目金利が 2％，期待インフレ率が 0.5％ のとき実質金利を求めよ。
答　実質金利は名目金利 2％ と期待インフレ率 0.5％ の差 2 − 0.5 = 1.5％。

実質金利と投資

　第 6 章においては，投資のために一定額のお金を借りる企業を考え，企業が利払い費と投資収益を比較して投資を決める結果，投資は金利に依存すると説明しました。インフレが起きている状況では，この投資は名目金利ではなく実質金利に依存します。なぜなら，名目金利が一定のもと，インフレが起きた場

合，企業が将来得る収益も金額ベースで増え，お金を借りた際の将来の元本の返済や利払いがしやすくなるからです。投資をする企業にとって，お金を借りることの実質的負担は名目金利からインフレ率を引いた実質金利といえ，この意味で投資は実質金利の減少関数となります。

なお，家計がライフサイクル仮説（第6章）に基づき消費計画を立てる場合，消費の値も実質金利に影響を受けます（ウェブサポートページで説明します）。

> **POINT 8.6　インフレと投資**
> インフレを考慮した場合，投資は実質金利の減少関数となる

フィッシャー効果

フィッシャー方程式によれば，「もし」名目金利が一定なら，インフレ率が高くなればなるほど実質金利は低くなります。しかし，インフレになると必ず実質金利が下がるとはいえません。なぜなら多くの場合，インフレ率の状況は少なくとも長期的には名目金利に反映されるからです。

やや極端な例として，名目金利は年1%であり，かつすべての財の値段が年20%の割合で増加する，つまりインフレ率が年20%であるような社会を考えます。この場合，現金100万円を持つAさんがそのお金を金融市場で運用したとき，来年そのお金は利子を合わせて101万円になります。

いま，Aさんが金融市場でお金を運用するのをやめ，時間がたっても価値の変わらない財（耐久消費財）の購入にそのお金を充てるとします。たとえば100万円の車を1台購入し，1年間そのまま保管するとします。インフレにより車の値段は来年120万円になるため，来年Aさんが車を売った場合，手元のお金は120万円になります。つまり車を買う方が利益があがるため，名目金利1%ではお金を貸さなくなります。お金の借り手からすると，より高い金利でないとお金を借りられなくなり，結果，名目金利は上がります。極端な場合，物価上昇がほぼすべて名目金利に反映されることがあります。

一般に，インフレ率の変動が名目金利に転嫁されることをフィッシャー効果といいます。図8.5は近年のOECD諸国の名目金利とインフレ率との関係を散布図にまとめたものです。名目金利（10年物国債金利），インフレ率ともに2010年から18年までの平均値をとっています。確かにインフレ率の高い国は

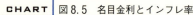

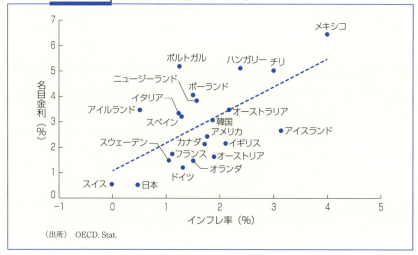

名目金利も高い傾向にあります。

> **POINT 8.7** フィッシャー効果
> インフレ率の変動が名目金利に反映されること

自然利子率

　この項では、インフレがある場合の金利や GDP の決まり方について説明します。前項で説明したように、投資は実質金利の減少関数となります。この場合、IS 曲線は、図 8.6 で示されるように、財市場を均衡させる GDP と実質金利との間の負の関係を示す曲線となります。

　ここで、中央銀行が貨幣供給量をコントロールし、貨幣市場を均衡させる名目金利を i に設定したとします。このとき、フィッシャー方程式より、実質金利 r は名目金利 i と期待インフレ率 π^e の差 $i-\pi^e$ に等しくなり、均衡 GDP は図における Y^* となります。

　労働市場が均衡している状況、つまり完全雇用の状況を実現するような実質金利の値を自然利子率といいます（経済活動に関して中立的な実質金利と定義する場合もあります）。図 8.6 に示すように、自然利子率は IS 曲線上で、実質 GDP の値が完全雇用 GDP Y^f に一致するような金利 r^f を指します。中央銀行は名

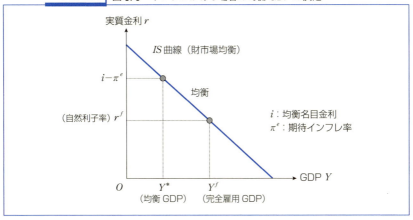

CHART 図 8.6 インフレがある場合の均衡 GDP の決定

目金利の値が，自然利子率と期待インフレ率の和になるように貨幣供給量を決めることにより，完全雇用を達成できます。この自然利子率と期待インフレ率の合計を中立金利と呼びます（中立金利を，中央銀行のインフレ目標値と自然利子率の和として定義する場合もあります）。

> **POINT 8.8 自然利子率**
> 完全雇用の状況における実質金利のこと

> **例題 8.3** 投資関数を $I(r) = 50 - 500r$（r: 実質金利），消費関数を $C = 0.8Y + 20$，政府支出 G を 10，そして名目金利 i を 0.03（= 3%）とする。いま，期待インフレ率 π^e が 0.01（= 1%）のとき，均衡 GDP Y^* を求めなさい。
> **答** 実質金利は $r = i - \pi^e = 0.02$ であるため，投資 I の値は $I(0.02) = 40$ である。財市場均衡条件 $Y = C + I + G = 0.8Y + 70$ を Y について解き $Y^* = 350$ となる。

3 インフレ・デフレのコスト

この節では，インフレ・デフレが経済に与える悪影響について考えます。

インフレのコスト

インフレの発生により発生する経済的損失のことを**インフレのコスト**といい

ます。たとえば，品物の値段が変化し続ける場合，レストランはメニュー表を
たびたび書き換えなければならず，それには費用がかかります。一般に，物価
が変動するために企業側が価格を変更するのにかかる費用をメニュー・コスト
といいますが，これはインフレのコストの代表例といえます。

また，インフレのもとで現金を保有していたらその購買力，つまり財を購入
できる力が減っていきます。一方，前節で見たように，インフレが発生すると
名目金利は上がる傾向があるため，人々は日々必要最低限の現金を持ち，残り
はすべて銀行に預けて利子を得ようとします。しかしこの場合，預金の引き出
しのため，銀行にたびたび通う必要があり，移動コストが発生します。一般に，
名目金利が上がることに伴い発生するインフレのコストを，銀行に何度も通う
と靴底が減るということから，靴のコストといいます。第 1 次世界大戦後に激
しいインフレに陥ったドイツでは，取引に必要な貨幣の量も大量で，銀行から
おろしたお金を運ぶのにも手間がかかったといわれています。

ところで，インフレが起きたとしても，すべての財や賃金の値が同時に同率
で上がったとしたら，家計は消費の仕方をあまり変える必要がありません。し
かし，実際のインフレのもとでは，財の価格の上昇はばらばらに起こります。
この場合，人々は財の価格を調べなおしたり，消費計画を変更したりするのに
手間がかかります。このようなコストもインフレのコストといえます。

インフレのコストはほかにもあります。生活保護などの政府による補助金の
額はあらかじめ法律により決められているため，インフレが起きた場合，補助
金の購買力は下がり，受給者の生活水準を下げてしまいます。公的年金につい
ては，インフレが続く場合，物価上昇に合わせて年金支給額を増やし，年金の
実質的価値を下げないようにする物価スライド制という仕組みがとられていま
すが，インフレが急に発生した場合はこの制度でも対応できません（なお，高
齢化が進む日本においては，年金制度維持のために年金支給額の増加率を物価・賃金上
昇率より抑える仕組みがとられており，これをマクロ経済スライドといいます）。

このように，さまざまな問題を引き起こすインフレにもメリットがあります。
それはインフレが，（名目金利が一定なら）実質金利の低下をもたらすというこ
とです。実質金利の下落は投資，そして GDP を増やします。しかし，インフ
レが名目金利に転嫁される場合，このメリットは薄れます。

210 ● CHAPTER 8 インフレとデフレ

POINT 8.9 インフレのコスト
メニュー・コストや靴のコストなどのこと

ハイパーインフレ——ベネズエラの事例

　インフレはその値が低くても社会的な損失を生みますが，値が高くなると経済に壊滅的打撃を与えます。高率のインフレを**ハイパーインフレ**といいます。経済学者のフィリップ・ケーガンは，1956 年の論文で，インフレ率が 1 カ月当たり 50% を超える状況をハイパーインフレと定義しました。一方，『日本大百科全書』（小学館）によれば，国際会計基準は 3 年間で累積 100% のインフレを記録した場合をハイパーインフレと定めています。

　以下では，近年ハイパーインフレ状態に陥っている国の例として南米のベネズエラ（人口約 3000 万人）を取り上げます。かつてベネズエラは石油などの豊富な天然資源を輸出することで繁栄しました。しかし，原油価格の下落とともに国の収入が減り，さらにアメリカなどから経済制裁を受け，供給不足が深刻化し，物価上昇に苦しむようになりました。

　物価上昇の理由は供給面だけではありません。ベネズエラ政府は貧困者等に対する手厚い福祉政策をとってきましたが，収入が減る中，財政赤字を通貨発行益でまかなおうとしたため，ハイパーインフレに拍車をかけました。

　一般に，激しいインフレが起きた場合，通貨単位を変える**デノミネーション**が行われます。ベネズエラも 2018 年，通貨単位をボリバルからボリバルソベラノに変更し，10 万ボリバルを 1 ボリバルソベラノに交換する措置をとりました。しかし，インフレを止めるまでには至りませんでした。

　図 8.7 はベネズエラのインフレ率の推移を示しています。もともと 10% 程度と高かったインフレ率は，2015 年には 100% を超え 2016 年には約 250% となりました。それだけでは終わらず，2019 年 1 月に約 270 万 % を記録しました（参考：『日本経済新聞』2019 年 2 月 8 日付朝刊「ベネズエラ，1 月のインフレ率が 268 万 % に」）。これを 1 日当たりに換算すると約 2.8% となります。高率のインフレのもと，紙幣の価値は時間とともにどんどんなくなっていきました。図の横の写真には，ほぼ無価値になった紙幣を用いて樹木が装飾されている様子が映っています。

3 インフレ・デフレのコスト　● **211**

CHART 図8.7 ベネズエラのハイパーインフレ

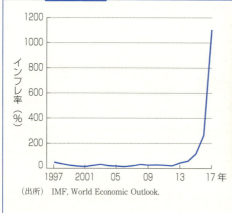
（出所）IMF, World Economic Outlook.

ほぼ無価値になった紙幣により装飾された木（写真提供：AFP＝時事）

なお，ベネズエラでは財だけでなく，紙幣自体の不足も起きました。ハイパーインフレになると大量の紙幣が必要となりますが，ベネズエラはヨーロッパから紙幣を輸入しており，輸出品である石油の値段が下がり，その調達が難しくなりました。そのため多くの ATM では預金の引き出し制限がかかりました（参考：The Guardian 2017 年 11 月 30 日付電子版「Cash crunch: how Venezuela inadvertently became a cashless economy」）。

デフレのコスト

インフレと同様，デフレの発生により経済主体が受ける損失のことをデフレのコストといいます。デフレのコストには，インフレと共通しているものも，そしてデフレ固有のものもあります。まず，デフレ下でも価格表示を変更する必要があるため，メニュー・コストは発生します。一方，デフレの場合，名目金利は下がる傾向にあるため，靴のコストは発生しにくいといえます。

デフレに固有のコストとしては，実質金利の上昇の問題があげられます。インフレ率が負の場合，実質金利の値が名目金利より高くなります。たとえば，名目金利が 3% でインフレ率が −2% なら，実質金利は 3 −（−2）＝5% となります。名目金利が一定のもと，物価下落が進めば，それだけ実質金利が上がります。実質金利の上昇は投資，そして GDP を減らしてしまいます。

もし名目金利がデフレを反映して下落すれば実質金利は上がらず，投資の減

少はありません。しかし，第6章で説明したように，名目金利は通常ゼロ以下にはならないため，デフレが続く場合，実質金利が上昇する可能性が高まります。たとえば，インフレ率がマイナス3%の場合，実質金利は名目金利に3%を加えたものとなるため，その値は常に3%以上になります。

　一般にデフレには，名目金利が一定のもと，資金の借り手にとっては債務の実質的負担を増やす効果が，そして資金の貸し手にとっては融資から得る実質的利益を増やす効果があります。つまり，デフレにより，債務者から債権者へと富の再分配が起きていると解釈できます。債務の実質的価値が上がるにつれ，お金を借りにくくなり，投資，そしてGDPが減ります。このようなデフレによる経済悪化を，その考え方の提唱者であるアービング・フィッシャーの名をとり，フィッシャーの負債デフレといいます。デフレにより総需要が減るとさらに物価は下落しますが，このデフレと経済悪化の負の連鎖はデフレ・スパイラルとも呼ばれます。

> **POINT 8.10** デフレのコスト
> メニュー・コストや実質金利上昇による総需要の減少などのこと

金融政策におけるインフレ・ターゲット

　第4章で説明したように，中央銀行の目的は物価の安定です。この言葉を文字どおりに解釈すると，中央銀行が目指すインフレ率は0%であるはずです。しかし，日銀を含む複数の中央銀行は，年2〜3%程度のプラスのインフレ率を目標としています。中央銀行がインフレ率の目標を公表し，目標達成のために金融政策を運営することをインフレ・ターゲット政策といいます。中央銀行がプラスのインフレ率を目標にするのにはいくつかの理由があります。

　第1の理由として，第2章で説明したように，消費者物価指数（CPI）で測るインフレ率が，真のインフレ率より高く出るということ（上方バイアス）があります。つまり，CPIで見たインフレ率の数値が統計上0%のとき，実際にはデフレとなっている可能性があります。よって，中央銀行はその過大評価の分を考慮して，「真の物価」の安定のため，プラスのインフレ率を目標としているのです。

　第2の理由として，デフレを避けたいということがあります。中央銀行とい

3　インフレ・デフレのコスト　● 213

っても万能ではなく，目標インフレ率と実際のインフレ率とを完全に等しくさせることは不可能です。いくら上手な政策運営をしても，インフレ率は必ず目標からある程度乖離してしまいます。つまり，インフレ率0%を目標にしてしまうと，一定期間デフレを招き，実質金利を押し上げ，投資を減らすという懸念が起きます。これらの理由により中央銀行はインフレをねらい，デフレを避けようとしています。

　なお，インフレは起きているものの，インフレ率が下落している状態，あるいはその値が低くデフレに陥る寸前の状態をディスインフレ（ーション）といいます。多くの先進国は，日本と違い長期間のデフレは経験していないものの，近年このディスインフレの状況に陥りつつある，あるいは陥る可能性があるといわれています。総需要に悪影響のあるデフレを避けるため，各国の中央銀行はこのディスインフレに対して警戒を強めています。

4 インフレと失業

　財・サービス市場にて観測するインフレ・デフレは，実は労働市場における失業と関わりがあります。この節では，この関わりについて説明します。

フィリップス曲線

　日本を含む多くの国で，インフレ率と失業率との間には負の関係があり，この関係を，インフレ率を縦軸に，失業率を横軸にとった平面上に表すと図8.8のように右下がりの曲線となります。この曲線を，発見者である経済学者アルバン・フィリップスの名をとり，（物価版）フィリップス曲線といいます。なお，フィリップス自身は，名目賃金上昇率と失業率との関係の分析を行っており，この関係を表した曲線を賃金版フィリップス曲線といいます。本書では，物価版フィリップス曲線を念頭に置いて説明を行います。

　図8.8において，フィリップス曲線と横軸との交点の座標u_Nは，物価変動がない長期的に安定した状況，つまり労働市場が均衡した状況における失業率と考えることができ，これを自然失業率といいます（自然失業率についてはウェブサポートページにて詳しく説明します）。図8.9は，日本の失業率とインフレ率

214 ● CHAPTER 8 インフレとデフレ

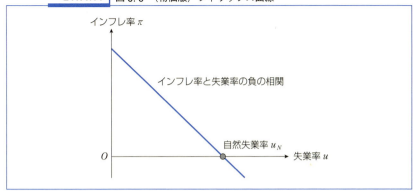

図8.8 (物価版) フィリップス曲線

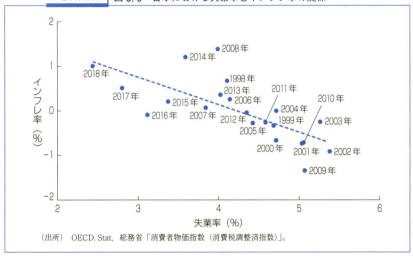

図8.9 日本における失業率とインフレ率の関係

(出所) OECD. Stat, 総務省「消費者物価指数(消費税調整済指数)」。

の推移を示したものですが，確かに両者の間には右下がりの関係があるように見えます。

POINT 8.11 フィリップス曲線
インフレ率と失業率との間の負の関係を示した曲線

例題 8.4 インフレ率 π（％）と失業率 u（％）との間に，$\pi = 6 - 2u$ の関係が成立するとする。このとき自然失業率 u_N（％）を求めなさい。

答 自然失業率は $0 = 6 - 2u_N$ を満たす。よって $u_N = 3$ である。

4 インフレと失業 ● 215

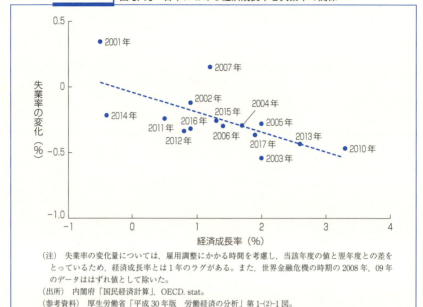

図8.10 日本における経済成長率と失業率の関係

(注) 失業率の変化量については、雇用調整にかかる時間を考慮し、当該年度の値と翌年度との差をとっているため、経済成長率とは1年のラグがある。また、世界金融危機の時期の2008年、09年のデータははずれ値として除いた。
(出所) 内閣府「国民経済計算」、OECD.stat。
(参考資料) 厚生労働省「平成30年版 労働経済の分析」第1-(2)-1図。

総需要・総供給分析から見たフィリップス曲線

　フィリップス曲線で示される関係は、総需要・総供給分析における総需要の変化により説明することができます。まず、第1節で説明したように、消費・投資など、総需要が増えればGDPと物価水準がともに上がります。この場合、経済成長率とインフレ率との間には正の相関が生まれます。

　一方、生産関数の議論からもわかるように、GDPが増えるにつれ、雇用量も増えます。そして結果として、失業率が下がります。経済成長率と失業率の変化量との間の負の関係を、最初の提唱者であるアーサー・オークンの名をとり、オークンの法則といいます。図8.10は、近年の日本の経済成長率と失業率の変化量との間の散布図を示しています。確かに両者の間には負の相関があることがわかります。このオークンの法則と、上で説明した経済成長率とインフレ率との正の相関を組み合わせることで、インフレ率と失業率との負の関係（フィリップス曲線）を導くことができます。

Column ⑧-2　ボルカー FRB 議長の金融引き締め

　1970 年代のアメリカは 10% を超える高いインフレに苦しんでいました。1979 年に FRB 議長に就任したポール・ボルカー氏は，貨幣供給量の安定化を目標に掲げ，就任前に 5% 程度であった短期金利（フェデラル・ファンド金利）を 20% にまで引き上げました。ボルカー・ショックと呼ばれるこの金融引き締め政策により，インフレ率は 1980 年ごろには 3% 程度までに下落しましたが，景気は悪化し，失業率はボルカー氏就任前に比べ 3% 程度増えました。

　なお，ボルカー氏は，貨幣供給量のコントロールを行うため，政策目標をフェデラル・ファンド金利から準備預金（の一部）の額に変更しました。近年，日本をはじめとする多くの中央銀行が（金利ではなく）量的な指標を政策目標に掲げていますが，ボルカー氏による金融政策はその先駆けといえるかもしれません。

　（参考文献）　山田剛史「FRB の金融政策転換モデル」（ニッセイ基礎研究所レポート）。

SUMMARY ●まとめ

- [ ] 1　インフレには，総需要が増えることによるディマンドプル・インフレや，生産費用の増加によるコストプッシュ・インフレなどがある。
- [ ] 2　インフレのコストには靴のコストやメニュー・コストなどが含まれる。
- [ ] 3　名目金利から期待インフレ率を除いたものを実質金利と呼ぶ。実質金利は金利による実質的な負担を意味し，実質金利が上がると投資が減る。
- [ ] 4　失業率とインフレ率との負の関係を示す曲線をフィリップス曲線と呼ぶ。

EXERCISE ●練習問題

1　次の文章の ［　①　］ から ［　⑤　］ について，当てはまる単語を下の語群から選びなさい。

　インフレのコストには，財の値段表示の変更にかかる費用を指す ［　①　］ や銀行預金の引き出しの際にかかるコストを指す ［　②　］ などがある。デフレにもコストがある。［　①　］ と ［　②　］ のうち，デフレにおいても発生するコ

4　インフレと失業　● 217

ストは［　③　］である。また，名目金利が一定のもと，デフレが深刻化すると，［　④　］金利が上がり，結果，投資を減らしてしまうこともデフレのコストの1つである。名目金利，［　④　］金利，そして期待インフレ率との関係を示す式を［　⑤　］方程式という。

　　［語群］　a. サンク・コスト　b. メニュー・コスト　c. 靴のコスト　d. 生産コスト　e. 短期　f. 長期　g. 実質　h. オイラー　i. フィッシャー　j. 重力

② 投資関数が実質金利 r の関数として $I(r) = 50 - 200r$，そして消費関数が $C = 0.8Y + 40$ で与えられている経済を考える。政府支出の値をゼロとする。名目金利の値がゼロの状況で，インフレ率が 0.02（＝2％）から 0.05（＝5％）だけ上がり，0.07 になったとき，均衡 GDP はいくら増えるか求めなさい。

③ インフレ率が 0.5％ で，名目金利が 2.0％ のとき，実質金利を求めなさい。

④ インフレ率が −2％ の社会において，中央銀行が金融緩和を行ったとすると，ゼロ金利制約のもと実質金利はどこまで下げられるか求めなさい。

⑤ インフレ率 π（％）と失業率 u（％）との間に関係式 $\pi = a - b \times u$ が成立するとする。ここで a, b は定数である。いま，インフレ率が 3％ のときの失業率が 5％ であり，かつ自然失業率が 6％ であるとき，a, b の値を計算しなさい。

⑥ インフレ期待が適応的期待 $\pi_{t+1}^e - \pi_t^e = 0.8(\pi_t - \pi_t^e)$ に基づき形成されるとする。$t-1$ 年における期待インフレ率 π_t^e が 5％ であり，t 年，そして $t+1$ 年におけるインフレ率がともに 10％ であったとする。$t+1$ 年における期待インフレ率 π_{t+2}^e を求めなさい。

CHAPTER

第 **9** 章

国際収支・為替レートとマクロ経済

INTRODUCTION

　第1章でも解説したように，国内総生産（GDP）には，外国との取引として輸出と輸入の差である純輸出が含まれています。経済のグローバル化が進むにつれ，海外の国々との財・サービスの取引額を示す輸出・輸入が日本経済に与える影響は年々大きくなっています。また，海外との取引は財・サービスにとどまらず，金融面での取引もあり，その重要性は近年増しています。これら輸出入をはじめとする海外との取引の金額は，異なる国の通貨の価値の比率である為替レートと密接に関わっています。これまで解説してきたマクロ経済学のモデルでは，外国との取引を考慮しない閉鎖経済を考えてきましたが，この章では外国との取引を考慮した開放経済のモデルを学びます。為替レートや輸出入がどのように決まり，GDPにどのような影響を与えるのか理解しましょう。

　Keywords：貿易依存度，輸出入，経常収支，外国為替市場，為替レート，金利平価

1 日本経済と貿易

この節では日本がどのように海外と財・サービスを取引しているかを概観します。

貿易依存度の推移

海外との財・サービスの取引を示す輸出と輸入が日本経済に与える影響は，年々拡大しています。図 9.1 は，ここ 20 年間で，日本の貿易依存度（輸出と輸入の合計が GDP に占める割合）の推移を示したものです。2009 年前後の世界金融危機のときに海外経済が悪化したことをきっかけに日本の貿易額，とくに輸出額が落ち込みました。その時期を除くと総じて日本の貿易依存度は増加傾向にあります。2017 年度において，GDP は名目で約 547 兆円，輸出は約 98 兆円，輸入は約 93 兆円でしたので，貿易依存度は，約 (98＋93)/547＝35％ として求めることができます。20 年前の依存度は 20％ 程度でしたので，日本経済はより海外との結びつきを深めていっているといえます。

輸出入の内訳

日本はどのような財をどのような国・地域と売買しているでしょうか。2018 年の貿易統計によると，輸出額については，自動車などの機械類や，電子部品などが多く，輸入額についてはエネルギーや衣類などが多くなっています。また，貿易相手国・地域は，輸出入とも中国とアメリカのシェアが高く，続いて近隣のアジア諸国（韓国など）との取引が多くなっています。

2 海外との取引を測る

日本が一定期間において海外のさまざまな国と行う財・サービスやお金に関する受取額や支払額を体系的に整理したものを国際収支と呼び，国際収支統計に記録されています。この統計は，財務省と日本銀行により作成されています。

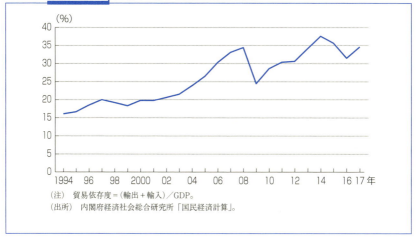

CHART 図9.1 日本の貿易依存度の推移

(注) 貿易依存度＝(輸出＋輸入)／GDP。
(出所) 内閣府経済社会総合研究所「国民経済計算」。

　国際収支統計では，海外との取引がその内容に応じて大きく経常収支，資本移転等収支，金融収支の3つに分けられています。これらはフローの統計です。この節ではその内容を，日本銀行のホームページの「国際収支統計（IMF 国際収支マニュアル 第6版ベース）」の解説に基づき説明します。

経常収支とは

　1つ目の経常収支とは，海外との財・サービス，そして所得の取引に伴う収支のことです。ここで収支とは，受取と支払いとの差のことをいいます。経常収支は，海外との財・サービスの取引の収支を示す貿易・サービス収支と，海外との所得の取引の収支を示す所得収支から構成されます。つまり，

経常収支＝貿易・サービス収支＋所得収支

という関係が成立します。以下では経常収支の中身を詳しく紹介します。
　第1の貿易・サービス収支とは，財・サービスの輸出から財・サービスの輸入を引いたもののことです。輸出とは，居住者から非居住者へと財・サービスが販売されるなどによって移動すること，およびその金額をいいます。また，輸入は逆に，非居住者から居住者へと財・サービスが販売されるなどによって移動すること，およびその金額をいいます。ここで居住者とはその国の国内に住む人や事務所を持つ企業のことをいい，それ以外の人や企業を非居住者とい

CHART 図 9.2　経常収支とその内訳の推移

(注)　貿易収支は財の取引の収支を指す。
(出所)　財務省「国際収支統計」。

います。貿易・サービス収支は，第1章で学んだ国民経済計算における純輸出に対応していますが，この節では国際収支統計に合わせて貿易・サービス収支と記述します。

　次に，海外との所得のやりとりは，所得収支に記録されます。所得収支は，さらに第一次所得収支と第二次所得収支の2つに分けられます。第一次所得収支とは，主に利子・配当などの所得の国際的なやりとりに関する収支のことです。たとえば，海外の株式や債券を保有している居住者が，それらから受け取る配当や利子は，所得の受取として計上されます。一方，日本の株式や債券を保有している非居住者に対して，日本から支払われる配当や利子は，所得の支払いとして計上されます。次に，第二次所得収支とは，移転所得，つまり「対価を伴わない所得」に関する収支のことです。たとえば，無償で行われる国際機関への資金の拠出や寄付などが含まれます。

　図9.2は，日本の経常収支とその内訳の推移を表示したものです。折れ線グラフは経常収支，棒グラフはその内訳を表しています。1996年以降，貿易収支が減少傾向にある一方で，日本企業の海外進出やそれによる海外子会社からの配当の受取の増加などを背景に第一次所得収支が増加しています。その結果，日本の経常収支が正となっていることを確認できます。なお，国民経済計算において，国際収支統計の経常収支に対応する数字は，純輸出に海外からの所得純受取と海外からの経常移転を加えて得ることができます。

222　● **CHAPTER 9**　国際収支・為替レートとマクロ経済

資本移転等収支とは

2つ目の資本移転等収支とは，対価を伴わない固定資産の提供や，国際的な債務の免除などの収支のことです。たとえば，日本政府による社会資本，つまり道路，橋，港などのインフラの整備に関する援助が含まれます。そのほか，国をまたいだお金の貸し借りにおける債務の免除も記録されます。

金融収支とは

3つ目の金融収支とは，海外との資産の取引の収支の状況を記録したものです。海外との取引では財・サービスや所得だけではなく，実物資産や金融資産など，さまざまな資産も取引されています。金融収支は，「居住者による外国資産の購入額」と「非居住者による日本資産の購入額」との差，つまり，

$$金融収支＝（居住者による外国資産の購入額）$$
$$－（非居住者による日本資産の購入額）$$

です。売却はマイナスの購入として扱います。金融収支がプラスのときは，その期間において日本の居住者が持つ外国資産が純増したことになります。逆に，マイナスのときは，日本の居住者が持つ外国資産が純減したことになります。

金融収支は，その内容によって直接投資，証券投資，金融派生商品，外貨準備，その他投資の5つに分類されます。1つ目の直接投資とは，居住者が，外国の企業に対して支配または重要な影響を及ぼすような投資のことをいいます。たとえば，経営への参加を意図して外国企業の株式を購入したり，新たに外国に工場を建てたりするような投資は，直接投資に分類されます。

2つ目の証券投資とは，居住者による外国の株式や債券等の購入のことをいいます。たとえば，日本の居住者がアメリカの企業の株式や，米国債を購入する場合にその金額が証券投資として計上されます。ただし先ほど述べたとおり，外国株式や債券の購入であっても，その企業に対して支配または重要な影響を及ぼすような場合は直接投資に分類されます。たとえば，該当企業に対する議決権の割合が10％を超える場合には，経営への関与も考えられるため直接投資として扱われます。

3つ目の金融派生商品には，オプション・先物・スワップなどの金融派生商

2 海外との取引を測る ● 223

品（株式や債券などのもともとの金融商品をもとに作られた金融商品）の取引に関わる売買の収益や損益などが計上されます。4つ目の外貨準備とは，通貨当局（政府および中央銀行のこと）が保有または管理する外国の資産のことです。金融収支はフローの統計であるため，ここでは外貨準備の増減が計上されます。日本における外貨準備とは，外国為替資金特別会計の管理する外国資産と日本銀行が保有する外国資産が該当します。外国為替資金特別会計とは政府の特別会計の1つで，為替レート安定化を図るための為替介入に使われます。為替介入については為替レートの節で説明します。最後のその他投資には，上記のいずれにも該当しないような金融取引，たとえば現金や預金の取引が計上されます。

経常収支・資本移転等収支・金融収支の関係

これまでさまざまな海外との取引を別々に取り扱ってきました。実はこれらの収支には次のような等式の関係があります。

経常収支＋資本移転等収支＝金融収支

（なお，実際に統計を計測するうえでは，誤差や計測漏れ〔脱漏〕により，両辺には数字の差が発生するため，左辺に誤差脱漏という調整項目が入ります。この節では簡単化のため，誤差脱漏はないと仮定します。）この式は常に成立する恒等式です。この式が成立する理由を理解するために，経常収支の中の所得収支，そして資本移転等収支の2つともがゼロであるような簡単な場合を考えましょう。すると，上式は，

貿易・サービス収支＝金融収支

という関係に置き換えられます。以下では，この等式が常に成立することを，例を使いながら確認してみましょう。

いま図9.3のように，日本企業の富士通がアメリカ企業のジェネラル・エレクトリック社（以下GE社と呼びます）にコンピューターを輸出したとしましょう。ほかの条件に変更がなければ，この輸出により貿易・サービス収支が増えます。いまコンピューター購入代金として，GE社から富士通の預金口座にドルが振り込まれたとします。すると富士通の保有するドル資産が増加するため，日本の金融収支の増加として計上されます。したがって，「貿易・サービス収

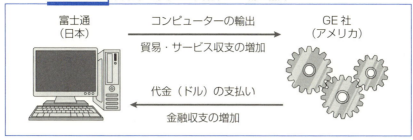

図9.3 海外との取引例1──財の輸出

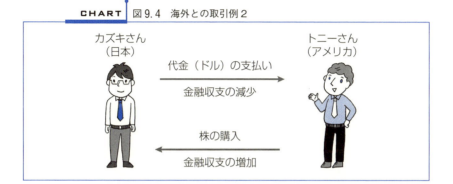

図9.4 海外との取引例2

支の増加」は，ちょうど「金融収支の増加」と等しくなっています。

　ここで代金をGE社が円で支払う場合を考えてみましょう。このとき，GE社の持つ円資産が減少するため，その分だけ「非居住者による日本資産の購入額」が減少します。これは，金融収支の引き算される項目の減少を意味するため，金融収支は増えます。このように財・サービスの取引の裏には，代金の支払いがあり，貿易・サービス収支の増加は金融収支の増加と常に等しくなっています。

　次に，図9.4のように，日本の居住者が海外の資産を購入する場合を考えてみましょう。日本に住むカズキさんがアメリカのGE社の株式を，アメリカ在住のトニーさんから購入したとしましょう。日本の居住者が外国資産を取得したわけですので，「居住者による外国資産の購入額」が増えます。同時に，取得した株式に対して代金を支払う必要があります。カズキさんが持っていたドル預金で支払った場合には，居住者の持つドルという外国資産が減り，これは株の取得による外国資産の購入額の増加と相殺されます。つまり，この取引に

ついて金融収支は変化しないことになります。ここでは財・サービスの輸出入はありませんから，貿易・サービス収支も変化しません。この例でも，貿易・サービス収支は金融収支と常に等しくなっています。

　もしカズキさんが株の代金を円で支払った場合にはどうなるでしょうか。トニーさんが円資産を受け取るため，株の代金の分だけ「非居住者による日本の資産購入額」が増加して，「居住者による外国資産の購入額」を相殺します。このように貿易・サービス収支に変化がない取引では，金融収支には変化がないのです。

海外との取引と貯蓄と投資との関係

　この節では，貿易・サービス収支と貯蓄・投資の関係について考えます。GDP は支出面から以下のように表現できます。以下では，GDP の支出項目に合わせて，貿易・サービス収支を純輸出と呼ぶことにします。

$$\underbrace{Y}_{\text{GDP}} = \underbrace{C}_{\text{消費}} + \underbrace{I}_{\text{投資}} + \underbrace{G}_{\text{政府支出}} + \underbrace{NX}_{\text{純輸出}}$$

ここで右辺の消費 C と政府支出 G を左辺に移項すると，

$$Y - C - G = I + NX$$

となります。ここで，左辺の $Y-C-G$ の値は貯蓄 S に等しいため，式 $S=I+NX$ を得ることができます。この式の両辺から投資 I を引くことで，貯蓄と投資の差，つまり貯蓄投資差額に関する以下の式を得ます。

$$S - I = NX$$

貯蓄投資差額 $S-I$ と純輸出 NX が等しくなるこの関係を，貯蓄投資バランス式と呼ぶことがあります。純輸出は，国際収支統計の貿易・サービス収支と同じため，貿易・サービス収支は貯蓄投資差額と等しいという関係があります。

　貯蓄投資バランス式の左辺の値，貯蓄投資差額 $S-I$ は，国内の貯蓄のうち，国内の投資に使われずに，外国の資産の購入に充てられる部分です。そのため，$S-I$ は国際収支統計でいうところの金融収支と同じ概念です。このように，GDP の定義からも，金融収支＝貿易・サービス収支の関係を導くことができます。

226 ● CHAPTER 9 国際収支・為替レートとマクロ経済

| CHART | 表 9.1　2018 年の日本の国際収支状況 |

項　目		金額（億円）	項　目		金額（億円）
経常収支	貿易・サービス収支	3,919	金融収支	直接投資	147,198
	第一次所得収支	208,533		証券投資	99,765
	第二次所得収支	−20,231		金融派生商品	1,178
資本移転等収支		−2,125		その他投資	−74,720
誤差脱漏		9,953		外貨準備	26,628
合　計		200,049	合　計		200,049

（出所）　財務省「国際収支統計」。

　貿易・サービス収支と金融収支との関係を整理しましょう。貿易・サービス収支がプラスのときは，財・サービスに対する国内の需要（$C+I+G$）が，GDP（Y）よりも少なく，その差額の分だけ財・サービスが海外へ輸出されている状態です。このときは，同時に金融収支もプラスとなっているため，貯蓄が投資より大きくなっています。金融市場から経済を見るとき，国内の貯蓄資金が国内の投資額を上回っており，その分だけ海外へ投資が行われていることを意味します。一方で，貿易・サービス収支がマイナスのときは，国内の財・サービスの需要が GDP よりも多く，その超えた分を輸入していることになります。このとき，同時に金融収支もマイナスとなるため，国内の貯蓄より投資が大きくなります。これは，投資のための資金の不足分を海外から借りていることを意味します。

POINT 9.1　国際収支統計

- 経常収支＝貿易・サービス収支（純輸出）＋所得収支
- 金融収支＝直接投資＋証券投資＋金融派生商品＋外貨準備＋その他投資
- 資本移転等収支＝国際的な債務の免除など
- 経常収支＋資本移転等収支＝金融収支

　表 9.1 は 2018 年における日本の国際収支の内訳を表しています。経常収支，資本移転等収支，誤差脱漏の合計が，金融収支と一致していることを確認しましょう。

2　海外との取引を測る　● 227

> **Column ⑨-1　グローバル・インバランス**
>
> 　下の図は，日本，中国，ドイツ，イギリス，アメリカについて，経常収支の推移を示したものです。アメリカやイギリスは慢性的な赤字傾向が続いています。一方，日本やドイツ，それ以外には中国などの新興国や産油国などでは経常黒字が続いており，構造的に不均衡（インバランス）な状態となっています。この問題を**グローバル・インバランス**といいます。詳しくは，藤田誠一・岩壷健太郎編『グローバル・インバランスの経済分析』（有斐閣，2010 年）を参照してください。

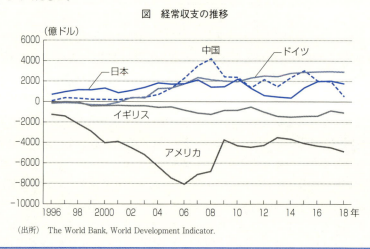

図　経常収支の推移

（出所）The World Bank, World Development Indicator.

  外国為替市場

　この節では，為替レートが決まる外国為替市場について説明します。

為替レートとは

　自国通貨と外国通貨とを交換する際の比率を**為替レート**（exchage rate）と呼びます。以下では主に，自国通貨として日本円，そして外国通貨としてアメリカのドルを例にとって考えます。ドルと円の為替レートが 1 ドル 130 円といっ

CHART 表 9.2　為替レートの表示例

本日のレート		
通貨 Currency	日本円→外貨 From Yen	外貨→日本円 To Yen
アメリカドル USD	102.44	95.66
ユーロ EUR	133.66	122.77
韓国ウォン KRW	0.0980	0.0771
イギリスポンド GBP	164.22	140.44
カナダドル CAD	107.90	86.84
スイスフラン CHF	111.45	98.47

た場合，このレートは，1ドルの価値を円で表現したものです。もともと為替には「交換する」という意味があり，外国為替とは異なる通貨との交換を指しています。

　日本円をほかの国のさまざまな通貨に交換する両替店はその日の為替レートの情報を掲示しています。表9.2はその一例です。海外旅行に行ったことのある人ならば，おそらく空港などでこういった掲示板を見たことがあるでしょう。この掲示板によれば，日本円をアメリカドルに交換する場合の為替レートは1ドル当たり102.44円，そしてドルを円に交換する場合の為替レートは1ドル当たり95.66円となっています。つまりこの店では，1ドルを手に入れるのに約102円かかる一方，1ドルを円に両替すると約95円になります。買うときと売るときの差額が両替店の手数料収入となっています。手数料を考えなければ，円をドルに換える場合も，ドルを円に換える場合も，レートは同じになります。

　いま海外で1ドルの土産物を購入する場合を考えましょう。ここでは為替の手数料はゼロとします。為替レートが1ドル当たり100円のときは，その商品は日本円で100円の価値があります。しかし，為替レートが1ドル当たり110円に変われば，同じ商品であっても日本円で換算すると110円となり，円で見た値段が10%高くなりますから，土産物の購入を迷ってしまうかもしれません。このように為替レートは海外と取引をする場合の意思決定に大きく影響します。

3　外国為替市場　● 229

また，為替レートの動向は，貿易だけではなく，金融資産の運用の仕方にも影響を与えます。資産の運用方法には，外国の金融資産，たとえばドル預金をしたり，アメリカ企業の社債や米国債を買ったりと，アメリカドルで運用する方法もあります。外国資産から得られる収益を，日本円に直すとき，その額は為替レートに影響を受けます。為替レートの動向は，資産運用の観点からも重視されます。

外国為替市場

　外国通貨を売買する市場を外国為替市場と呼びます。為替レートは外国為替市場において決まります。外国為替市場には，大きく分けてインターバンク市場と対顧客市場の2つの市場があります。インターバンク市場では，銀行や証券会社などの金融機関，外為ブローカー，そして中央銀行のみが取引を行い，個人の投資家は参加しません。外為ブローカーとは，外国為替市場で為替の取引の仲介を行う業者です。新聞やニュースで取り上げられる為替レートは，このインターバンク市場のレートです。ニュースでは，外国為替市場の売買の状況が，「1ドル109.48円から109.51円の間で取引されています」のように表現されることがあります。これは「最も高いドルの買値が109.48円で，最も安いドルの売値が109.51円」という意味です。買値をビッド・レート，売値をオファード・レート（またはアスク・レート）と呼びます。ビッド・レートとオファード・レートの差額が，外為ブローカーのインターバンク市場での手数料収入となっています。

　一方，対顧客市場では企業や個人などの顧客が金融機関を通して外国通貨を売買します。金融機関が顧客に外貨を売る（Sell）レートをTTS（Telegraphic Transfer Selling），顧客から外貨を買う（Buy）レートをTTB，両者の中間（Middle）の値をTTMと呼びます。TTMは対顧客基準レートともいわれます。

　外国為替市場では，24時間絶えず世界のどこかの市場が開いていて外国通貨の売買が行われています。東京にある金融機関などが主に通貨を売買する市場が，東京外国為替市場になります。東京外国為替市場といっても，その場所が東京にあるという意味ではありません。日本の市場参加者が活発に取引をする時間帯を称して，東京外国為替市場が開いているといいます。そのため市場が開いている時間が決まっているわけではありません。

230 ● CHAPTER 9 国際収支・為替レートとマクロ経済

以下では簡単化のために手数料は考えず，外国通貨を買うときと売るときの
為替レートは同じとします。

変動相場制と固定相場制

　外国為替の制度には，大きく分けて変動相場制と固定相場制という２つの制
度があります。変動相場制とは，外国為替市場における通貨の需要と供給に応
じて為替レートが変動する制度のことをいいます。円，ドル，ユーロを含めた
主要通貨は変動相場制を採用しています。一方の固定相場制とは，為替レート
を政府および中央銀行の通貨当局が公定するレートに固定する制度です。実際
には，通貨当局が外国為替市場において外貨を無制限に売り買いすることで，
公定為替レートの変動が決められた範囲内になるように維持しています。この
仕組みを固定相場制といいます。

　日米などの主要国は1973年まで固定相場制を採用していました。1944年か
ら71年にかけての為替制度はブレトンウッズ体制と呼ばれ，日本は１ドル＝
360円の固定為替レートを採用していました。また1971年から73年まではス
ミソニアン体制と呼ばれ，１ドル＝308円でした。1973年以降，日本は変動相
場制へ移行しています。また，現在ヨーロッパの多くの国で採用している通貨
であるユーロは，加盟国域内ではユーロを使うという意味で，域内固定相場制
ということができます。ただし，円やドル，ポンドなどユーロ加盟国以外に対
しては変動相場制が適用されています。

　為替相場制度にかかわらず，一般に通貨当局が為替レートに影響を与えるた
めに外国為替市場で通貨を売買することを為替介入と呼びます。その目的は，
固定相場制の場合には外国為替市場の公定為替レートの維持です。また，変動
相場制の場合には為替レートの過度な変動を抑えるのが主な目的となります。
日本における正式名称は「外国為替平衡操作」といい，財務省の命令によって，
外国為替特別会計を用いて日本銀行が代理で行う介入のことを指します。以下
では，変動相場制におけるマクロ経済を考察していきます。

名目為替レートと実質為替レート

　GDPと同様，為替レートにも名目と実質の違いがあります。名目為替レー
トとは，これまで単に為替レートとして説明してきた，ある国の通貨と別の国

3　外国為替市場　● **231**

の通貨との交換レートのことをいいます。つまり，私たちが新聞やニュース，両替店や銀行などで見かける為替レートのことです。

一方，2つの国の物価の変動を考慮に入れた為替レートのことを実質為替レートといいます。以下では自国として日本を，外国としてアメリカを考えます。たとえば名目為替レートが1ドル100円のときに，1000円を両替すると10ドルに交換できます。アメリカでコーラが1ドルで売られていたとすれば，この10ドルで10本購入できます。しかし，同じ1ドル100円であったとしても，アメリカの物価がもし3倍になった場合，ドルの購買力が低下し，同じドルで買えるコーラの数は3分の1に減ります。このように通貨を交換する際は，物価の変動から生じる通貨の購買力の変化を考慮する必要があります。

自国通貨の円と外国通貨のドルとの実質為替レートは，次の式のように日本とアメリカの物価水準を自国通貨に換算した比として求められます。

$$\text{実質為替レート} = \frac{\text{自国通貨に換算した外国の物価水準}}{\text{自国の物価水準}}$$

$$= \frac{\text{名目為替レート} \times \text{アメリカの物価水準}}{\text{日本の物価水準}}$$

簡単化のためにコーラの値段が両国の物価水準を代表しているとします。当初は名目為替レートが1ドル100円で，日本ではコーラが1本100円，アメリカではコーラは1本1ドルで手に入るとします。このとき，実質為替レートは100×1/100＝1になります。このことは，アメリカのコーラが日本と同じ価格であることを意味します。さて，名目為替レートが変わらないもとで，アメリカの物価が上昇し，コーラの値段が1.5ドルになったとしましょう。すると，実質為替レートは100×1.5/100＝1.5になり，アメリカのコーラの値段は日本の1.5倍であることになります。このように実質為替レートは，自国通貨で換算した両国の相対価格（物価水準の比）を表しています。

本書では，両国の物価水準が一定であるような短期的な経済を想定し，名目為替レートの決まり方について，入門的な範囲に焦点を当てて解説します。以下では，名目為替レートのことを単に「為替レート」ということにします。

為替レートの表記法

為替レートの表記方法には自国通貨建てと外国通貨建ての2通りがあります。

円とドルの場合は，自国通貨建てを円建てといい，外国通貨建てをドル建てといいます。自国通貨建て為替レートとは外国通貨1単位に自国通貨何単位分の価値があるかを示したものです。たとえば，円とドルの為替レートが1ドル＝100円と表記された場合，これは円建ての表記であり，1ドルに100円の価値があることを示します。このような為替レートを本書では，100（円/ドル）と表記することにします。たとえば，20ドルを円に換算する場合，

$$20（ドル）\times 100（円/ドル）＝2000（円）$$

と求めることができます。「円/ドル」表記の，「/」は割り算を意味しており，この表記の左にある数は1ドル当たりの価値を円で表しています。これは，時速60 km，つまり1時間当たり60 kmのことを，60 km/時と表記するのと同様です（ただし，外国為替レートを掲示するホームページなどでは，「ドル/円」や「USD/JPY」を，単に通貨の組み合わせの意味で表記する場合もあるため，本章との違いには注意してください）。

　日本の新聞や銀行などに掲載されている為替レートの表示方法の多くは円建て表記です。この場合，たとえば為替レートが100（円/ドル）から90（円/ドル）になった場合には，1ドルを円でより安く買えます。一般に，円建て為替レートの値が下がることを円高・ドル安になるといいます。逆に100（円/ドル）から110（円/ドル）になるように，円建て為替レートの値が上がるときは，円による1ドルの購入額が高くなったため，円安・ドル高になるといいます。

　もう一方の表記方法である外国通貨建ての為替レートとは，自国通貨1単位に外国通貨何単位分の価値があるかを示したものです。たとえば，ドル建ての為替レートとは，ドルで評価した1円の価値をいい，1円＝0.01ドルなどと表します。表記は（ドル/円）です。この場合，レートがたとえば0.01（ドル/円）から0.011（ドル/円）に変わった場合には，ドルで評価すると円の値段が高くなったため，円高・ドル安です。逆に0.009（ドル/円）に変わった場合には，1円の値段が相対的に安くなったため円安・ドル高となります。これら単位の表記を表9.3にまとめます。以下，この本では，為替レートとして，円建ての為替レート（円/ドル）を主に用います。

　自国通貨建ての為替レートの値が上昇するとき，つまり外国通貨1単位を購入するのに必要な自国通貨の量が増えるとき，その通貨は通貨安になる，ある

CHART 表9.3 円建てとドル建て為替レート

	円建てレート	ドル建てレート
1ドル＝ 90円のとき	90（円/ドル）	約 0.011（ドル/円）
1ドル＝100円のとき	100（円/ドル）	0.010（ドル/円）
1ドル＝110円のとき	110（円/ドル）	約 0.009（ドル/円）

いは通貨が減価するともいいます。逆に，自国通貨建ての為替レートの値が減少するとき，その国の通貨は通貨高になる，あるいは通貨が増価するともいいます。たとえば，円高・ドル安になるとき，ドルに対して相対的に円の価値が上がることを意味しますので，円が増価しています。逆に円安・ドル高になるときは，円が減価しています。

為替レートの決まり方

▶ 金利平価

この節では，為替レートがどのように決まるかについて考えます。

資産の収益率

私たちは，日本の円資産（元本や利子などが円単位の金融資産）だけでなく，さまざまな外国資産で運用ができます。どの国の通貨で運用するか選ぶときに重要となるのは，運用先の国の金利と為替レートの変化の両方を考えた収益率です。

もし，日本の金利よりもアメリカの金利の方が高いとしましょう。金利が高いアメリカの銀行に預金することで，高い利子を得られるため，皆がドル資産で運用することを考えるでしょう。つまり，アメリカの金利が相対的に高ければ，多くの人がドル資産を購入するために，ドルの需要が増えます。ただし，運用益を比べるためには，金利以外に為替レートの変動も考える必要があります。たとえば，アメリカの金利が高いという理由でドルで運用していたとしても，もし為替レートが変動してドルが減価してしまうと，運用益はその分だけ下がってしまいます。このように，どの国の通貨を選ぶかを決めるには，金利と為替レートの変動を考慮した収益率を考える必要があります。

先に結論をいうと，為替レートは異なる通貨で運用するときの収益率が等しくなるように決まります。以下，この決まり方を数値例も用いながら，順を追って説明していきます。

┃ 自国通貨・海外通貨を用いた資金運用と収益率

まずは，日本円をベースとして，手持ちの円をそのまま円資産で運用する場合の収益率と，外国通貨に交換して外国資産で運用する場合の収益率について比較してみましょう。以下では，外国としてアメリカを考え，運用例として円資産もドル資産も預金を考えます。また，収益率は年率で求めるものとします。

経済主体は，資金を運用するときには，より収益率の高い方で運用します。円のまま日本で運用する場合は，資金運用の収益率は，そのまま日本の（預金）金利と等しくなります。一方，円をドルに換えて，ドル資産で運用する際のドルベースでの収益率はアメリカの（預金）金利と等しくなります。ただし，収益率を円ベースで比較するためには，金利だけでなく，為替レートの変化も考慮する必要があります。

たとえば，ドルベースで金利収入をたくさん得ていても，1年後，為替レートが円高・ドル安に動いていれば，円に換算した収益率は下がります。また，ドルベースでほとんど金利収入を得られなかったとしても，1年後，為替レートが円安・ドル高の方向に動いていれば，その分より多くの円に交換されるわけですから収益率は上がります。一般に外国資産を保有しているとき，為替レートが時間とともに変化することによって生じる利益を為替差益，そして損失を為替差損と呼びます。つまり，ドル資産で運用したときの収益率を考える場合，金利だけでなく為替差益も考慮する必要があります。

数値例を用いて，ドル資産で運用する場合の円ベースでの収益率を求めてみましょう。以降の説明では，円建ての為替レートとして E という記号を用います。1ドルの持つ価値が日本円で換算して E 円であることを意味します。先ほどと同じように E（円/ドル）と表記することにしましょう。

いま日本の金利を2％，アメリカの金利5％，運用する期間を1年とします。ここで1年後の為替レートを E^e（円/ドル）と表記することにします。このような将来の為替レートに関する予想のことを期待為替レートと呼び，本書でドル資産で運用するときの収益率を計算するときに使います。また，今日の円建

4 為替レートの決まり方 ● 235

| **CHART** 表9.4　円資産とドル資産の収益率 |

	円で運用	ドルで運用		
	円資産	円資産	通貨換算	ドル資産
今年 日本の金利2%	100円	100円 $\Longrightarrow$ ① $E=100$（円/ドル）		1ドル $\Big\Downarrow$ ② 5%　アメリカの 金利5%
来年（予想）	102円	約101円 $\Longleftarrow$ ③ $E^e=96$（円/ドル）		1.05ドル
円換算収益率	2%	約1%		

て為替レートが $E=100$（円/ドル）であり，そして1年後の為替レートは $E^e=$ 96（円/ドル）と予想されているとします。日本円とアメリカドルのそれぞれで運用した場合の円ベースの収益率を**表9.4**にまとめました。

円のまま日本で1年間運用した場合には，収益率は日本の金利2%に等しくなります。次に，手持ちの日本円をドルに交換し，ドル預金で運用する場合の収益率を考えます。この場合，まず**表9.4**の①にあるように手持ちの100円を，今年の為替レート（$E=100$）に基づき外国為替市場において1ドルに換えます。次に，表の②のように，1ドルを1年間アメリカの銀行で運用すれば5%の金利が付いて，1年後に1.05ドルになります。いま1年後の期待為替レートは $E^e=96$（円/ドル）ですから，表の③のように手持ちの1.05ドルを外国為替市場において再度円に交換します。その結果，手持ちのお金は 1.05 ×96＝約 101円になることが予想されます。

以上から，この例では1年間にドルで運用した場合に予想される収益率は約1%であることがわかりました。アメリカの金利は5%もあったのに，日本円で換算した収益率が大きく下がったのは，今年から来年にかけて円高・ドル安が進行し，円で見たドルの価値が下がると予想しているためです。よって私たちは，金利の高いドルで運用するより，金利の低い円で運用する方が得だと判断することができます。予想される収益率は，期待為替レートを利用して計算されるため，期待収益率と呼ばれます。

一般に，ドルで運用した場合の（円換算した）期待収益率は，上の解説のとおりに計算すると，$(1+r^u)\cdot\dfrac{E^e}{E}-1$ に等しくなります。実は，この値は，下の式のようにアメリカの金利と為替レートの期待変化率（変化率の予想値）の和として近似をすることにより，簡易に求めることができます。以下では，日本の

236 ● CHAPTER 9　国際収支・為替レートとマクロ経済

金利を r^j, アメリカの金利を r^u と表すことにします。上付添字の j, u はそれぞれ Japan, United States of America の最初の文字です。

> **POINT 9.2** ドルで資金を運用した場合の期待収益率（円ベース）
>
> $$\underbrace{r^u}_{\text{アメリカの金利}} + \underbrace{\frac{E^e - E}{E}}_{\text{為替レートの期待変化率}}$$

> **例題 9.1** 表9.4の数値例を用いて，そして POINT 9.2 を用いることにより，ドル資産の期待収益率が 1% になることを確認しなさい。
>
> **答** $E = 100$, $E^e = 96$, $r^u = 0.05$ より，為替レートの期待変化率は $\frac{96 - 100}{100} = -0.04$, つまり -4% となる。ドル資産で運用した期待収益率は $r^u + \frac{E^e - E}{E} = 0.05 + (-0.04) = 0.01$, つまり 1% である。

為替レートの決まり方

　為替レートは，円またはドルで運用した場合に両者の収益率が等しくなるように決まると前項で述べました。これまでの説明で準備は整ったため，この節ではこの「為替レートの決まり方」について説明します。以下では日本の金利を r^j, アメリカの金利を r^u, 現在（今年）の為替レートを E, 将来（来年）の期待為替レートを E^e とします。ドルの期待収益率は $r^u + \frac{E^e - E}{E}$ になります。ここでは，日本の金利とアメリカの金利は，外国為替市場ではなく，それぞれの国の金融市場から決まるため，モデルの外から与えられる外生変数として一定だと扱います。また将来の期待為替レート E^e も同様に外生変数と考え，この値も一定とします。そのため，以降では現在の為替レート E がどのように決まるかを考えます。

　図9.5は縦軸を収益率，横軸を為替レート E として，円資産の収益率である日本の金利 r^j と，ドル資産の期待収益率 $r^u + \frac{E^e - E}{E}$ を描いたものです。円（資産）の収益率 r^j は，為替レートに影響を受けず一定のため，水平な直線で描かれます。

　一方，ドル（資産）の期待収益率 $r^u + \frac{E^e - E}{E}$ は，期待為替レートとアメリカの金利が一定のもと，為替レート E が増えるとともに減少します。なぜなら為替レートの期待変化率 $\frac{E^e - E}{E} = \frac{E^e}{E} - 1$ が，為替レート E の値が増えると減少

4　為替レートの決まり方　● 237

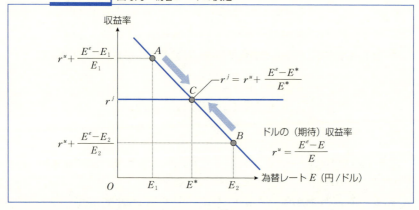

図9.5 為替レートの決定

するためです。たとえば、当初 $E=100$, $E^e=110$ のとき、為替レートの期待変化率は $\frac{110-100}{100}=0.1$ です。もし今の為替レートが $E=105$ へと上昇すると、為替レートの期待変化率は $\frac{110-105}{105} \fallingdotseq 0.045$ へと減少します。したがって、ドルの期待収益率は、グラフにおいて右下がりの曲線として描かれます（図9.5は簡略化のため直線で表記しています）。

いま現在の為替レートが図の E_1 であるとしましょう。図からわかるように円の収益率がドルの期待収益率を下回っています。この場合には、経済主体（市場参加者）は円での運用をやめ（円預金を解約して）、ドルで運用することを選択します。その際、外国為替市場において円が売られてドルが買われます。その結果、円が安くなり、ドルが高くなります（円がドルに対して減価します）。つまり為替レート E は上昇します。E の上昇によって、ドルの期待収益率は点 A の高さから点 C の高さまで低下します（収益率は縦軸の値のため、グラフの上の方が収益率が高くなることに注意しましょう）。結果として、為替レートは円の収益率とドルの期待収益率が等しくなる C 点における値の E^* に等しくなるまで、円売りドル買いが続き、ドルの期待収益率は低下し続けます。

次に、現在の為替レートが図の E_2 の水準のとき、市場参加者の行動を考えましょう。今度は円の収益率がドルの期待収益率を上回っていますから、市場参加者はドル資産での運用をやめ（ドル預金を解約して）、円での運用を選択します。その際、外国為替市場においてドルが売られて円が買われるため、円がドルに対して増価します。つまり、為替レート E は低下します。E の低下によって、円買いドル売りが続く限り、ドルの期待収益率は点 B の高さから点

C の高さまで上昇し続けます。為替レートは，円の収益率とドルの期待収益率が等しくなる点 C における値の E^* に等しくなるまでこのプロセスが続きます。

点 C では，円の収益率とドルの期待収益率が等しく，次の等式が成立します。

$$\underbrace{r^j}_{\text{円の収益率}} = \underbrace{r^u + \frac{E^e - E^*}{E^*}}_{\text{ドルの収益率}}$$

この条件を金利平価とも呼びます。日本の金利 r^j，アメリカの金利 r^u，および 来年の期待為替レート E^e が一定であるとしたとき，今の為替レート E は金利平価が成立するように決まります。この場合の平価とは，価値が同等になるという意味です。金利平価においては，円での運用とドルでの運用で収益率が同じになるという意味で平価という言葉が使われています。

この等式が成立している場合，経済主体にとっては，円資産とドル資産のどちらで運用しても同じ収益率を得ることができます。したがって，経済主体は外国為替市場においてこれ以上円とドルを交換せず，結果として為替レートも変化しません。このように，円の収益率とドルの期待収益率とが等しくなっているときの為替レート E^* を，均衡為替レートと呼びます。

POINT 9.3 均衡為替レートの決定——金利平価

均衡為替レート E^* は金利平価

$$\underbrace{r^j}_{\text{円資産の収益率}} = \underbrace{r^u + \frac{E^e - E^*}{E^*}}_{\text{ドル資産の期待収益率}}$$

を満たすように決定される。

例題 9.2 1 年後の期待為替レートが 1 ドル 97 円，アメリカの金利が 5%，日本の金利が 2% のとき，金利平価を用いて現在の為替レート E を求めなさい。

答 $E^e = 97$, $r^u = 0.05$, $r^j = 0.02$ より，$0.02 = 0.05 + \frac{97 - E}{E} \Rightarrow E = 100$。

金融政策と為替レート

中央銀行の金融政策は為替レートにどのような影響を与えるでしょうか。第 6 章で学んだように，金融政策による貨幣供給量の変更は国内の金利に影響します。国内の金利が変わる結果として，金利平価を通して為替レートに影響し

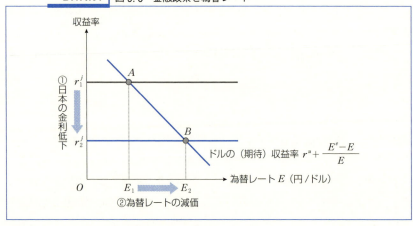

図 9.6 金融政策と為替レート

ます。以下でもう少し丁寧に考えてみましょう。

第 6 章で学んだように，中央銀行が金融緩和政策を行い，貨幣供給量 M を減らすと，国内金利は低下します。たとえば，金利が r_1^j から r_2^j へ低下することにより，円の収益率を示す線は図 9.6 の①のように下へシフトします。円の収益率は点 A の高さより落ち込み，ドルの期待収益率に比べて低くなります。そのため，経済主体は日本円での運用からアメリカドルの運用へと変更し，外国為替市場において円売りドル買いが進みます。その結果，為替レート E が図の②のように E_1 から E_2 へと，円安ドル高方向へ上昇します。

逆に金融引き締め政策を実施する場合には，日本の金利 r^j が上昇することにより，円の収益率はドルの期待収益率に比べて高くなります。よって，外国為替市場の参加者はドルでの運用から円の運用へとシフトし，ドル売り円買いが進みます。結果，為替レート E は円高ドル安方向へ低下することになります。

POINT 9.4 自国の金融政策と為替レート
- 貨幣供給量 M↑（金融緩和政策） ⇒ 金利 r^j↓ ⇒ 為替レート E↑
- 貨幣供給量 M↓（金融引き締め政策）⇒ 金利 r^j↑ ⇒ 為替レート E↓

例題 9.3 当初は例題 9.2 と同じ環境だが，日本の金利が 2% から 1% に引き下げられたとする。金利平価を用い，このときの為替レート E を求めなさい。
答　$E^e = 97$，$r^u = 0.05$，$r^j = 0.01$ より，$0.01 = 0.05 + \frac{97 - E}{E} \Rightarrow E ≒ 101.04$。金利低下により 1 ドル約 101.04 円となり，例題 9.2 のときより，円安になる。

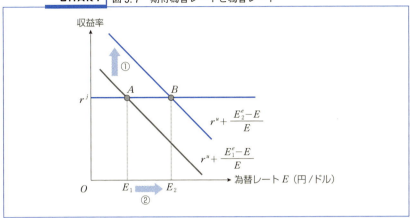

図9.7 期待為替レートと為替レート

期待の変化と為替レート

ここでは，将来の為替レートに関する期待が変わると，市場参加者の行動が変わり，結果として現在の為替レートも変化するという例を紹介します。期待が変わるだけで行動が変わることは，経済以外の例を考えると理解しやすいかもしれません。たとえば，当初は降水確率10%だった天気予報が変わり，降水確率80%になれば，たとえいま雨が降っていなくとも，傘を持つように行動を変えることがあります。このように，将来についての予想（期待）が変わると行動が変わるということは，外国為替市場でも成立します。

いま為替レートが1ドル100円であるとき，手持ちの100円で1ドルを購入し，ドル資産（アメリカの銀行預金）で運用しているとします。アメリカの金利は2%とし，1年後の期待為替レートは$E^e = 103$（円/ドル）だとします。ドルの期待収益率は0.02 + 0.03 = 0.05 = 5%です。このとき，何らかの要因により1年後には$E^e = 105$（円/ドル）になるというように，人々の期待が急に変わったとしたらどうなるでしょうか。ドルの期待収益率が0.02 + 0.05 = 0.07と7%に上昇します。その結果，ドルで運用したい人が増え，ドルの需要が増えます。このように期待為替レートの変化は，現在の私たちの行動に影響を与えるのです。

期待為替レートの変化が，現在の為替レートにどう影響するか，図9.7を用いて考えましょう。当初の期待為替レートをE_1^eとして，均衡為替レートはE_1

であるとします。いま，何らかの要因で人々の期待が変わり，期待為替レートが E_2^e へ上昇したとします。これにより，為替レートの期待変化率が $\frac{E_1^e - E}{E}$ から $\frac{E_2^e - E}{E}$ へと上昇します。その結果，すべての為替レートの水準においてドルの期待収益率が上昇するため，期待収益率を示す直線が図 9.7 の①のように上方にシフトします。現在の為替レート E_1 では，金利平価は成り立たず，E_1 は均衡為替レートではなくなります。市場では，円売りドル買いが生じ，図 9.7 の②のように E の上昇（円安ドル高）が進みます。円の収益率とドルの期待収益率が等しくなる均衡点 B に至るまでこのメカニズムは続きます。逆に期待為替レートが下降したときは，先ほどと逆のメカニズムが働きます。

POINT 9.5　期待為替レートの変化

- 期待為替レート E^e ↑ ⇒ ドルの期待収益率 $\frac{E^e - E}{E}$ ↑ ⇒ 現在の為替レート E ↑
- 期待為替レート E^e ↓ ⇒ ドルの期待収益率 $\frac{E^e - E}{E}$ ↓ ⇒ 現在の為替レート E ↓

例題 9.4　当初例題 9.2 と同じ環境であったとする。いま 1 年後の期待為替レートが 105 円になると人々の予想が変わったとする。金利平価を用い，このときの為替レート E を求めなさい。

答　$E^e = 105$, $r^u = 0.05$, $r^j = 0.02$ より，$0.02 = 0.05 + \frac{105 - E}{E}$ となる。よって $E \fallingdotseq 108.25$。つまり 1 ドル約 108.25 円となる。例題 9.2 のときより，円安になる。

為替レートと貿易・サービス収支（純輸出）

貿易・サービス収支は，消費，投資，政府支出と並ぶ財・サービスの需要項目である純輸出として，開放経済の財・サービス市場の分析には欠かせません。以降は，ほかの章と合わせるため，貿易・サービス収支を純輸出と呼ぶことにします。ここでは為替レートの変化が純輸出にどのような影響を与えるか考えます。

為替レート E が上昇し円安になるとき，ドル単位で見た日本の品物が安くなるために売れ行きが向上し，輸出が増加します。たとえば，$E = 100$（円/ドル）のとき，日本円で 100 円の品物はアメリカでは 1 ドルで売られます。$E = 110$（円/ドル）のときには，同じ商品の価格が $100 \div 110 \fallingdotseq 0.91$ と約 0.91 ドルと安くなるため，日本からの輸出が増加することになります。一方で，円安の結果として日本への輸入品の値段は上がるため，輸入が減少します。つまり，純

Column❾-2　政権交代による期待の変化

　下のグラフからわかるように 2012 年 11 月 16 日衆議院解散の前から，それまで円高傾向であった為替レートが円安に動き出しました。これは解散後の選挙では当時の与党民主党より野党自民党が優勢で，自民党と公明党の連立政権へと政権交代が起こることが期待されたためと考えられます。当時の自民党の公約の 1 つにデフレ・円高対策としての「大胆な金融緩和」があり，人々はこの政策による将来の物価上昇と円安を期待しました。選挙前でまだ政権が交代していないため，まだ実際に行われていない金融政策への期待が，将来の円安の予想を作り出し，期待為替レートを上昇（円安・ドル高）させ，結果として実際の為替レートも減価したと考えることができます。実際に政権交代により成立した第 2 次安倍内閣の下で日銀は公約どおりに「大胆な金融緩和」を行いました。この政策を含む第 2 次安倍内閣の政策は，アベノミクスと呼ばれました。

円/ドルレートの推移

（出所）　日本銀行ホームページ，時系列統計データ検索サイトより筆者作成。

　輸出 NX は為替レート E の増加関数となっています。これを $NX(E)$ と表記して，純輸出関数と呼びます。
　図 9.8 では横軸に為替レート E，縦軸に純輸出 NX をとり，純輸出関数 $NX(E)$ を描いています。純輸出が赤字の場合には，縦軸の値はマイナスになることもあります。為替レートと純輸出はグラフのように右上がりの関係として描くことができます。グラフにおける 2 つの点 A, B における為替レート，純

4　為替レートの決まり方　● 243

CHART 図9.8 為替レートと純輸出

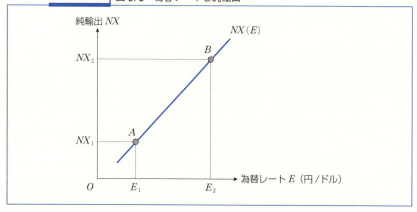

輸出を比べてみましょう。為替レートが E_1 のように小さい水準のときには、相対的に円高ドル安のため相対的に輸出が少なく純輸出は点 A の NX_1 と小さくなります。また、E_2 のように相対的に円安ドル高の場合には、相対的に輸出が多く純輸出は点 B の NX_2 のように大きくなります。

> **POINT 9.6** 為替レートと純輸出
> - 為替レート $E\uparrow$ ⇒ 純輸出 $NX\uparrow$
> - 為替レート $E\downarrow$ ⇒ 純輸出 $NX\downarrow$

5 開放経済における金融政策の効果

この節では、開放経済における金融政策の効果について説明します。

金利と為替レート

開放経済では、金融政策は次の2つの効果を通じて財・サービス市場における総需要に影響します。1つ目の効果は、第6章で学んだとおり金利が変化することによって、財・サービス需要の1つである企業の投資 I に影響を与える効果です。金利は企業の設備投資のための費用ですから、図6.7のように投資関数は金利の減少関数になっています。金融緩和により金利が低下すれば、投資 I は増加します。逆に、金融引き締めにより金利が上昇するとき、投資 I は

減少します。

2つ目の効果は，投資と同じく財・サービス需要の1つである純輸出 NX を通じた効果です。すでに学んだとおり，金融緩和により日本の金利 r^j が下落すると，円資産の収益率が下がります。すると，円売りドル買いが進む結果として，為替レート E は円安ドル高へ上昇します。そして図9.8より為替レート E の上昇は，純輸出 NX を増加させ，総需要を高めます。逆に，金融引き締めの場合には，日本の金利 r^j の上昇から，為替レート E の円高ドル安への下落，そして純輸出 NX の減少を引き起こします。

以上2つの効果を合わせると次のようにまとめることができます。

POINT 9.7 開放経済における金融政策の効果

- 金融緩和による金利 r^j の下落　⇒　投資 I と純輸出 NX の増加
- 金融引き締めによる金利 r^j の上昇　⇒　投資 I と純輸出 NX の減少

GDP への効果

ここで，第6章で学んだ45度線分析に戻って金融政策が財・サービス市場に与える影響を考えましょう。純輸出を考慮する場合，財・サービス市場の総需要 D は，

$$D＝消費（C）＋投資（I）＋政府支出（G）＋純輸出（NX）$$

であり，財市場の均衡式は $Y＝C+I+G+NX$ と与えられます。自国の金融政策によって，金利 r^j が変化するとき，投資 I と純輸出 NX が変化する分だけ，財・サービス市場の総需要 D が変化します。金融緩和により金利 r^j が下落する場合には，投資 I と純輸出 NX がそれぞれ ΔI と ΔNX だけ増加します。その結果，総需要 D が $\Delta I+\Delta NX$ 増加して，均衡 GDP が上昇します。限界消費性向を c として，第6章で学んだ乗数効果の公式を応用すると，このときの均衡 GDP の増加量は，

$$\Delta Y = \frac{\Delta I+\Delta NX}{1-c}$$

と求めることができます。これまで説明した開放経済における金融政策のメカニズムを図9.9にまとめました。

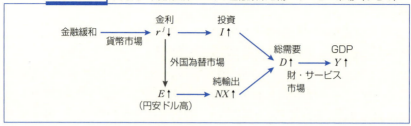

図9.9 開放経済における金融政策と財・サービス市場（まとめ）

例題 9.5 1年後の期待為替レートが1ドル97円，アメリカの金利が5%，日本の金利が2%とする。金利平価により現在の為替レート E は1ドル＝100円に定まっている。また消費関数は $C=0.5Y$，投資関数は $I=20-500r$，政府支出は $G=5$，そして純輸出関数は $NX=10+0.9E$ であるとする。このとき，以下の問いに答えなさい。

(1) 均衡 GDP を求めなさい。(2) いま日本銀行が金融緩和を行い金利を $r^j=0.01$ としたとするとき，均衡 GDP の増加量を求めなさい。

答 (1) 財市場の均衡式 $Y=C+I+G+NX$ より，$Y=0.5Y+20-500\times0.02+5+10+0.9\times100$ である。よって $Y=230$ となる。(2) $r^j=0.01$ のとき，$0.01=0.05+\frac{97-E}{E} \Rightarrow E \fallingdotseq 101.04$ である。
$\Delta I = 20-500\times0.01-(20-500\times0.02)=5$，$\Delta NX=10+0.9\times101.04-(10+0.9\times100)$
$\fallingdotseq 0.94$。以上から均衡 GDP の増加量は $\Delta Y = \frac{\Delta I + \Delta NX}{1-c} = \frac{5+0.94}{1-0.5} = 11.88$。

開放経済の IS–LM モデル（マンデル・フレミング・モデル）

第6章の最後に取り扱った IS–LM モデルを，開放経済に拡張することも可能です。開放経済版の IS–LM モデルは，その提唱者のロバート・マンデルとジョン・フレミングにちなみマンデル・フレミング・モデルとも呼ばれます。提唱者の1人であるマンデルは1999年にノーベル経済学賞を受賞しています。この章で扱ったモデルは，マンデル・フレミング・モデルの簡略版となっており，そのメカニズムはおおむね同じです。マンデル・フレミング・モデルの詳細は，ウェブサポートページにて説明します。

SUMMARY ●まとめ

□ 1 海外との資産の取引についての一定期間の収支を金融収支と呼び，経常収支と資本移転等収支の和と恒等的に等しい。

□ 2 為替レートは，自国通貨で運用した収益率（金利）と，外国通貨で運用したときの期待収益率とが等しくなるように決まる。

□ 3 自国（日本）の金融政策による金利の下落は，為替レートを円安・ドル高方向へ減価させる。

EXERCISE ●練習問題

1 次の記述の ［ ① ］ から ［ ⑥ ］ に当てはまる語句を語群から選びなさい。
国際収支統計では，国際的な取引は大きく３つに分類される。１つ目の ［ ① ］ は，海外との財・サービスの取引を記録する ［ ② ］ と，海外との所得の取引を記録する ［ ③ ］ からなる。また，２つ目の ［ ④ ］ とは，対価を伴わない固定資産の提供や，国際的な債務の免除などの収支を記録したものである。最後の ［ ⑤ ］ とは，海外との資産の取引の収支を記録したものである。誤差脱漏を無視すると，これらの収支には ［ ① ］＋［ ④ ］＝ ［ ⑤ ］ という関係がある。また ［ ② ］ は国民経済計算における ［ ⑥ ］ に相当する。

［語群］　a. 直接投資　b. 純輸出　c. 資本移転等収支　d. 貿易・サービス収支　e. 証券投資　f. 外貨準備　g. 金融派生商品　h. 所得収支　i. 外貨準備　j. 金融収支　k. 経常収支

2 外国為替市場に関する記述として誤っているものを選びなさい。

①外国為替市場は，インターバンク市場と対顧客市場の２つの市場からなる。

②変動相場制とは，外国為替市場における通貨の需要と供給に応じて為替レートが変動する制度のことである。

③通貨当局が為替レートに影響を与えるために外国為替市場で通貨を売買することを為替介入と呼ぶ。

④自国通貨建ての為替レートの値が減少するとき，その国の通貨は通貨安になる，あるいは通貨が減価するという。

3 本文と同じくアメリカ企業の GE 社が，日本企業の富士通からコンピューターを輸入する取引を考えましょう。GE 社は代金をすぐに支払うのではなく，富士通に対してドルで金額が書かれた借用書を発行して取引をしたとします。このとき，日本の純輸出と金融収支はどのように変化するか，また，なぜそのようにな

● 247

るか説明しなさい。

4 アメリカの金利が年率 3%，今の為替レート E が 100（円/ドル），1 年後の期待為替レートが 101（円/ドル）だとします。

(1) ドル資産で運用する場合の円ベースの期待収益率を求めなさい。

(2) 日本の金利が 2% のとき，今の為替レート E はいくらになるか求めなさい。

(3) 日本銀行が金融緩和を行い，日本の金利を 1% に下げたとします。今の為替レート E はいくらになるか求めなさい。

(4) (3)に続いて，連邦準備制度理事会（FRB）が金融緩和を行い，アメリカの金利を 2% に下げたとします。今の為替レート E はいくらになるか求めなさい。

5 ある時点の外国為替市場において，1 ドル＝100 円，1 ユーロ＝140 円であったとします。また，為替取引の手数料はないものとします。

(1) 1 ドル＝1.3 ユーロであるとき，どのように 3 つの通貨を売り買いすれば儲けることができるか答えなさい。

(2) 1 ドル＝100 円，1 ユーロ＝140 円に固定されているとして，無裁定条件より 1 ドル何ユーロになるか答えなさい（ユーロ単位で小数点第 3 位以下は四捨五入）。

248 ● CHAPTER 9 国際収支・為替レートとマクロ経済

第 **3** 部

マクロ経済学の発展的トピックス

PART **3**

CHAPTER **10** 経済が成長するメカニズム
11 資産価格の決まり方

CHAPTER

第10章

経済が成長するメカニズム

INTRODUCTION

第7章で学んだように，国内総生産（GDP）の長期的な水準は生産能力に依存します。生産能力には，資本・労働・技術など，さまざまなものが関わっています。日本経済は，資本・労働・技術の3要素が増え続けることで生産能力を着実に高め，発展を遂げています。この章では，第1に生産能力が増加することで，経済が成長するメカニズムを，ソローモデルと呼ばれる経済成長モデルの分析を通して学びます。第2に，直接測ることが困難な技術進歩を計測する手法である成長会計を学びます。

Keywords：資本蓄積，生産関数，技術進歩，ソローモデル，全要素生産性（TFP），成長会計

1 経済成長とは何か？

　この節では，経済成長とは何かについて，戦後日本経済の成長にも触れながら説明します。

経済成長とは

　経済成長とは，国，あるいは地域の生産・所得が実質的な面で長期的に増加していくことをいいます。本書では経済成長を，実質 GDP の増加で測ります。また，必要に応じて GDP を人口で割った「1 人当たり」で見た実質 GDP の増加にも着目します。第 1 章で示したように，GDP は同時に，国内の総所得でもあります。したがって，1 人当たり GDP は 1 人当たり所得でもあり，人々の平均的な生活水準を示していると考えることができます。

　1 人当たりで見た生産・所得が長期的に増加していくということは，言い換えれば，私たちの生活水準が時とともによくなっていくことです。1 人当たりについて考える理由は，経済全体の実質 GDP が高いからといって，私たち 1 人ひとりの生活水準が豊かであるとは限らないからです。たとえば，ある国の実質 GDP が増えても，それ以上にその国の人口が増えてしまった場合には，1 人当たりの実質 GDP は減るため，その国の人々は平均すると貧しくなっています。そのため，生活水準を考える場合には，1 人当たりで考える必要があります。また，以下では GDP はすべて実質 GDP を指すものとします。

戦後日本の経済成長

　第 1 章の図 1.4 で見たように 1960 年代の日本は，年率で平均約 10% という非常に高い割合で GDP が増加する高度経済成長期を経験しました。その結果，私たちの 1 人当たり所得は実質で見て約 7 年で 2 倍にまで増加しました。当時の生活水準の向上をより実感するために，内閣府「消費動向調査」をもとに，代表的な耐久消費財の普及率の推移をまとめて示した図 10.1 を見てみましょう。高度経済成長期には，白黒テレビ・電気洗濯機・電気冷蔵庫の「三種の神器」と呼ばれる家電が急速に普及していきました。高度経済成長の後，GDP

1 経済成長とは何か？　● 251

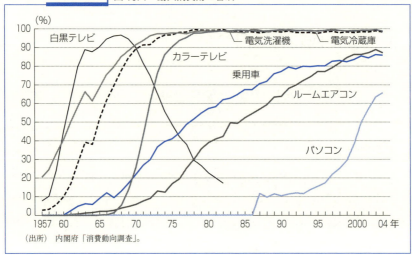

図 10.1 耐久消費財の普及

(出所) 内閣府「消費動向調査」。

の成長率は落ちたものの，年平均 2% 程度を維持しました。1970 年代からは乗用車，ルームエアコンの購入が進みました。1987 年からパソコンが登場し，その後に発売した Windows のブームから急速に普及してきました。このように，耐久消費財の普及率の推移からも，私たちの生活が経済成長に伴って豊かになってきていることがわかります。

国際的な所得格差の推移と経済成長

ある 1 つの国だけに注目し，その国の 1 人当たり GDP の推移を見た場合には，経済成長によってその国の生活水準が変わっていく姿がわかります。一方で，いくつかの同じ時点でさまざまな国の 1 人当たり GDP を比較した場合には，経済成長の度合いの差によって，時間とともに所得の格差が拡大したり，逆に縮小したりすることがわかります。

表 10.1 は，4 つの国の 1970 年と 2017 年の 1 人当たり GDP およびこの間の平均経済成長率を比較したものです。1970 年において，バングラデシュの 1 人当たり GDP は中国の約 2 倍でした。しかし 47 年後の 2017 年には，この順位が逆転し，中国の 1 人当たり GDP がバングラデシュの約 7 倍になるほど大きくなりました。この 47 年間におけるバングラデシュの 1 人当たり GDP の成長率が平均で 2.14% であったのに対して，中国は平均で 7.64% と高い 1 人

| CHART | 表 10.1 1 人当たり実質 GDP（基準年 2010 年，単位ドル） |

	1970 年	2017 年	成長率（年率）
バングラデシュ	401.6	1,085.7	2.14%
中　国	226.4	7,207.4	7.64%
日　本	18,596.3	48,301.3	2.05%
アメリカ	22,704.9	53,469.3	1.84%

（出所）　United Nations, National Accounts Main Aggregate Database.

当たり GDP の成長率を達成したことが，両国の所得の逆転を生み出したのです。

　同じように，1970 年には日本の 1 人当たり GDP はアメリカの約 80％ でしたが，47 年後の 2017 年にはその割合が約 90％ となり，両国の 1 人当たり GDP が近づいてきたことがわかります。これは過去 47 年間における日本の成長率がアメリカの成長率よりも平均して高かったことが要因です。それぞれの国々が長期にわたって異なる成長率で成長するため，各国間の 1 人当たり所得の格差の状況は時代によって変わります。

経済成長の要因──資本蓄積・人口成長・技術進歩

　経済が成長する要因とは何でしょうか。すでに説明したように，GDP の長期的な増加は，生産能力の向上によりもたらされます。そもそも生産能力は何によって決まるのでしょうか。序章で説明したように，生産には資本・労働といった生産要素，そしてそれを使いこなす技術が必要です。この章では生産能力を決めるものは資本・労働・技術の 3 つであると考えます。

　ここで第 1 章と同じように，マクロ経済として 1 つの島だけからなる国の経済を考えてみましょう。この島では，島民のカズキさんが農機具などを用いて働き，農作物を生産しているとしましょう。この経済の生活水準が向上するためには，島の生産能力が向上していくことが必要です。生産能力向上の主な要因として，以下の 3 つを考えることができます。

　1 つ目は，カズキさんの持つ農機具などの数が増えていくことです。たくさんの農機具があれば，より効率的に収穫ができるようになります。序章でも説明したように，生産のために使われる機械・機具・設備のことを資本，そして資本が設備投資によって蓄積されて増えていくことを資本蓄積と呼び，生産能

1　経済成長とは何か？　● 253

力向上，そして経済成長の要因の1つとなっています。

2つ目に考えられる要因は，労働の増加，つまり人口成長です。カズキさんのほかに労働者が増えれば，労働が増え，たくさん収穫することができます。人口が増えることは経済全体の生産能力にとってはプラスの要因になります。しかし，人口が増えることは1人当たりGDPに対して必ずしもプラスには働かないため注意が必要です。なぜなら，生産設備が一定のままで人口のみが増える場合は，1人当たりで利用できる生産設備等の資本が減るため，その分だけ1人当たりの生産能力は下がることになるからです。

3つ目の要因は，技術進歩です。たとえば，島に新しい農業技術，たとえば害虫に負けないように品種改良されたコメが導入されると，これまでと同じ労力をかけたとしても収穫する能力は向上します。

この章では，経済成長が上記の3つの要因からどのように説明されるのかについて，主に資本蓄積と技術進歩に焦点を当てて考察します。説明を簡単にするために，経済成長モデルを説明する次の節では人口は一定であるとします。

 ソローモデル

この節では，1987年にノーベル経済学賞を受賞した経済学者のロバート・ソローが考案した経済成長モデルであるソローモデルを紹介します。はじめは技術進歩を考えず，資本蓄積のみが行われるような経済成長モデルから説明します。

モデルの概要

資本蓄積はソローモデルのエッセンスともいえます。資本，そしてその増加が経済成長にどのような役割を果たしているかを理解していきましょう。まずはモデルを概観します。以下では簡単化のため，政府支出や純輸出は考えないものとします。ソローモデルには，資本が増えることで，生産能力が高まり，GDPが増えるメカニズムが描かれています。ここでは，資本がどのように蓄積されていくのか，GDPがどのように増えるのか，図10.2を利用して直観的に説明します。

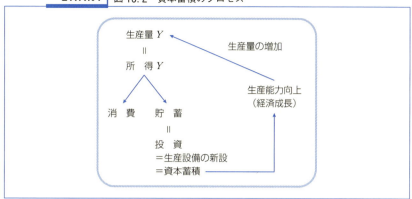

図10.2 資本蓄積のプロセス

ある時点において，経済全体の生産量が Y だけあったとしましょう。Y は GDP であり，資本や労働といった生産要素に所得として分配されます。人々は受け取った所得のうち，一部を消費に回し，残りは貯蓄に回します。貯蓄は第 3 章で学んだように，金融市場を通じて投資の資金源になります。このような閉鎖経済のマクロ経済では投資の資金源は国内の貯蓄のみですから，貯蓄を超えて投資することはできません。

資金を調達した企業は投資を行い，新しい生産設備が増設されます。こうして投資によって資本が蓄積され，生産能力が向上し，生産量が増加します。その結果として，総所得が増え，貯蓄が増え，投資が増えて，資本が蓄積されます。すなわち，生産能力が向上し，経済が成長していくのです。以上が，資本蓄積による成長の全体像です。

生産関数

ここでは経済全体の生産量，つまり GDP の長期的水準がどのように決まるのかについて，生産関数を用いて説明します。経済成長を考察する場合のような長期において，生産量は生産する際の技術の水準と生産要素の利用（投入）量から決まります。ここでは，利用可能なすべての生産要素が生産活動に利用されることから，第 7 章における完全雇用 GDP に対応します。

生産関数の例として，コブ・ダグラス型生産関数を紹介します。この生産関数によれば，ある年の生産量を Y とするとき，それがその年の資本の量 K と，労働の量 N と，そして技術力の高さを表す技術水準 A との関数として，

2 ソローモデル ● 255

$$Y = AK^\alpha N^{1-\alpha}$$

と表されます。ここでは簡単化のために，労働の量は人口に一致するとします。また係数 α は，$0<\alpha<1$ を満たします。人口成長は考えず，N は一定であるとします。今は簡単化のために，しばらくの間は技術水準が $A=1$，かつ $\alpha=0.5$ と仮定します。この場合，$K^{0.5}=\sqrt{K}$ ですので，生産関数は，

$$Y = 1\sqrt{K}\sqrt{N} = \sqrt{KN}$$

と表現できます。

> **POINT 10.1** 経済全体の生産量の決定
> - GDP の長期的水準は，技術水準と生産要素の投入量から決まる
> - 技術水準・生産要素と生産量の関係を示した関数を生産関数という
>   例：コブ・ダグラス型生産関数：$Y=AK^\alpha N^{1-\alpha}$
> $\alpha=0.5$，$A=1$ のとき，$Y=\sqrt{KN}$

例題 10.1 (1) 生産関数を $Y=\sqrt{KN}$ とする。資本 $K=100$，人口 $N=900$ のときの生産量 Y を求めなさい。
(2) 生産関数と人口は (1) と同じで，資本だけ $K=400$ になったとき，生産量 Y を求めなさい。
答 (1) $Y=\sqrt{100 \times 900}=10 \times 30=300$　(2) $Y=\sqrt{400 \times 900}=20 \times 30=600$

1人当たり生産関数

コブ・ダグラス型生産関数 $Y=\sqrt{KN}$ を使って1人当たり生産量を考えてみましょう。人口が N（人）ですから，生産関数の式の両辺を N で割り，1人当たり生産量 $\frac{Y}{N}$ を1人当たり資本 $\frac{K}{N}$ を用いて表すことができます。

$$\frac{Y}{N} = \frac{\sqrt{KN}}{N} = \sqrt{\frac{KN}{N^2}} = \sqrt{\frac{K}{N}}$$

ここで左辺の1人当たり生産量を $y=\frac{Y}{N}$ に，右辺の1人当たり資本を $k=\frac{K}{N}$ として置き換えると，以下のような式

$$y = \sqrt{k}$$

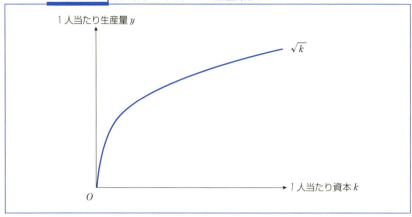

CHART 図 10.3　1人当たりの生産関数

を得ます。この式は，1人の労働者が1人分の資本kを利用して，どれだけ生産することができるかという**1人当たりの生産関数**を意味します。

1人当たり生産関数$y=\sqrt{k}$はどのような形状をしているか，グラフを書いて確認をしてみましょう。図10.3は，横軸に1人当たり資本kを，縦軸に1人当たり生産量yをとったグラフに，1人当たり生産関数を描いたものです。図では，1人当たり資本kが大きくなるほど，1人当たり生産量yは大きくなっています。つまり，yはkの増加関数です。

> **POINT 10.2** 1人当たり生産量の決定
> コブ・ダグラス型生産関数（$Y=\sqrt{KN}$）を仮定した場合の，1人当たりの生産量$y=\frac{Y}{N}$と1人当たりの資本$k=\frac{K}{N}$との関係式：
> $$y=\sqrt{k}$$

資本の限界生産力逓減の法則

図10.3からわかるように，1人当たり生産関数$y=\sqrt{k}$には，1人当たり資本kが大きくなるほど，1人当たり生産量yは増えているものの，だんだんとその増え方（傾き）が緩やかになっていくという性質があります。これは，1人当たり資本kの量が大きくなるにつれ，追加的にkを1単位ずつ増やしたときのyの増え方が緩やかになっていくことを意味しています。この性質を，**資本の限界生産力逓減の法則**といいます。資本の限界生産力（marginal product

CHART 表 10.2 資本の投入，生産，限界生産力（*MPK*）の関係

資本 (k)	1	2	3	4	5	6
生産量 $(y=\sqrt{k})$	1.00	1.41	1.73	2.00	2.24	2.45
$MPK\ (=\sqrt{k+1}-\sqrt{k})$	0.41	0.32	0.27	0.24	0.21	

of capital）とは，労働を一定としたまま（ここでは労働力は 1 人のままとします），資本を追加的に 1 単位増やしたときの，生産の増加分のことをいいます。資本の限界生産力を，英語の頭文字（*K* はドイツ語 Kapital の頭文字）をとって *MPK* とします。つまり，*k* を 1 単位増やした場合の生産量の増加分は，

$$MPK = \sqrt{k+1}-\sqrt{k}$$

と表すことができます。**表 10.2** は *MPK* を計算したものです。1 人当たり資本 *k* を増やすほど，2 列目の生産量は増加していきます。一方で，3 列目に表示した生産の増加分 *MPK* は正ではあるものの，だんだんと減少していきます。このように，資本量が増えると *MPK* が逓減することが確認できます。

　労働の量は変えずに，資本の投入量だけを追加すると，なぜ生産の増加分はだんだんと少なくなっていくのでしょうか。**表 10.2** を利用して，職人がタコ焼き器を用いて 1 人で営業しているタコ焼き屋の例を考えてみましょう。ここではタコ焼き器を資本と考え，職人 1 人当たりのタコ焼き機の数 *k* と生産するタコ焼きの個数 *y* との間に，上と同じく $y=\sqrt{k}$ という生産関数の関係があるとします。ここで，生産量 1 単位をタコ焼き 100 個分と考えます。当初は 1 人の職人に対して，タコ焼き器は 1 台だけあるとすれば，1 人当たり資本は *k*=1 です。このとき表からもわかるように，タコ焼きの生産量は $y=\sqrt{1}=1$，つまり 100 個となります。

　ここでお客さんが増えてきたので，タコ焼き器をもう 1 台追加したとしましょう。この場合，2 台のタコ焼き器を 1 人の職人が使用するため，1 人当たり資本は *k*=2 となり，職人 1 人当たりの生産量は $y=\sqrt{2}≒1.41$，つまり約 141 個のタコ焼きを焼けるようになります。1 人で 2 台同時の操作は複雑であるため，資本であるタコ焼き器の量が 2 倍になっても，同時に焼けるタコ焼きの数は単純に 2 倍にはなりません。これまでより多く焼けるようになった分，141 −100＝41 個が，*k*=1 の状況における *MPK* です。さらにタコ焼き機を 1 台増

258 ● **CHAPTER 10** 経済が成長するメカニズム

やし，職人1人で3台のタコ焼き機を同時に用いてタコ焼きを作る場合には $y = \sqrt{3} \fallingdotseq 1.73$ つまり約173個を焼けるようになります。タコ焼き器の台数を2台から3台に増やしたとき，つまり $k=2$ の状況における MPK は $173-141=32$ 個となり，$k=1$ の状況の MPK よりも減っています。これは手慣れた職人といえども，タコ焼き器の台数が増えれば，操作が複雑になり，それまでと同じ要領では焼くことはできなくなることを反映しています。これが資本の限界生産力逓減の法則が意味することです。

> **POINT 10.3** 資本の限界生産力逓減の法則
> 生産要素である資本の投入のみを増やしていくと，その限界生産力が小さくなっていくこと

資本蓄積

　資本は，たとえば新しい機械の導入や建物の建設などの設備投資により生産設備が新設された分だけ増えていきます。ある年の投資を I とすると，その分だけ新しく資本が蓄積されることになります。また，資本は減少することもあります。その要因は，機械等は長く使っていると老朽化によって摩耗してしまうことにあります。たこ焼き屋の例に戻ると，たとえば20年以上も使っていると，一部のたこ焼き器は壊れて使えなくなってしまうことがあります。このような老朽化による摩耗分だけ資本は減少していると考えて，その減少分を固定資本減耗と呼びます。ソローモデルでは，毎年，資本のうち δ の割合が減耗すると仮定します（δ はデルタと読みます）。δ は固定資本減耗率と呼ばれます。たとえば，$\delta=0.02$ のときは，毎年2%の資本が老朽化により減ることを意味します。ある年に資本が K だけあるとき，その年の固定資本減耗は資本 K の δ の割合，つまり δK になります。

　以上をまとめると，ある年の資本の増加分を ΔK とすると，その値は投資 I から固定資本減耗 δK を引いたもので表すことができます。

$$\underbrace{\Delta K}_{\text{資本の増加}} = \underbrace{I}_{\text{投資}} - \underbrace{\delta K}_{\text{固定資本減耗}}$$

このとき，次の年の資本は $K+\Delta K = I+(1-\delta)K$ になります。

　投資の資金源は貯蓄になります。つまり，私たちが貯蓄した額だけ投資がで

2　ソローモデル　●　259

きるため，経済全体では貯蓄と投資は等しくなります。ソローモデルでは，所得のうち貯蓄される割合を貯蓄率と呼び，記号 s で表します。s は $0<s<1$ を満たす一定の数値であると仮定します。よって所得を Y とするとき，貯蓄は sY となります。以上から投資 I は，次のように表すことができます。

$$\underbrace{I}_{投資} = \underbrace{sY}_{貯蓄}$$

この式を利用し，先の資本蓄積の式は次のように書き直すことができます。

$$\underbrace{\Delta K}_{資本の増加} = \underbrace{sY}_{投資（貯蓄）} - \underbrace{\delta K}_{固定資本減耗}$$

ここで，1人当たりの資本蓄積を考えてみましょう。今は人口が一定で変化しませんから，経済全体の問題と1人当たりの問題との間に大きな違いはありません。1人分の資本 k は，1人分の貯蓄だけ増加します。ここで1人分の貯蓄は，1人分の所得 y のうち s の割合ですから sy で表されます。一方，1人分の資本 k のうち δ の割合だけ減耗するため，1人分の固定資本減耗は δk です。つまり，1人当たり資本の変化分 Δk は，

$$\Delta k = sy - \delta k$$

として表せます。さらに前の項で導出した1人当たりの生産関数 $y=\sqrt{k}$ を利用すると，1人当たり資本 k がどのように蓄積されるかを表現する，以下のようなソローモデルの基本となる式を得ます。

POINT 10.4　1人当たり資本 k の蓄積の式

$$\underbrace{\Delta k}_{1人当たり資本の増加} = \underbrace{s\sqrt{k}}_{1人当たり投資（貯蓄）} - \underbrace{\delta k}_{1人当たり固定資本減耗}$$

例題 10.2 (1) 貯蓄率 s を 30%，資本減耗率 δ を 2%，1人当たり生産関数を $y=\sqrt{k}$ とする。今年の1人当たり資本の量が 100 のとき，来年の資本の量を求めなさい。

(2) (1)と同じ条件だが，今年の1人当たり資本の量が 400 のとき，来年の資本の量を求めなさい。

答 (1)今年から来年にかけて資本が増加する量は $\Delta k=0.3\times\sqrt{100}-0.02\times100=1$。したがって来年の資本は $100+1=101$ となる。

260 ● CHAPTER 10 経済が成長するメカニズム

(2) 今年から来年にかけて資本が増加する量は $\Delta k = 0.3 \times \sqrt{400} - 0.02 \times 400 = -2$。したがって来年の資本は $400 - 2 = 398$ となる。

経済の成長経路

前項では POINT 10.4 において，どのようなメカニズムで資本が蓄積されていくかを定式化しました。この定式化に基づいて経済がどのような振る舞いを示すか分析してみましょう。ポイントは，1人当たり資本 k がどのように変化するかを考える点にあります。例題 10.2 のように，Δk で表される k の変化分がプラスであるかマイナスであるかを考察することで，k が増えるのか減るのかを考えることができます。このとき k の大きさによって，その変化分である Δk に違いが出てきます。

$\Delta k = s\sqrt{k} - \delta k$ がプラスかマイナスかは，1人当たり貯蓄（投資）$s\sqrt{k}$ と1人当たり固定資本減耗 δk のどちらが大きいかによって決まります。つまり，k の振る舞い方は以下の3通りのケースに分かれます。

① $s\sqrt{k} > \delta k$ のとき，$\Delta k = s\sqrt{k} - \delta k > 0$ です。つまり資本 $\dot{k}$ は増加します。

② $s\sqrt{k} < \delta k$ のとき，$\Delta k = s\sqrt{k} - \delta k < 0$ です。つまり資本 $\dot{k}$ は減少します。

③ $s\sqrt{k} = \delta k$ のとき，$\Delta k = s\sqrt{k} - \delta k = 0$ です。つまり資本 $\dot{k}$ は一定です。

最後の③の場合，資本の変化分がゼロであるため資本の値は時間とともに変化しません。このような状況を定常状態と呼び，定常状態における資本を k^* で表します。このような k^* は，$s\sqrt{k^*} = \delta k^*$ を満たします。

グラフを使うと1人当たり資本 k の動きがよく見えてきます。図 10.4 は，資本蓄積の式における第1項目の $s\sqrt{k}$ と第2項目の δk を，k を横軸にとってグラフに描いたものです。第1項目の $s\sqrt{k}$ は，先ほどの生産関数のグラフと非常によく似た形をしています。一方，δk は1次関数になっています。そのため原点を通り傾きが δ の直線で書くことができます。

1人当たり資本の変化分である Δk が先ほどの3つのどのケースになるかは，グラフを見て $s\sqrt{k}$ と δk の高さを比べるとわかります。いま1人当たり資本が k^* より少ない k_1 という水準にあったとします。グラフから明らかに $s\sqrt{k_1} > \delta k_1$ ですから，$\Delta k_1 > 0$ です。一般に，1人当たり資本 k が交点 E における値 k^* よりも少ない場合，①のケースに対応し，$\Delta k > 0$ となります。つまり

2 ソローモデル ● 261

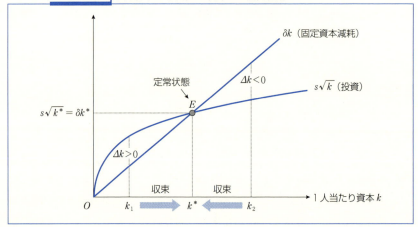

図10.4 1人当たり資本 k の成長経路

k は時間とともに増加します。次に、1人当たり資本が k^* より多い k_2 という水準にあったとします。グラフから $s\sqrt{k_2}<\delta k_2$ ですから、$\Delta k_2<0$ です。一般に、1人当たり資本 k が k^* よりも多い場合は②のケースに対応し、$\Delta k<0$ となります。つまり k は時間とともに減少します。最後に、k の値がグラフの交点 E での水準 k^* であれば、$s\sqrt{k^*}=\delta k^*$ ですから、$\Delta k=0$ です。この交点 E がケース③に対応し、この経済の定常状態を表しています。この経済における資本の蓄積(成長経路)は、以下のようにまとめることができます。

POINT 10.5 経済の成長経路

経済のスタート時点の1人当たり資本がどの水準であっても、経済は安定的に定常状態へ向かい、1人当たり資本の値は一定値 k^* に収束する

例題 10.3 貯蓄率を50%、資本減耗率を5%、1人当たり生産関数を $y=\sqrt{k}$ とする。定常状態における1人当たり資本 k^* を求めよ。

答 $\Delta k=0.5\times\sqrt{k}-0.05\times k=0$ より、$0.5\times\sqrt{k}=0.05\times k \Rightarrow k^*=100$。

貯蓄率が経済に与える影響

前項において、投資によって、資本蓄積が進み、経済の生産能力は高まることを説明しました。その際、貯蓄が投資の資金源となっていることに注目しましょう。もし貯蓄率 s が変化した場合、経済にどのような影響があるでしょうか。はじめ経済は図10.5において貯蓄率 s_1 の定常状態 E_1 におり、その状態

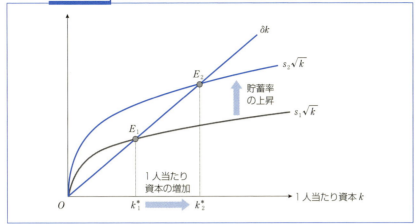

図10.5 貯蓄率と1人当たり資本の関係

での1人当たり資本は k_1^* とします。ここで，貯蓄率が s_2 へと上昇したとしましょう。貯蓄率の上昇によって，1人当たり貯蓄 $s\sqrt{k}$ のグラフが上にシフトします。その結果，定常状態は E_1 から E_2 に移り，1人当たり資本の値は今の水準 k_1^* から時間とともに新しい水準 k_2^* へと増加していきます。これら新旧2つの定常状態では，所得水準はどう違うでしょうか。ここで，2つの定常状態 E_1, E_2 における1人当たり生産量をそれぞれ y_1^*, y_2^* とします。1人当たり生産関数の式 $y=\sqrt{k}$ より，$y_1^* = \sqrt{k_1^*}$, $y_2^* = \sqrt{k_2^*}$ です。ここで1人当たり資本は $k_1^* < k_2^*$ ですので，1人当たり生産量は $y_1^* < y_2^*$ になります。つまり貯蓄率が高い方が，定常状態の1人当たり生産量，そして所得は大きくなります。これは，貯蓄する割合が増えるため，投資に回る分が増え，その分だけ資本蓄積が進み，その結果として生産能力はより高い水準となるためです。

> **POINT 10.6** 貯蓄率が経済に与える影響
> 貯蓄率 s が大きいほど，定常状態の1人当たり生産量（所得）は高い

技術進歩

これまでわかったことは，資本蓄積による経済成長はいずれ定常状態に到達して，1人当たり生産量の増加は止まってしまうということです。つまり資本の蓄積だけでは，1人当たり生産量が持続的に増加することはないのです。貯蓄率が増えると生産量も増えますが，貯蓄率は1を超えることはなく，また望

ましい貯蓄率は必ずしも1ではありません（詳しくはウェブサポートページ）。ま
た実は2つ目の要因である人口成長も1人当たり生産量の持続的増加には貢献
しません。人数が増えて労働力が増えれば経済全体の生産量は増加しますが，
1人分の分け前が増えることにはならないためです。しかし，日本やアメリカ
など多くの国では，これまで持続的に経済は成長してきました。こうした持続
的成長の本当の原動力は何なのでしょうか。その答えは3つ目の要因である技
術進歩にあります。

　技術進歩が経済の持続的成長の要因であることを説明するため，技術水準を
数値で表したものを A とおきます。A が大きいほどその経済の技術力が高い
ことを意味します。この場合，技術進歩は A の値が大きくなっていくことに
対応します。すでに説明したように，技術水準を考慮したコブ・ダグラス型生
産関数は一般に $Y = AK^{\alpha}N^{1-\alpha}$ として表すことができます。ここで，前の項と
同様に $\alpha = 0.5$ と置きます。このとき，この生産関数は以下のように表されます。

$$Y = A\sqrt{KN}$$

これまでと同じく労働 N は一定だと仮定します。この場合，1人当たり生産
量を $y = \frac{Y}{N}$，1人当たり資本を $k = \frac{K}{N}$ とすると，1人当たりの生産関数は，技
術水準 A を用いて，

$$y = A\sqrt{k}$$

と書くことができます。後はそれほど難しくありません。ソローモデルにおけ
る1人当たりの資本蓄積は，次の式のようになります。

$$\underbrace{\Delta k}_{\text{1人当たり資本の増加分}} = \underbrace{sA\sqrt{k}}_{\text{1人当たり投資（貯蓄）}} - \underbrace{\delta k}_{\text{1人当たり固定資本減耗}}$$

　この経済の1人当たり資本 k の振る舞いは，グラフを利用すると平易に分
析できます。当初，図10.6のように経済は A_1 という技術水準を持ち，定常
状態 E_1 にいたとします。E_1 における1人当たり資本を k_1^* とします。このと
き，新技術が開発されたことによって技術水準が A_2 へと向上したとしましょ
う。すると，新しい定常状態は図において点 E_2 になり，1人当たり資本は k_2^*
へ向かって増加していきます。さらに技術進歩が進み，技術水準が A_3 になっ
たとすれば，新しい定常状態 E_3（1人当たり資本 k_3^*）へと続けて経済は成長し

264 ● CHAPTER 10 経済が成長するメカニズム

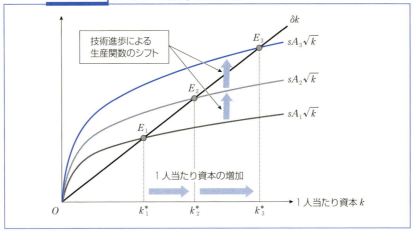

図10.6 技術進歩と経済成長

ます。つまり技術水準が継続的に向上する場合、経済は成長し続けることができるのです。

以上が、資本蓄積と技術進歩を考慮したソローモデルの解説です。生産能力向上の2つ目の要因である人口成長を考えるモデルは、ウェブサポートページで紹介します。

> **POINT 10.7** 持続的な経済成長の要因
> ソローモデルにおける1人当たり生産量の持続的成長の原動力は技術進歩である

経済成長の要因分解

この節では、実際のデータを用いて、技術が経済成長に貢献している度合いを測る手法について説明します。

成長会計とは

前節の議論で、技術進歩が1人当たり生産量の持続的な成長に重要であることはわかりました。しかし、技術進歩が具体的にどの程度経済成長に貢献して

いるのかを直接数値化することは非常に困難です。なぜならば，ソローモデルが考える技術水準 A は，資本と労働以外の要素で生産を増やす要因を幅広く捉える概念であるからです。科学の知識や技術はもちろん，私たちが身につけた生産のための能力・技能もこの技術水準に含まれます。漁業を例にとると，漁業労働者の能力・技能が高ければ，仮に船などの設備が同じであったとしても，漁獲高は上がります。また，政府の規制や法律の存在も，技術水準に影響を与えます。たとえば，ある非常に効率的な生産技術に対し，環境保全等の理由によって政府の規制がかかってしまい，その技術を利用できなくなることもありえます。こういう場合には，技術水準は小さくなってしまいます。

このように技術水準 A は直接的な計測が困難であるため，生産量の変化のうち資本や労働といった生産要素の変化では説明できない残りのすべての要素の部分であるため，全要素生産性（total factor productivity：TFP）とも呼ばれます。以下では技術水準のことを全要素生産性（TFP）と呼びます。

このように技術が経済成長に貢献している度合いを直接測るのは難しいため，間接的に計測する手法として成長会計という手法があります。成長会計においては，経済成長の要因を資本の貢献・労働の貢献・全要素生産性（TFP）の貢献に要因分解します。この節では，コブ・ダグラス型生産関数 $Y = AK^{\alpha}N^{1-\alpha}$ を利用した基本的な成長会計を紹介します。実際のデータを用いる場合には，Y には実質 GDP を用い，K には実質の資本ストック，N として労働力人口や労働時間を利用します。コブ・ダグラス型生産関数を仮定した場合，実質 GDP の成長率 $\frac{\Delta Y}{Y}$，資本の成長率 $\frac{\Delta K}{K}$，労働の成長率 $\frac{\Delta N}{N}$，全要素生産性（TFP）の成長率 $\frac{\Delta A}{A}$ の間には，

$$\underbrace{\frac{\Delta Y}{Y}}_{\text{実質 GDP の成長率}} = \underbrace{\frac{\Delta A}{A}}_{\text{生産性の成長率}} + \alpha \underbrace{\frac{\Delta K}{K}}_{\text{資本の成長率}} + (1-\alpha) \underbrace{\frac{\Delta N}{N}}_{\text{労働の成長率}}$$

という関係があります（導出方法はウェブサポートページを参照してください）。この式は，実質 GDP の成長率が，全要素生産性・資本・労働という３つの要素の成長率によって決まることを示しています。この式によれば，資本の 1% の増加することによって，実質 GDP は α% の増加します。同様に，労働の量が 1% 増えたとき，それによる実質 GDP の増加は $1-\alpha$% となります。以下では，資本の成長率に係数 α をかけた値 $\alpha\frac{\Delta K}{K}$ を，経済成長への資本の貢献度，そし

て労働の成長率に係数 $1-\alpha$ をかけた値 $(1-\alpha)\frac{\Delta N}{N}$ を経済成長への労働の貢献度と呼びます。この式より，全要素生産性の成長率は，実質 GDP および生産要素の成長率を用いて以下のように計算できます。

POINT 10.8　成長会計と全要素生産性（TFP）

コブ・ダグラス型生産関数 $Y = AK^{\alpha}N^{1-\alpha}$ を用いるとき，全要素生産性 A の変化率 $\frac{\Delta A}{A}$ は，次のように求められる。

$$\frac{\Delta A}{A} = \frac{\Delta Y}{Y} - \left[\alpha\,\frac{\Delta K}{K} + (1-\alpha)\frac{\Delta N}{N}\right]$$

　全要素生産性の成長率は，実質 GDP の成長率のうちで，資本と労働が貢献した部分を取り除いた部分，つまり資本や労働といった生産要素の投入だけでは説明できない残差を計測しています。そのため，これはソロー残差とも呼ばれます。

　実質 GDP の成長率，資本の成長率，労働の成長率はそれぞれ実際のデータから計測できます。また係数 α は実証研究の結果からおおむね 3 分の 1 前後の値であることがわかっており，これらを利用すると，$\frac{\Delta A}{A}$ の値を求めることができます。

日本の高度経済成長の要因分解

　ここで高度経済成長期の日本について成長会計を適用してみましょう。表

CHART　表 10.3　日本の高度経済成長期の GDP・資本・労働の成長率

（単位：％）

年	実質 GDP の成長率	資本 (K) の成長率	労働 (N) の成長率	年	実質 GDP の成長率	資本 (K) の成長率	労働 (N) の成長率
1961	11.78	11.58	0.60	1968	11.87	13.92	1.56
1962	8.53	24.99	−0.42	1969	11.99	13.78	−0.65
1963	8.76	9.64	0.29	1970	10.35	15.85	−0.74
1964	11.10	10.92	0.84	1971	4.46	20.19	−0.28
1965	5.69	12.51	0.16	1972	8.58	12.12	−0.03
1966	10.26	8.90	2.16	1973	8.08	12.66	1.26
1967	11.09	13.19	1.82				

（出所）　Hayashi and Prescott データベース（http://fhayashi.fc2web.com/Hayashi-Prescott1.htm）。

3　経済成長の要因分解　● 267

Column ❿-1　日本における有名な発明・発見

▶**ビタミン B1 の発見**　江戸時代，地方の武士が江戸勤務になると脚がむくみ，しびれることがよくありました。この病気は，江戸での仕事を終えて，地元に戻ってしばらくすると治ることから「江戸煩い」と呼ばれました。現在は「脚気」として知られている病気ですが，当時は原因がよくわかりませんでした。江戸だけではなく大坂（大阪）でも同様の症状があり「大坂腫れ」とも呼ばれました。江戸時代は地方に住む人や農民は玄米や雑穀を食べていたのに対して，都市部で暮らす人たちは精米して米糠を取った白米を食べる習慣があったことが，この病気の発生原因ではないかといわれていました。東京帝国大学の鈴木梅太郎教授は米糠と脚気の研究から，1911 年にこの原因となる有効成分を発見・抽出し，のちにオリザニンと名づけました。これは現在ビタミンB1 と呼ばれているものと同じものです。そのほかのいくつかの発明・発見を以下の表にまとめました。

表　日本における有名な発明・発見

年	発明・発見	発明・発見者	受賞等
1911	オリザニン（ビタミン B1）	鈴木梅太郎	
1926	電子式（高柳式）テレビジョン（ブラウン管）による電送・受像の成功	高柳健次郎	IEEE マイルストーン 2009
1926	八木・宇田アンテナ（レーダー性能向上）	八木秀次・宇田新太郎	IEEE マイルストーン 1995
1971	カップヌードル	安藤百福	
1992	fMRI（機能的磁気共鳴画像法）	小川誠二	
1993	高輝度青色発光ダイオード	赤崎勇・天野浩・中村修二	2014 年ノーベル物理学賞

（注）　IEEE マイルストーンとは，規格の標準化活動も行うアメリカの電気・電子技術の学会である The Institute of Electrical and Electronics Engineers が，電気・電子技術および関連分野における歴史的偉業を認定する賞のこと。
（参考文献）　IEEE ホームページ，『世界大百科事典』平凡社。

10.3 は，Hayashi and Prescott（2002）で用いられたデータベースを利用して，1961 年から 73 年までの実質 GDP の成長率，資本の成長率，労働の成長率を示したものです。ここでは労働は人口だけでなく，労働時間なども考慮した数値を用います。Hayashi and Prescott（2002）の推計によれば α は約 0.36 です。

CHART 図 10.7　日本の高度経済成長期の要因分解

(出所)　表 10.3 と同じ。

　この表から，先ほどの計算を用いて 1961 年の全要素生産性の成長率を求めてみましょう。実質 GDP の成長率 $\frac{\Delta Y}{Y} = 11.78\%$ のうちで，資本の貢献度は $\alpha \frac{\Delta K}{K} = 0.36 \times 11.58 =$ 約 4.17（％）です。一方，労働の貢献度は $(1-\alpha) \frac{\Delta N}{N} = (1-0.36) \times 0.60 =$ 約 0.38（％）です。以上から全要素生産性の成長率を求めると，

$$\frac{\Delta A}{A} = 11.78 - (4.17 + 0.38) = 約 7.23 （％）$$

となります。つまり，全体の成長率 11.78％ のうち約 7.23％ が，全要素生産性の向上による貢献の部分です。

　図 10.7 はこれらの結果をまとめたものです。折れ線グラフ（実線）は実質 GDP の増加率の推移を示しています。一方，棒グラフにおいて，灰色で塗りつぶされた部分は労働 N の貢献部分，薄い青色で塗りつぶされた部分は資本 K の貢献部分，そして濃い青色で塗りつぶされた部分が全要素生産性 (TFP) である A の貢献部分を示しています。若干の変動はあるものの，おおむね全要素生産性の貢献が全体の約半分を占めていることが観察されます。つまり高度経済成長期には，資本や労働といった生産要素の投入による貢献部分よりも，技術の向上やその他の要因によって生産効率が上昇する全要素生産性 (TFP) の貢献部分が重要であったことがわかります。

SUMMARY ●まとめ

□ 1 経済成長の主な要因は，資本蓄積・人口成長・技術進歩の３つである。

□ 2 ソローモデルにおいては，貯蓄率が高いほど資本が多く蓄積されるために，１人当たり生産量の水準は高くなる。

□ 3 ソローモデルにおいて，１人当たり生産量が持続的に成長する要因は，技術進歩である。

EXERCISE ●練習問題

1　次のソローモデルに関する文章の ［　①　］ から ［　④　］ について，当てはまる単語を下の語群から選びなさい。

　　ソローモデルでは，所得のうち一定の割合が ［　①　］ され，残りは ［　②　］ される。［　①　］ を資金源として ［　③　］ が行われることにより，資本蓄積が進み生産能力が向上する。その結果として，生産量（所得）が増加して，経済が成長する。ただし，このモデルでは資本は老朽化による摩耗によって，減ることも考慮されている。資本が老朽化により使えなくなることを ［　④　］ と呼ぶ。

　　［語群］　a. 人口成長　b. 投資　c. 技術進歩　d. TFP　e. 貯蓄　f. 生産　g. 消費　h. 労働　i. 固定資本減耗　j. 定常状態

2　生産関数を $Y = \sqrt{KN}$ とする。$K = 10000$ であり，かつ $N = 900$ のとき，生産量 Y はいくらになるか答えなさい。

3　貯蓄率が異なる２つの国，X 国と Y 国を考える。X 国においては，貯蓄率は 20% である。また Y 国においては，貯蓄率は 5% である。２つの国の１人当たり生産関数は同じで，$y = \sqrt{k}$ とする。両国とも固定資本減耗率は 3% で人口は一定である。このとき，ソローモデルの定常状態における１人当たり資本について，適切な選択肢を選びなさい。

　　①X 国の方が大きい　②Y 国の方が大きい　③両国とも同じ

4　１人当たり生産関数を $y = \sqrt{k}$ とし，貯蓄率を 15%，固定資本減耗率を 5% とする。このとき以下の問いに答えなさい。

(1)　定常状態の１人当たり資本 k^* はいくらになるか求めなさい。

(2)　定常状態の１人当たり生産量 y^* はいくらになるか求めなさい。

(3)　貯蓄率が 10% に減少したとすると，定常状態の１人当たり資本 k^* と１人当たり生産量 y^* はいくらになるか求めなさい。

(4)　貯蓄率が 60% に増加したとすると，定常状態の１人当たり資本 k^* と１人

当たり生産量 y^* はいくらになるか求めなさい。

⑤ ソローモデルにおいて，1 人当たり生産量の持続的な成長は，資本蓄積だけでは説明することができない。その理由はなぜか説明しなさい。

⑥ 以下の表は各年の実質 GDP，資本，労働の水準を示したものです。生産関数がコブ = ダグラス型 $Y = AK^{\alpha}N^{1-\alpha}$ であり，$\alpha = 0.4$ のとき，TFP の成長率を求めなさい。

	実質 GDP	資　本	労働
2017 年	2000	600	700
2018 年	2200	648	735

⑦ 世界銀行の World Economic Indicator のホームページを調べ，最新のデータによれば貯蓄率が最も高い国はどこか答えなさい（ヒント：URL は http://data.worldbank.org/indicator。同ホームページ上で，"Gross savings (% of GDP)" というリンクを利用する）。

CHAPTER

第 **11** 章

資産価格の決まり方

INTRODUCTION

　私たちは，今日の日経平均株価がいくら上がった，あるいはいくら下がったという報道を新聞やニュースなどでよく見聞きします。なぜ株価の上昇・下落に，人々は興味を持つのでしょうか。もちろん，企業の株式を持っている人にとっては，株価の動向は自分の持つ資産の額に影響を与えるわけですから興味がわくのは自然です。しかし，新聞・ニュースで毎日のように報道されるのは，株価にそれ以上の意味があるためです。実は株価には企業業績の見通しが反映されており，株価全体の平均的な動きを示す日経平均株価の変動には，日本の企業全体の先行きに関する予想が含まれているという側面があるのです。この章では，株価のような資産価格がどのように決まるのかを考察し，株価の持つ意味について説明します。

　Keywords：割引現在価値，無裁定条件，リスク・プレミアム，バブル

1 なぜ資産価格を学ぶのか？

この節では，日本が経験したバブルを振り返りながら資産価格が経済に与える影響について説明します。

1980年代日本のバブル経済

図11.1は，過去約60年間の日経平均株価の推移を示しています。この図からわかるように日本の株価は1980年代に急激に上昇しました。1980年代前半に1万円前後だった日経平均株価は1989年12月29日には3万8915円の過去最高値を付けました。また株価だけでなく，都市部を中心に地価も上昇しました。この時期には，GDPなどの実体経済の動きからかけ離れて，株価・地価などの資産の価格が上昇しました。それに伴って消費・投資が増え，好景気を迎えました。一般に，資産価格が実体経済の動き以上に高騰するような状態をバブルと呼びます。そのため，この時期の景気のことを指して，バブル景気と呼ぶことがあります（バブルについては第3節で詳しく説明します）。

その後，株価は1990年に急落し始めます。約1年後には地価も下落し，資

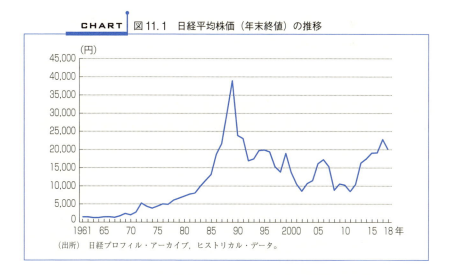

CHART 図11.1 日経平均株価（年末終値）の推移

(出所) 日経プロフィル・アーカイブ，ヒストリカル・データ。

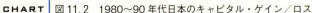
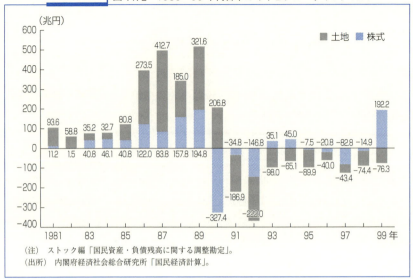

図11.2 1980〜90年代日本のキャピタル・ゲイン／ロス

(注) ストック編「国民資産・負債残高に関する調整勘定」。
(出所) 内閣府経済社会総合研究所「国民経済計算」。

産価格のバブルが崩壊しました。バブル崩壊後の日本経済では、家計の消費や企業の設備投資が長期にわたって低迷しました。また、バブル崩壊による資産価格の大幅な下落により、金融機関が多額の不良債権を抱えるようになり、1990年代後半には、大手の金融機関が破綻する金融危機も発生しました。このように、資産価格の高騰と下落は経済に大きな影響を与えます。バブルの崩壊後の1990年代から2000年代にかけての長期的な経済の停滞を、「失われた10年」、あるいは「失われた20年」と呼ぶことがあります。

バブル期のキャピタル・ゲイン／ロス

　資産価格バブルの発生とその崩壊が日本経済にどのくらい影響したのかを理解するために、日本全体で株と土地の総額がどの程度上昇して、その後下落したのかを見てみましょう。図11.2は、株価や地価の変化によってどれだけキャピタル・ゲイン／ロスがあったかを示したものです。1980年代には株価の上昇により大きなキャピタル・ゲインがありました。1985年から89年までの株によるキャピタル・ゲインを合計すると、約600兆円にも及びます。地価上昇によるキャピタル・ゲインも同様に大きく、1987年だけで400兆円を超えています。この年の名目GDPが約354兆円であることを考えると、地価上昇

のキャピタル・ゲインの方が大きく，まさにバブルであったことがイメージできるのではないでしょうか。

その後，株価は1990年に入り今度は急落します。1990年から92年までの株によるキャピタル・ロスの合計は約500兆円にのぼり，一方の土地も91年から93年の合計は約500兆円にも及ぶロスが生じました。これらの数字は内閣府が公表している国民経済計算のストック編に「調整勘定」として掲載されています。

このように株価や地価といった資産価格の変動は，私たちの持っている資産の額に影響するため，消費や投資といった経済活動に大きな影響を与えることがあります。そのため，資産価格がどのような要因によって決まるかを考えることはとても大切なことなのです。この章では，資産価格がどのような要因によって決まるのかについて学びます。

資産価格の決まり方

この節では，資産価格がどのように決まるのかについて説明します。

資産保有からのベネフィット（便益）

一般に，現金，預金，株式，債券，あるいは建物，土地などのような，金銭的な価値を持つ財産をまとめて資産といいます。資産の中には，それを持っていると将来にわたって利益を得ることのできるものがあります。たとえば，株式の場合は，それを保有し続ける限り，株式を発行している会社から配当をもらうことができます。また，債券の場合には利子を得ることができます。土地の場合は，もし土地をコインパーキングや月極の駐車場にすると，継続的に駐車場代を得ることができます。

このように，保有することで継続的に利益を得られる資産があるとき，その資産そのものの価格はどのように決まるでしょうか。資産価格の決まり方のポイントは，その資産を持つことで得られるベネフィットが何かを考えることです。ここでは，資産を持つことで将来にわたって得られる利益を，現在の価値に直してすべて合計したものを，資産を持つことのベネフィットと呼ぶことに

CHART | 表 11.1　割引現在価値

現　在	1 年後	2 年後

① 100 円　$\xrightarrow{100\times(1+0.01)}$　101 円　$\xrightarrow{101\times(1+0.01)}$　約 102 円

② 約 99 円　$\xleftarrow[\text{(1 年分割引)}]{\dfrac{100}{(1+0.01)}}$　100 円

③ 約 98 円　$\xleftarrow[\text{(1 年分割引)}]{\dfrac{99}{(1+0.01)}}$　約 99 円　$\xleftarrow[\text{(1 年分割引)}]{\dfrac{100}{(1+0.01)}}$　100 円

$\dfrac{100}{(1+0.01)^2}$
（2 年分をまとめて割引）

します。このベネフィットに応じて、その資産の価格が決まります。以下では、主に株価の決まり方について説明します。

準備──割引現在価値

　先ほど述べた「現在の価値に直す」という考え方について理解するため、準備として割引現在価値について解説をします。割引現在価値とは、将来のお金の価値を現在の価値に換算した価値のことをいいます。経済学では、今の 100 円と 1 年後の 100 円といった異なる時点のお金の価値を比較するときに、「もし同じ時点だったらそれらの価値はいくらになるか？」を考えます。ここでは割引現在価値を使って、現在の価値で比較をする方法を紹介します。

　現在の価値を考える前に、ある同じ時点で比較するということから説明します。現在の 100 円と 1 年後の 100 円の価値について、たとえば両方とも 1 年後という同じ時点で比較することができます。現在の 100 円の 1 年後の価値を考えてみましょう。もし金利が年 1% だったとすると、銀行預金などで運用して、1 年間の利子を稼ぐことができるため、その 100 円は 1 年後には**表 11.1** の①ように 100×(1+0.01)＝101 円になります。つまり、現在の 100 円は 1 年後の 101 円に相当するため、1 年後の 100 円と比較すると、価値が高いといえます。

　このように、金利が年 1% のときは、現在の 100 円と 1 年後の 101 円とが同じ価値を持つことがわかりました。これを言い換えると、1 年後の 101 円の持つ価値は、現在時点から見ると 100 円だといえます。これは、先ほどと逆の計

算を行って，金利 1% を考慮した 1.01 で割って，

$$101 \div (1 + 0.01) = 100 \text{ 円}$$

と求めることができます。このように，1 年後の金額を現在の価値に直すためには，1 年分の金利を考えて，$(1 + 0.01)$ で割り，利子をもらう前に戻しています。このように求めた数値を，利子の分を割り引いて求めた現在の価値であることから，割引現在価値と呼びます。

今度は，現在の 100 円の価値と 1 年後の 100 円の価値とを現在時点において比較してみましょう。金利が年 1% のときに，1 年後の 100 円の持つ割引現在価値は，表 11.1 の②のように，$100 \div (1 + 0.01) = $ 約 99 円となります。割引現在価値を用いることで，金利が 1% のときには現在の 100 円は，1 年後の 100 円よりも価値が高いとわかります。

また，2 年以上の複数年先の金額については，その年数だけ繰り返し割り引いて割引現在価値を得ることができます。たとえば，金利が 1% で一定のとき，2 年後の 100 円は，表 11.1 の③のように 2 回割り引きます。まず，2 年後の 100 円を 1 年後の価値に直すと，$\frac{100}{1 + 0.01} = $ 約 99 円となります。そしてこの 1 年後の 99 円を今年の価値に直すと $\frac{99}{1 + 0.01} = $ 約 98 円となります。これを 2 年分まとめて割り引くならば，$\frac{100}{(1 + 0.01)^2} = $ 約 98 円となります。一般に，T 年後の 100 円の場合は，その割引現在価値を $\frac{100}{(1 + 0.01)^T}$ と求めることができます。

このようにして，将来に得られる金額を，現在の価値に直すことによって，異なる時点の金額の価値を比較することができるようになります。一般に，割引現在価値は以下の公式のように求めることができます。

POINT 11.1　割引現在価値

金利 r が一定のとき，T 年後における d 円の持つ割引現在価値は，以下の値に等しい

$$\frac{d}{(1 + r)^T}$$

株価の決まり方①——1 期間

株価がどのようにして決まるのかについて，簡単な例を用いて考えます。1

2　資産価格の決まり方　● 277

年間だけ存在する企業 A を考えてみましょう。この企業の株式を 1 株だけ保有していると，来年に配当 110 円をもらえ，その後，企業は清算されてなくなるとします（一般に，企業の清算とは，資産をすべて売却して，債務をできるだけ返済して，会社を解散するということです）。いま銀行に預けたら年利 10% の金利が付くと仮定します。皆さんは，この A 社の株式を 1 株いくらだったら購入するでしょうか。

　ここで A 社の株式を持つことにより得ることのできるベネフィットを考えてみましょう。ここでのベネフィットとは，株式を持つことにより現在から将来にかけて受け取ることのできるすべての利益の割引現在価値の合計です。A 社の株式を 1 株持つと，1 年後に配当 110 円という利益を得ます。この利益について，先ほどの割引現在価値で考えましょう。金利は 10% ですから，1 年後の配当 110 円の割引現在価値は 110 ÷ (1 + 0.1) = 100 円になるため，現在の価値で考えれば A 社の株式を 1 株持つベネフィットは 100 円です。もし，A 社の今の株価が 1 株 90 円だったとしたら，皆さんはどのように行動するでしょうか。1 株の購入費用が 90 円ですから，株価と割引現在価値との間には，

$$\underbrace{\text{株価 90 円}}_{\text{1 株の購入費用}} < \underbrace{\text{配当の割引現在価値 100 円}}_{\text{1 株を持つベネフィット}}$$

という関係があります。この場合，株価の方が株式を持つベネフィットよりも安くなっています。つまり，A 社の 1 株を 90 円で買えば，現在の価値にして 100 円相当の配当をもらえるため，その差の分だけ儲けを見込めます。儲けを見込める限り，多くの人が A 社の株式を買おうとするため，A 社株への需要が増えます。その結果，A 社の株価は 100 円になるまで値上がりしていきます。

　今度は，A 社の株価が 1 株 105 円だったらどうでしょうか。この場合，以下のような不等式が成立します。

$$\text{株価 105 円} > \text{配当の割引現在価値 100 円}$$

A 社の株式を 105 円で買っても，現在価値で 100 円相当の配当しかもらえません。これでは A 社の株式を買う人はいません。また，すでに A 社の株を持っている人は，そのまま株式を保有して現在価値で 100 円相当の配当をもらうよりも，いますぐ売って 105 円を得た方が得をします。そのため A 社の株式

への需要は減り，供給が増えるため，超過供給の状態となります。その結果，A社の株価は100円になるまで値下がりしていきます。

上の例からわかるように，株価は配当の割引現在価値より高くても，低くても100円に近づいていきます。結果としてA社の株価は100円に落ち着くことになります。つまり，1株当たりの株価（1株の購入費用）は，1株を持つベネフィット，つまり配当の割引現在価値と等しくなるように決まるのです。

$$\underbrace{株価 100 円}_{1株の購入費用} = \underbrace{配当の割引現在価値 100 円}_{1株を持つベネフィット}$$

株価の決まり方②──複数期間

今度は企業の存続期間が複数年に延びた場合の株価を考えてみましょう。まずは前項の例より少しだけ現実に近づけて2年間存続する企業を考えます。このA社は1年後に1株当たり110円，2年後も110円の配当を出し，その後は清算されてなくなるとしましょう。銀行の金利は年利10%で一定とします。割引現在価値に直すと，1年後の配当は$\frac{110}{1+0.1}=100$円，2年後の配当は2年分割り引いて$\frac{110}{(1+0.1)^2}\fallingdotseq 91$円です。よって，A社の株式を1株持つことのベネフィットは，

1年後の配当の割引現在価値＋2年後の配当の割引現在価値

$$=\frac{110}{1+0.1}+\frac{110}{(1+0.1)^2}\fallingdotseq 191 （円）$$

です。もしA社の株価が1株191円を下回れば，皆が株式を欲しがるために値上がりし，191円を上回れば皆が株式を売りに出すために値下がりします。結果としてA社の株価は191円に落ち着くことになります。

さて，いま見たのはA社が清算するまで株式を持ち続けているケースですが，最後まで持たずに1年後にA社の株式を株式市場で売ることもできます。この場合A社の株価に違いが出るでしょうか。答えはNOです。A社の株価は先ほどと同じになります。売却する場合には，配当を受け取れるのは1年後だけですが，株式を売るため1年後の株価相当額を受け取ることができます。では，1年後に売るとき株価はいくらでしょうか。1年後からA社の株式を持つ場合は，さらにその1年後に配当110円をもらえます。つまり，配当110円を1年分割り引いた，$110\div(1+0.1)=100$円が1年後の株価になります。いま

2 資産価格の決まり方 ● 279

求めた1年後の株価を，さらに1年割り引いて現在の価値に直したものが，売却価格の割引現在価値になります。よって，1株持つことのベネフィットは，

1年後の配当の割引現在価値＋1年後の株価の割引現在価値

$$= \frac{110}{1+0.1} + \frac{100}{1+0.1} \fallingdotseq 191 \ （円）$$

です。つまり，途中で売る場合であっても，株式から得られるベネフィットは同じ191円となります。そのため，株式を持ち続ける場合も，途中で売る場合も，どちらのケースでも現在の株価は191円となるのです。

　2年間存続する企業の株価の求め方がわかったら，その企業が3年間存続する場合を考えるのも容易でしょう。A社の株式を1株保有すると，1年後に配当110円，2年後に110円，そして3年後にも110円の配当をもらえるとしましょう。銀行の金利は同じく10%とします。株価は，配当の割引現在価値の和ですから，株価をpとすると，

$$株価 \ p = \underbrace{\frac{110}{1+0.1} + \frac{110}{(1+0.1)^2} + \frac{110}{(1+0.1)^3}}_{株式を持つベネフィット} \fallingdotseq 274 \ （円）$$

になります。A社が一般にT年間存続する場合はどうでしょうか。現在のA社の株価をpとし，1年後以降T年後まで毎年dだけの配当が支払われ，T年後にA社は清算してなくなるとしましょう。金利は年率rで一定とします。このときも先ほどと同様に考えれば，株価は配当の割引現在価値の和と等しく，

$$p = \underbrace{\frac{d}{1+r} + \frac{d}{(1+r)^2} + \frac{d}{(1+r)^3} + \cdots + \frac{d}{(1+r)^T}}_{配当の割引現在価値の和}$$

のように決まります。

　現実の経済では，会社の存続期間が決まっているわけではなく，株式に満期はありません。会社が永続する場合には，Tは無限大になり，株価は無限先の将来の配当についての割引現在価値の和で表されます。第4章で学んだ無限等比数列の和の公式を用いて，この値は，

$$p = \frac{d}{1+r} + \frac{d}{(1+r)^2} + \frac{d}{(1+r)^3} + \cdots = \frac{d}{r}$$

と計算することができます（この値を理論値といいます）。

280 ● CHAPTER 11 　資産価格の決まり方

Column ⑪-1　増資と株価

　株価の公式 $p = \frac{d}{r}$ によれば，配当が低くなれば，株価は下がります。一般に，企業が新たに株式を発行することを増資といいますが，増資を行うと，発行株式総数が増えるため，1株当たりの配当は減ります。そのため，増資が決まると企業の株価は下がる傾向にあります。たとえば，2018年に東急不動産ホールディングスが増資を発表した後，同社の株価は下落しました。

　（参考文献）　2018年10月4日付『日本経済新聞』「東急不HD，公募増資などで820億円調達　渋谷再開発」，2018年10月4日付朝日新聞デジタル「東急不が急落　公募増資などで最大12%超の希薄化」。

POINT 11.2　株価の決まり方

株価は配当の割引現在価値の総和に等しくなるように決まる

株価の性質

　上で述べた株価の決まり方の式 $p = \frac{d}{r}$ に基づくと，株価には以下の2つの性質があることがわかります。1つ目の性質は，市場の金利と株価とは負の相関関係を持つことです。市場の金利 r が上昇したとしましょう。すると式の右辺の値 $\frac{d}{r}$ は下落するため $p > \frac{d}{r}$ となります。この場合，株価が株式を持つベネフィットを上回ってしまうため，そのような株式を持ちたいと思う人がいなくなります。その結果，株価 p は $p = \frac{d}{r}$ となるまで下がります。このように市場の金利が高いときには株価は低くなる傾向があります。金利が上がると，毎年定額の配当を受け取れるという株式保有のメリットが銀行預金等に比べて薄れるため，株価は下がると考えることができます。逆に金利が減少する場合には，$\frac{d}{r}$ は上昇するため $p < \frac{d}{r}$ となります。このとき株価に対して株式を持つベネフィットが上回るので，株式を持ちたいと思う人が増え，株価 p は $p = \frac{d}{r}$ となるまで上昇します。

　2つ目の性質は，配当と株価とは正の相関関係を持つことです。いま，ある企業は業績がよく，たくさんの利益を生み出したため，今後たくさんの配当を出すことが可能になったとします。これは配当 d の上昇ですから，株式を持

2　資産価格の決まり方　● 281

つべネフィット $\frac{d}{r}$ が上昇するため，株式を買いたいという人が増えます。その結果 $p = \frac{d}{r}$ となるまで株価 p が上昇するのです。

これまでの議論では，将来もらえる配当の額が確実にわかると仮定していました。実際は将来の配当は不確実なため，株価は将来の配当の予想値に依存します。配当は企業業績に左右されるため，株価は将来の企業業績に対する期待を反映しているということができます。

POINT 11.3　株価の公式と性質

株価 p の理論値は配当 d の割引現在価値の和に等しい

$$p = \frac{d}{1+r} + \frac{d}{(1+r)^2} + \frac{d}{(1+r)^3} + \cdots = \frac{d}{r}$$

株価の性質
- 金利と株価とは負の相関関係を持つ
- 配当と株価とは正の相関関係を持つ

例題 11.1　Ａ社は永続的に存続し，株式を購入すると翌年以降に１株当たり毎年 100 円の配当を受け取れるとします。

(1)　金利は年利 5% で一定とするとき，Ａ社の株価の理論値はいくらか求めなさい。

(2)　金利は年利 8% で一定とするとき，Ａ社の株価の理論値はいくらか求めなさい。

答　(1) $p = \frac{d}{r} = \frac{100}{0.05} = 2000$（円）　(2) $p = \frac{d}{r} = \frac{100}{0.08} = 1250$（円）

無裁定条件

資産価格の導き方について，もう１つ第３章で学んだ裁定に基づく方法があります。いま手元にあるお金をどうやって運用するかについて，２つの方法を比較検討しているとしましょう。１つは，年利 r の銀行預金，つまり１年間お金を預けると，そのお金が $(1+r)$ 倍になって戻ってくる運用方法です。もう１つが株を購入する運用方法です。以下でも同様に毎年の配当 d と金利 r は一定として考えます。

ここで，２つの運用方法の収益率に注目して比較しましょう。収益率とは元本に対する収益の割合のことをいいます。銀行の収益率はそのまま金利 r にな

ります。一方，株で運用する場合の収益率は銀行とは少し異なります。株による収益は，配当 d とキャピタル・ゲインの2つから構成されています。現在を t 年とし，今の株価を p_t とし，そして1年後（$t+1$）の株価を p_{t+1} とすると，キャピタル・ゲインは両者の差額の $p_{t+1}-p_t$ です。そのため，

$$株式の収益率 = \frac{配当 + キャピタル・ゲイン}{現在の株価} = \frac{d+(p_{t+1}-p_t)}{p_t}$$

となります。たとえば配当が 100 円，現在の株価が 10000 円，1年後の株価が 10100 円の場合には，株式の収益率は，次の計算から 2% となります。

$$株式の収益率 = \frac{\overset{配当}{\overbrace{100}} + \overset{キャピタル・ゲイン}{\overbrace{(10100-10000)}}}{\underset{購入時の株価}{\underbrace{10000}}} = \frac{200}{10000} = 0.02$$

　ここで，銀行預金と株式の運用の2つの収益率を比較することを考えます。まず，「銀行金利＞株式の収益率」であるとしましょう。このとき，株式で運用することに魅力はありませんから，皆が株式を買わないか，または売却します。その結果として今の株価 p_t が下落して安くなり，キャピタル・ゲインが大きくなります。この株価の下落は株式の収益率が銀行金利と等しくなるまで続きます。逆に，「銀行金利＜株式の収益率」ならば，銀行預金よりも株式を購入する方が高い運用益を得られるため，今の株価 p_t は上昇します。このとき購入時の株価が高くなり，キャピタル・ゲインが小さくなるため，株式の収益率は下落します。この株価の上昇は，株式の収益率が銀行金利と等しくなるまで続きます。この株価の変化は，裁定の機会がなくなるまで，つまり銀行預金の収益率と株式の収益率は等しくなるまで続きます。すなわち，

$$\underset{金利}{\underbrace{r}} = \underset{株式の収益率}{\underbrace{\frac{d+(p_{t+1}-p_t)}{p_t}}}$$

となるように今の株価 p_t が決まります。この関係は無裁定条件ともいえます。

　この無裁定条件を用いても，先ほど示した株価が配当 d の割引現在価値の和によって決まるという関係を導くことができます。無裁定条件から，今年の株価 p_t は，$p_t = \frac{d}{1+r} + \frac{p_{t+1}}{1+r}$ を満たします。この関係式は常に成立するため来年の株価 p_{t+1} は同様に $p_{t+1} = \frac{d}{1+r} + \frac{p_{t+2}}{1+r}$ を満たします。両方の式から p_{t+1} を消去すると，$p_t = \frac{d}{1+r} + \frac{d}{(1+r)^2} + \frac{p_{t+2}}{(1+r)^2}$ となり，今年の株価を再来年の株価 p_{t+2}

2　資産価格の決まり方　● **283**

の関数として表現できます。この作業を続けると，今年の株価は，

$$p_t = \frac{d}{1+r} + \frac{d}{(1+r)^2} + \frac{d}{(1+r)^3} + \cdots = \frac{d}{r}$$

と表され，株価の決まり方で学んだことと同じ結果を得ることができます（なお，ここでは株価 p_t は金利以上の成長率では上昇しないことを仮定しています）。

POINT 11.4　金利と株の収益率の関係

金利と株式の収益率の関係は以下の無裁定条件を満たす

$$r = \underbrace{\frac{d + (p_{t+1} - p_t)}{p_t}}$$

$\underbrace{}_{\text{金利}}$　$\underbrace{\phantom{\frac{d+(p_{t+1}-p_t)}{p_t}}}_{\text{株式の収益率}}$

リスク・プレミアムと株価

　銀行預金は，原則として元本が保証されている安全資産です。それに対して，株式の場合，将来の配当に不確実性があり，そのため株価にも不確実性があります。つまり，購入したときよりも株価が下がるリスクがあるという意味で，元本が保証されない危険資産なのです。皆さんは，もしも株式での運用にリスクがあるにもかかわらず，予想される収益率と銀行預金が同じだったら，株式を購入するでしょうか。やはりリスクがある株式よりも，確実に同じ収益率を得られる銀行預金の方がよいと判断するのが妥当ではないでしょうか。つまり，安全資産があるときに，危険資産の買い手が現れるためには，危険資産の収益率が，リスクに見合うだけ割り増しされている必要があります。これをリスク・プレミアムといいます。リスク・プレミアムを ρ（ローと読みます）とすると，株式の収益率と金利との間には以下のような式が成立します。

$$\underbrace{r}_{\text{金利}} + \underbrace{\rho}_{\text{リスク・プレミアム}} = \underbrace{\frac{d + (p_{t+1} - p_t)}{p_t}}_{\text{株式の収益率}}$$

リスク・プレミアムを考慮する場合には，株価は以下のように計算できます。

$$p_t = \frac{d}{r + \rho}$$

例題 11.2　A社は永続的に存続し，株式を購入すると翌年以降に1株当たり毎年100円の配当を受け取れるとします。金利は年利5%，リスク・プレミアムは年利3%でともに一定とするとき，A社の株価はいくらになるか求めなさい。

答　$p = \dfrac{d}{r+\rho} = \dfrac{100}{0.05 + 0.03} = 1250$（円）

3　資産価格バブル

実際の資産価格はなかなか理論どおりには動きません。この章のはじめに述べたように，資産価格が実体経済の動き以上に高騰するようなバブルが生じることがあります。この節ではバブルについての1つの考え方を紹介します。

バブルとは何か？

これまで学んだ理論から説明できるような資産価格の理論値を超えて，株価が高くなっている状態をバブルと呼びます。私たちは通常株価や地価が急激に値上がりするとバブルだといいますが，バブルは必ずしも値上がりそのものを指すわけではありません。株価や地価などの資産価格に，その資産の実力や実態（ファンダメンタルズ）以上の価格が付くことをバブルといいます。

たとえば，まったく収益をあげないモノに値段が付いて取引されることもバブルの一種です。読者の皆さんは小さいころに，牛乳ビンのフタやセミの抜け殻，どんぐりなど，価値がないようなものに価値を見出して，学校で集めたり，交換したりすることが流行ったという経験はないでしょうか。価値のないものが取引されるため，これらも一種のバブルといえるかもしれません。

株価が経済の実力以上に高騰し，あるときから急落するというだけでは，総生産や雇用といった実体面には影響がないのではと思う人もいるかもしれません。しかし，もしも銀行などからお金を借りて株を買っていたら，株価が下落してキャピタル・ロスが生じると，借りたお金を返せなくなり破産してしまうかもしれません。このように破産する人が多い場合には，銀行にとって貸したお金が返ってこないため銀行の経営も悪化します。そうなれば，銀行から今までお金を融資してもらっていた別の会社も，お金を借りにくくなり投資ができ

3　資産価格バブル　● 285

なくなることがあります。つまり，株価の急落は実体経済に大きな影響を与える可能性があるのです。また，人々の消費はその時々の資産残高の大きさにも左右されるため，キャピタル・ロスを経験した人々は消費を減らしてしまうかもしれません。

また，バブルは長期的にも経済に影響を及ぼすことがあります。バブルが生じ，本質的に価値のない資産にお金が利用されることは社会的な浪費といえます。本来であれば優れた会社，つまりは将来多くの収益をあげるだろうと予想される会社に対して，資金がより多く向かうべきです。生産性の高い会社にお金が投じられないことは，長期的な経済の成長を阻害します。このように貯蓄が経済発展につながるような投資へ向かわないこともあるのです。

歴史上のバブル

バブルには長い歴史があります。歴史上有名なバブルの一例は，1630 年代のオランダにおけるチューリップの球根に関する取引です。希少な種類のチューリップの球根への人気が生じ，さらに値上がり益のための投機的な取引が生じて球根の価格が高騰したのです。チューリップのバブルの説明はストゥディアシリーズの姉妹書の川西諭・山崎福寿著『金融のエッセンス』に譲るとして，本書ではバブルという言葉の由来ともなった南海泡沫事件を紹介しましょう。

南海泡沫事件とは，1700 年代に，イギリスの南海会社という会社の株価が高騰，その後急落した事件です。南海会社は，南米への奴隷の供給およびその場所における交易の独占的権利を政府から手に入れました。その結果，会社の成長を見込んだ投資家から株の購入が殺到し，図 11.3 のように株価が急騰しました。南海会社の事業計画そのものは壮大なものでしたが，実際は何もしていませんでした。しかし，いったん株価が値上がりすると，「まだしばらくは値上がりは続くであろう」といった，根拠のない楽観的予想が社会に蔓延し，その雰囲気にのまれた多くの人が株に手を出しました。また，同時期に「泡沫会社」と呼ばれる泡のように中身のない会社が次々と現れました。海水から金を取り出すことを業務とする会社も現れたそうです。この泡沫会社が，中身のないものに価値が付く現象を指すバブル（泡沫）という言葉の由来となったのです。1720 年 7 月の泡沫会社禁止法により実体のない株式会社が禁止されたことをきっかけにして，南海会社の株価は急落し，多くの人々が多額のキャピ

286 ● CHAPTER 11 資産価格の決まり方

図11.3 南海会社の株価の推移

(出所) Frehen, Goetzmann, Rouwenhorst (2009) "New Evidence on the First Financial Crisis," South Seas Bubble 1720 Project.
http://som.yale.edu/faculty-research/our-centers-initiatives/international-center-finance/data/historical-southseasbubble

タル・ロスに苦しむ結果になりました。

合理的バブル

前述の泡沫会社のように，何も役立つものを生み出していない企業の株に値段が付くことは，前の節で述べたような資産価格の公式を完全に無視した，いわゆる非合理的なものなのでしょうか。いいえ，必ずしもそうではありません。このことを確認するために，何も実体のある活動をしていないため永遠に配当を生まない企業の株価の推移を見てみましょう。先の金利と株の収益率の関係を示す無裁定条件の式 $r = \frac{d + (p_{t+1} - p_t)}{p_t}$ において，配当額 $d = 0$ とすると，

$$r = \underbrace{\frac{p_{t+1} - p_t}{p_t}}_{\text{値上がり率}}$$

となります。これはもしも株価 p の値上がり率が銀行の収益率，つまり金利と等しいならば，たとえ配当がゼロという実体のない会社の株であっても，無裁定条件を満たすことを意味します。つまり，株価が上昇している限り，価値のない会社であっても価値を持つ，つまりバブルが存在することがあるのです。このようなバブルを合理的バブルと呼びます。

Column ⓫-2　土地神話

　日本では 1980 年代に，不動産をはじめとする資産価格が「値上がりして，後で高く売れる」と多くの人が信じていました。その結果，土地の売り買いによる利益を求めて土地取引が盛んになり，下の図のように地価が大きく上昇しました。しかし 1992 年に土地のバブルは崩壊し，地価は下落していきました。「不動産価格は必ず上がる」という人々の期待は，それが幻想であったという意味で，土地神話と呼ばれることがあります。

図　バブル崩壊前後の 6 大都市商業地の市街地価格指数の推移

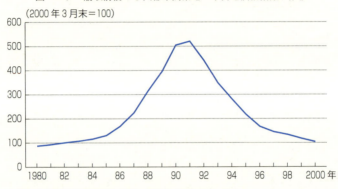

（注）　6 大都市：東京都区部，横浜，名古屋，京都，大阪，神戸。
（出所）　総務省統計局「日本統計年鑑」，日本不動産研究所「市街地価格指数」。

　なぜ合理的バブルが成立しうるのでしょうか。実体のない企業ですから，その株式を持っていても配当を得られることはありません。その意味でその企業の株式は何ら実質的な価値はありません。しかし，1 年後に値上がりして，別の誰かが高く買ってくれるのであれば，値上がり益だけを見込んで今日購入する意味があります。同じことをほかの参加者全員が考えるならば，次々と買い手が現れてくれるため，バブルが成立します。「値上がりして，後で高く売れる」と皆が信じれば，実際にそのとおりになるというように，バブルは自己実現的に成立することになるのです。ただし，このように株価がずっと上昇し続けるという信念は，誰かが疑い始めて次の購入者がいなくなったとたんに崩壊します。資産価格バブルが発生しやすく，そして必ず崩壊するのはその価格形成に合理性があるからともいえます。

SUMMARY ●まとめ

□1　株価の理論値は，株式を持つベネフィット，つまり将来に受け取る配当の割引現在価値の総和に等しくなるように決まる。

□2　将来の配当は今後の企業業績によって変わるため，株価は将来の企業業績に対する期待を反映している。

□3　ある資産の価格が今後も値上がりし続け，後に高く売れると皆が信じるならば，たとえその資産に本質的に何の価値もないとしても，売り買いされることで資産価値を持つ。これを合理的バブルと呼ぶ。

EXERCISE ●練習問題

① 次の文章の ［ ① ］ から ［ ⑤ ］ について，当てはまる単語を下の語群から選びなさい。

　理論的には株価は ［ ① ］ の割引現在価値の合計により決まる。したがって，株価の理論値は ［ ① ］ だけでなく，［ ② ］ にも依存する。この考え方に基づくと，株価は ［ ① ］ が増えると ［ ③ ］ し，一方 ［ ② ］ が増えると ［ ④ ］ する。株価がこのような理論的な値を超えた状態を ［ ⑤ ］ という。

　［語群］ a. 投資　b. 増加　c. 減少　d. 金利　e. 好景気　f. バブル　g. 配当　h. 引当金

② 金利が年利 1% のとき，今から 10 年後の 10000 円を割引現在価値に直すといくらになるか，電卓やエクセルなどを用いて求めなさい（小数点以下は切り捨て）。

③ 金利が年利 2% のとき，今から 10 年後の 10000 円を割引現在価値に直すといくらになるか求めなさい（小数点以下は切り捨て）。

④ 今から 3 年間存続し，その後清算してなくなる企業を考える。この企業の株式を 1 株保有していると，1 年ごとに 100 円の配当をもらえるとする。つまり 100 円の配当を 3 回もらえることになる。最後に企業が清算されるときには株式にはまったく価値がなくなるとする。

　⑴　金利は年利 2% で一定とする。この企業の 1 株の株価はいくらになるか求めなさい。

　⑵　金利は年利 5% で一定とする。この企業の 1 株の株価はいくらになるか求めなさい。

⑤ 今から永久に存続し続ける企業を考える。この企業の株式を 1 株保有してい

● 289

ると，1 年ごとに 100 円の配当をもらえる。

(1) 金利は年利 2% で一定とする。このとき，この企業の 1 株の株価はいくらになるか求めなさい。

(2) 金利は年利 5% で一定とする。このとき，この企業の 1 株の株価はいくらになるか答えなさい。

6 リスク・プレミアムを考慮する場合の無裁定条件 $r + \rho = \frac{d + (p_{t+1} - p_t)}{p_t}$ より，株価は $p_t = \frac{d}{r + \rho}$ と表せることを示しなさい。

7 図 11.1 の日経平均株価のグラフは各年の年末の終値を示したものである。インターネットを活用して，過去 1 年間について日経平均株価の日次データの終値を取得し，グラフを作成してその推移を確認しなさい。ここで日次データとは，毎日記録されているデータのことをいう。

8 1630 年代にオランダで起こったチューリップバブルについて調べて説明しなさい。

おわりに

さらに深く学びたい読者のための文献案内

この「おわりに」では，参考文献や統計の出所などを紹介します。

さらに深く学びたい読者のための文献案内

本書では，マクロ経済学を基本から説明しましたが，紙幅の都合上，扱えなかったトピックもあります。「おわりに」では，本書を読んだ後にさらに深くマクロ経済学を学びたい読者のために文献を紹介します。

▶**初級レベルの教科書**　まず難易度が本書とほぼ同じレベルの教科書を紹介します。本書とは異なるさまざまなトピックを取り扱っている教科書としては，

① 福田慎一・照山博司『マクロ経済学・入門（第5版）』有斐閣，2016年

② 柴田章久・宇南山卓『マクロ経済学の第一歩』有斐閣，2013年

③ グレゴリー・マンキュー（足立英之ほか訳）『マンキュー経済学Ⅱ　マクロ編（第4版）』東洋経済新報社，2019年

④ ダロン・アセモグル＆デヴィッド・レイブソン＆ジョン・リスト（岩本康志・岩本千晴訳）『アセモグル/レイブソン/リスト　マクロ経済学』東洋経済新報社，2019年

があります。①には，消費と貯蓄の理論，投資と株価の関係について，そして②には，少子高齢化のマクロ経済分析，公債の負担（リカードの中立命題）あるいは所得不平等についての詳しい説明があります。これらは本書ではあまり扱わなかったトピックであり，本書の補足的な本として役立つでしょう。③④はマクロ経済学の入門的なトピックを包括的に取り扱っています。

続いて，本書で取り扱った各分野について，より詳しく説明した書籍を紹介します。

▶**金融・金融市場**　金融・金融市場について説明した書籍として以下があげられます。

⑤ 川西諭・山崎福寿『金融のエッセンス』有斐閣，2013年

⑥ 藤木裕『入門テキスト　金融の基礎』東洋経済新報社，2016年

⑦ 内田浩史『金融』有斐閣，2016年

⑤⑥は金融論の入門テキストです。⑤では第11章で学んだバブルについてのより詳しい歴史的経緯が説明されています。⑦では証券の仕組みなどについて

● 291

丁寧な説明が行われています。

中央銀行の役割についてより詳しく説明した書籍としては，

⑧　日本銀行金融研究所編『日本銀行の機能と業務』有斐閣，2011 年

⑨　白川方明『現代の金融政策——理論と実際』日本経済新聞出版社，2008 年

があります。⑧は，本書でも触れた金融システムや決済システム安定化のための具体的機能について，丁寧に説明しています。⑨では，中央銀行が行う金融政策について詳しい説明がなされています。

▶**財政**　財政に関するより詳しい説明を行った本としては，

⑩　畑農鋭矢・林正義・吉田浩『財政学をつかむ（新版）』有斐閣，2015 年

⑪　西村幸浩・宮崎智視『財政のエッセンス』有斐閣，2015 年

があります。これらの本には，本書が紙幅の都合で省略した，財政制度の詳しい説明や，公債や租税の負担に関する理論的議論が掲載されています。

▶**経済成長**　本書では，経済成長を説明するモデルとしてソローモデルのみを取り上げましたが，ほかにも技術進歩に力点を置いたモデルなどがあります。こういった経済成長モデルを詳しく説明した文献として，

⑫　チャールズ I. ジョーンズ（香西泰監訳）『経済成長理論入門——新古典派から内生的成長理論へ』日本経済新聞社，1999 年

⑬　デイヴィッド・N. ワイル（早見弘・早見均訳）『経済成長（第 2 版）』ピアソン桐原，2010 年

があります。

▶**開放経済**　本書は，開放経済のトピックとして為替レートや貿易収支などを取り上げましたが，国際通貨制度や通貨危機といった国際マクロ経済学，あるいは国際金融論の領域については触れませんでした。これらの事柄を学ぶ本としては，

⑭　橋本優子・小川英治・熊本方雄『国際金融論をつかむ（新版）』有斐閣，2019 年

⑮　永易淳・江阪太郎・吉田裕司『はじめて学ぶ国際金融論』有斐閣，2015 年

⑯　藤井英次『コア・テキスト国際金融（第 2 版）』新世社，2014 年

を薦めます。

▶**中級・上級レベルの教科書**　最後に，マクロ経済学の中級・上級レベルの本について紹介します。近年，マクロ経済学では，ミクロ経済学的基礎づけを持った経済モデルの研究を行うことが標準的になっています。本書では，経済モデ

ル（ソローモデルや45度線モデルなど）を説明する際，消費関数を所与のものとしていました。しかし，ミクロ経済学的基礎づけのあるモデルにおいては，効用関数を持った家計が自らの効用を最大にするように消費を決めます。こういったモデルを詳しく説明している本として，②としてあげた『マクロ経済学の第一歩』に加え，以下の2冊をあげます。ミクロ経済学をすでに学んだ読者には，これらの本を読むことをお薦めします。

⑰　二神孝一・堀敬一『マクロ経済学（第2版）』有斐閣，2017年
⑱　齊藤誠・岩本康志・太田聰一・柴田章久『マクロ経済学（新版）』有斐閣，2016年

▌ 本書で参照した学術論文 ▌

第5章第5節，第8章第3節および第10章第3節で参照した英語の学術論文はそれぞれ以下のとおりです。

Bohn, H. (1998) "The Behavior of U. S. Public Debt and Deficits," *Quarterly Journal of Economics*, vol. 113 (3), pp. 949-963.

Cagan, P. (1956) "The Monetary Dynamics of Hyperinflation," in M. Friedman, ed., *Studies in the Quantity Theory of Money*, University of Chicago Press, pp. 25-117.

Hayashi, F. and E. C. Prescott (2002) "The 1990s in Japan: A Lost Decade," *Review of Economic Dynamics*, vol. 5 (1), pp. 206-235.

▌ 本書で取り扱った統計の出所（サイト）▌

最後に，本書で取り扱った統計の主な出所について説明します。まず，日本の官公庁などから得られる統計は以下のとおりです。

総務省統計局

家計調査：https://www.stat.go.jp/data/kakei/

消費者物価指数：http://www.stat.go.jp/data/cpi/

労働力調査：http://www.stat.go.jp/data/roudou/index.htm

人口推計：https://www.stat.go.jp/data/jinsui/index.html

内閣府

国民経済計算：https://www.esri.cao.go.jp/jp/sna/menu.html

景気動向指数：https://www.esri.cao.go.jp/jp/stat/di/menu_di.html

おわりに　● 293

日銀（時系列データ検索サイト）

短観・貨幣供給量・金利・為替：https://www.stat-search.boj.or.jp/

財務省

財政統計：https://www.mof.go.jp/budget/reference/statistics/data.htm

国債の統計：https://www.mof.go.jp/jgbs/reference/index.html

貿易統計：http://www.customs.go.jp/toukei/latest/

国際収支統計：https://www.mof.go.jp/international_policy/reference/balance_of_payments/data.htm

なお，第9章にて行った国際収支統計の説明のベースになっている日銀の解説は以下のサイトにあります。

「国際収支統計（IMF 国際収支マニュアル 第6版ベース）」の解説

https://www.boj.or.jp/statistics/outline/exp/exbpsm6.htm/

次に，本書では，経済統計の国際比較を行う際，以下の国際機関のサイトを利用しました。

OECD（経済協力開発機構）

OECD. Stat：http://stats.oecd.org/

IMF（国際通貨基金）

World Economic Outlook: https://www.imf.org/external/ns/cs.aspx?id=28,

World Bank（世界銀行）

World Economic Indicator: http://data.worldbank.org/indicator

United Nation（国際連合）

National Accounts Data: https://unstats.un.org/unsd/nationalaccount/data.asp

なお，これらのサイトはアドレスが今後変更される可能性があり，その場合は本書のウェブサポートページにて随時お知らせします。

http://www.yuhikaku.co.jp/static/studia_ws/index.html

これらの書籍や統計を通して，読者の皆さんがマクロ経済学により強い興味・関心を持つことを願っています。

練習問題解答

序章

1 ①b ②a ③d ④c ⑤e

2 ①と④

3 フローは新規の入学者数1000人，ストックは卒業者総数の20000人。

4 8年後

5 50円

6 40円

7 3個

第1章

1 ①f ②h ③j ④m ⑤c ⑥p ⑦d

2 ①i ②e ③f ④b

3 ⑤

4 成立する。売れ残り40万円は在庫投資として支出に計上されるため。

5 (1) 2016年：3000円，2017年：3150円，2018年：6625円

(2) 2016年：3000円，2017年：2500円，2018年：5250円

(3) 2016年：3000円，2017年：2500円，2018年：約4722円

6 市場で取引されるようになったため，GDPは増加する。

7 (1) 6億円

(2) 日本電産3億円＋東芝1億円＋Panasonic 2億円＝6億円

8 (1) 150万円の増加

(2) 消費170万円，投資0円，輸出30万円，輸入50万円

(3) 営業余剰・混合所得50万円，雇用者報酬100万円

9 省略

第2章

1 (1) GDPデフレーターは，2017年100，18年 約114.6。CPIは，17年100，18年 約115.7

(2) GDPデフレーターのインフレ率：14.6%，CPIのインフレ率：15.7%

2 GDPデフレーター

3 $CPI_{t+1} = \dfrac{P_{1,t+1} \times Q_{1,t} + P_{2,t+1} \times Q_{2,t}}{P_{1,t} \times Q_{1,t} + P_{2,t} \times Q_{2,t}} \times 100$

4 省略

5 省略

6 約4.8%

7 30

8 ①d ②j ③i ④h ⑤g

295

第3章

1　①b　②g　③c　④f

2　自己資金による投資の場合には，金利は機会費用となるため。

3　財・サービス市場における式 $Y = C + I + G$ より，$Y - C - G = I$，すなわち貯蓄＝投資という関係を得るため。

4　④

5　(1)　$1.02 \times 1.01 = (1+r)^2$

(2)　約 1.5%

6　(1)　$1.02 \times 1.01 \times 1.03 = (1+r)^3$

(2)　約 2.0%

(3)　約 2.7%

第4章

1　①c　②e　③h　④j　⑤b

2　①c　②a　③b

3　a. c

4　20 兆円

5　60 兆円

6　2

7　90 兆円増える。

第5章

1　①h　②e　③c　④d

2　②

3　基礎的財政収支は $63 + 6 - 78 = -9$，つまり約9兆円の赤字となる。

4　105

5　5

6　民間貯蓄 15，投資 10

第6章

1　①g　②b　③c　④f

2　(1)　360　(2)　4　(3)　120

3　$r^* = 0.2$，　$Y^* = 135$

4　40

5　(1)　略

(2)　$Y = 2M + 4G - 3T - 120$

(3)　①500，②5，③440，④0.78，⑤0.75

(4)　4 増える。

(5)　1増える。政府支出の増加と同時に増税も行うと，GDPを増やす乗数効果は弱められる。

6　3

7　(1)　IS 曲線：$Y = 60 - 100r$，LM 曲線：$Y = 20 + 100r$

(2)　$r^* = 0.2$，$Y^* = 40$

(3)　$\Delta Y = 25$，$\Delta r = 0.25$

第7章

1　①b　②a　③d　④e　⑤g

2　(1)　$Y = 60 - 4P$

(2)　$P^* = 10$　$Y^* = 20$　(3)　10　(4)　10

3　(1)　0.1　(2)　12　(3)　8　(4)　6

4　(1)　$Y = 60 + \dfrac{800}{P}$　(2)　100

5　$Y = 18P$

6　(1)　① $Y = 100 + \dfrac{400}{P}$　②120

③20　④1

296

(2) ①ゼロ金利制約のもと，投資の値は10以上にはならない。つまり，貨幣供給量をいくら増やしても均衡GDPの値は$125(<Y^f)$を超えない。つまり，この政策では完全雇用GDPの達成はできない。②完全雇用を達成するには，政府支出を増やす政策のみが有効である。この場合は政府支出を17増やせばよい。

第8章

1. ①b ②c ③b ④g ⑤i
2. 50
3. 1.5%
4. 2%
5. $a=18, b=3$
6. 9.8%

第9章

1. ①k ②d ③h ④c ⑤j ⑥b
2. ④
3. 純輸出は増加し，金融収支も同額増加する。GE社によるドルの借用書は，富士通の外国資産の増加になるため。
4. (1) 4%
   (2) 1ドル約102円
   (3) 1ドル約103円
   (4) 1ドル約102円
5. (1) 100円を1ドルに換え，さらに1.3ユーロに交換。さらに1.3ユーロを円に交換すると，182円を得る。
   (2) 1ドル≒0.71ユーロ

第10章

1. ①e ②g ③b ④i
2. $Y=3000$
3. ①
4. (1) $k^*=9$ (2) $y^*=3$ (3) $k^*=4$, $y^*=2$ (4) $k^*=144$, $y^*=12$
5. 資本蓄積のみで，技術進歩のない1人当たり所得の成長は定常状態で止まるため。
6. 3.8%
7. 省略

第11章

1. ①g ②d ③b ④c ⑤f
2. 約9053円
3. 約8203円
4. (1) 約288円 (2) 約272円
5. (1) 5000円 (2) 2000円
6. 漸化式 $\mu_t=\dfrac{d}{1+r+\rho}+\dfrac{b_{t+1}}{1+r+\rho}$ を解くことで得られる。
7. 省略
8. 省略

（解答が省略されているものに関しては，ウェブサポートページにて説明します。）

練習問題解答 ● 297

記号・曲線・関数のまとめ

以下では，第6章以降で用いた主な記号などについてその定義をまとめました。

1. 記号

記号	定義	記号	定義
a	基礎消費	N	労働
A	技術水準・全要素生産性	NX	純輸出
α	コブ・ダグラス型生産関数 ($AK^{\alpha}N^{1-\alpha}$) のパラメーター	p	株価
b	独立投資	P	物価水準
c	限界消費性向・1人当たり消費	π	インフレ率
C	消費	π^e	期待インフレ率
D	総需要 ($C+I+G+NX$)	r	金利（実質金利）
d	配当	ρ	リスク・プレミアム
δ	固定資本減耗率	s	貯蓄率
E	為替レート	S	貯蓄
E^e	期待為替レート	T	税
G	政府支出	u	失業率
I	投資	u_N	自然失業率
k	一人当たり資本（ストック）	W	名目賃金
K	資本（ストック）	y	1人当たり国内総生産
L	貨幣需要	Y	国内総生産
M	貨幣供給量	Y^f	完全雇用国内総生産
MPK	資本の限界生産性	X^*	変数 X の均衡値
MPL	労働の限界生産性	ΔX	変数 X の増加量

2. 曲線・関数

曲線	定義	関数	定義
AD	総需要曲線	$C(Y)$	消費関数
AS	総供給曲線	$F(N)$	生産関数
IS	IS 曲線	$I(r)$	投資関数
LM	LM 曲線	$L(r)$	貨幣需要関数
		$NX(E)$	純輸出関数

索　引

（青字の数字書体は，本文中でキーワードとして表示されている語句の掲載ページを示す）

● アルファベット

BIS 規制　　109

CGPI　→企業物価指数

CPI　→消費者物価指数

ECB　→欧州中央銀行

FOMC　→連邦公開市場委員会

FRB　→連邦準備制度理事会

GDE　→国内総支出

GDP　→国内総生産

GDP デフレーター　　45, 55

GNI　→国民総所得

IS 曲線　　156, 208

IS-LM モデル　　246

LM 曲線　　166

M1, M2, M3　　90, 91

NDP　→国内純生産

NI　→国民所得

R&D　→研究開発

SNA　→国民経済計算

SPPI　→企業向けサービス価格指数

TFP　→全要素生産性

● あ 行

赤字国債（特例国債）　　127

アスク・レート　→オファード・レート

アベノミクス　　243

暗号資産　→デジタル通貨

イスラム金融　　81

依存財源　　122

1 次関数　　24

一致指数　　64

一般会計予算　　118

一般政府　　15

　　——債務　　131

イールドカーブ　　85, 107

インカム・ゲイン　　76

インターバンク市場　　101, 230

インフレ（インフレーション）　　97, 198,
　　199

　　——のコスト　　209

インフレ期待　　202, 203

インフレ税　　200

インフレ・ターゲット政策　　106, 213

インフレ率（物価上昇率）　　56, 97, 106, 201,
　　207, 214

失われた 10 年（失われた 20 年）　　274

売りオペレーション（資金吸収オペレーショ
　　ン）　　100

オイラー方程式　　171

欧州中央銀行（ECB）　　96, 108

オークンの法則　　216

オファード・レート（アスク・レート）
　　230

オープン市場　　101

● か 行

買いオペレーション（資金供給オペレーショ
　　ン）　　100, 105

外貨準備　　224

会計年度独立の原則　　119

外国為替市場　　17, 230

外国通貨建て　　232

外生変数　　147

開放経済　　151, 244

価　格　　4

　　均衡——　　20, 25

格　差　　117

拡張的経済政策　　152, 185

家　計　　10, 18

貸出金利　　74

可処分所得　　11, 142

仮想通貨　→デジタル通貨

価　値　　4

299

価値尺度　89
株　価　9, 76, 77, 273, 277, 279, 281, 284
株　式　9, 76, 275, 284
株式会社　9
株式市場　17, 76
株　主　9
株主総会　76
貨幣（通貨）　88, 89
貨幣供給曲線　159
貨幣供給量（マネーサプライ，マネーストック，通貨供給量）　90, 98, 106, 157, 162, 185
貨幣市場　17
　——の均衡　159
貨幣需要　157, 158, 165, 173
　——関数　158, 165, 173
　——曲線　158
貨幣乗数（信用乗数）　103
貨幣数量説　185
借換債　130
為替介入　224, 231
為替差益／差損　235
為替レート　228, 230, 232, 237
　均衡——　239
　実質——　232
関　数　24
間接金融　73
完全雇用　183, 185, 208
完全失業者　→失業者
簡　素　123
元　本　8
機会費用　79
企　業　5, 17
企業物価指数（CGPI）　59
企業向けサービス価格指数（SPPI）　59
危険資産　76
技　術　6
技術進歩　254, 264
基準割引率および基準貸付利率　→公定歩合
帰属計算　40
基礎消費　142

基礎的財政収支（プライマリー・バランス）　121
期待インフレ率（期待物価上昇率）　200, 202
期待為替レート　235, 241, 243
期待収益率　236, 242
逆進性　124
キャピタル・ゲイン／ロス　76, 274
供　給　16
　——曲線　24
業況判断 DI　63
競合性　116
均　衡　20, 21, 146
銀　行　8
　——取り付け　109
　——の銀行　15
均衡予算乗数　153
緊縮的な経済政策　152
金　融　70
金融緩和　104, 162, 185
金融機関（金融仲介機関）　8, 73
金融危機　72, 95, 102, 110, 111
金融資産残高　12
金融市場　17, 19, 70, 71
金融市場調節　100
金融システム　108
金融収支　223, 227
金融政策　100, 105, 162, 213, 239, 244
金融政策決定会合　105
金融派生商品　223
金融引き締め　104, 162
金利（利子率）　8, 78, 81, 134, 157, 171, 204, 281
　均衡——　159
　実質——　205, 206, 212
　名目——　205, 206, 207
金利平価　239
靴のコスト　210
クーポンレート　→表面利率
クラウディング・アウト　182
グローバル・インバランス　228

300

景　気　62
　——の谷／山　**66**
景気ウォッチャー調査　**65**
景気拡張／後退　**67**
景気循環　**66**
景気動向指数　**63**
軽減税率　**124**
経　済　**2**
　——の安定化　**118**
経済学　**2**
経済主体　**5**
経済政策　152
経済成長　**251**, 253
　——率　134, 216
経済対策　**119**
経済モデル　**22**
経常収支　221, 228
ケインズ経済学　194
決　済　**88**
　——システム　**94**
減　価　**234**
限界効用　**170**
限界消費性向　**143**
限界生産力　188, 190
限界税率　**124**
研究開発（R&D）　35
現金通貨　89, 96
現金預金比率　**103**
建設国債　**127**
公開市場操作　**100**
公共財　15, 116
公共サービス　**41**
公共事業費　**121**
広義流動性　**91**
考　査　108
公債依存度　**130**
公債金収入　**119**
公定歩合（基準割引率および基準貸付利率）
　102
高度経済成長期　44, 251, 267
公　平　**123**

効　用　170
合理的期待形成　**203**
合理的バブル　**287**
小売物価統計調査　52, 58
高齢化　121, 132
国　債　75, 120, 126, 128-130, 134
国際決済銀行（BIS）　109
国際収支　220, 227
国債費　**120**
国内純生産（NDP）　**39**
国内総支出（GDE）　**34**
国内総生産（GDP）　32, 36, 226
　完全雇用——　184, 193
　均衡——　147, 151, 181
　支出面から見た——　30, 36, 226
　実質——　43, 251
　生産面から見た——　30, 37
　1人当たり——　252
　分配面から見た——　30, 38
　名目——　42
国民経済計算（SNA）　**32**
国民所得（NI）　**39**
国民総所得（GNI）　**39**
国民負担率　**126**
コストプッシュ・インフレ　**198**
固定基準方式　**43**
固定資本減耗　38, 259
固定資本減耗率　**259**
固定相場制　**231**
コブ・ダグラス型生産関数　255
雇用者報酬　38
雇用統計　**62**
コールレート（無担保コール翌日物金利）
　80, **101**

● さ　行

財　**4**
債　券　10, 75, 275
　——市場　17, 75
在　庫　**6**
　——投資　7, 40, 148

索　引　● 301

最後の貸し手　110

財・サービス　4
　　——市場　17, 18, 70
　　最終的な——　4
　　中間的な——　4

財市場　17

最終財　33

歳　出　118, 119

財　政　116–118
　　——の健全化　121
　　——の硬直化　130

財政赤字　19, 120, 126

財政危機　136

財政政策　118, 151, 160

財政法　127, 135

裁　定　82, 282

最低賃金　178

歳　入　118, 119

再分配　213

債務 GDP 比率　131, 133

債務不履行（デフォルト）　135, 136

サービス　4

サブプライム・ローン　44, 111

暫定予算　119

三面等価の原則　30, 36, 71

自家消費　40

時価総額　19

資金吸収オペレーション　→売りオペレーション

資金供給　19

資金供給オペレーション　→買いオペレーション

資金循環統計　134

資　源　2

資源配分　117

自国通貨建て　232

自己実現的　288

自己資本比率　109

資産価格　275

資産効果　143

資産需要　157

自主財源　122

支　出　14

市　場　16, 19

市場価格　16, 34

システミック・リスク　109, 111

自然失業率　214

自然利子率　208

失業者（完全失業者）　61

失業率　61, 214, 216

実質 GDP　43, 251

実質為替レート　232

実質金利　205, 206, 212

実質賃金　177, 190

私的財　116

シニョレッジ　→通貨発行益

支払準備率　→預金準備率

資　本　5, 6, 259
　　——の限界生産力逓減の法則　257

資本移転等収支　223

資本家　6

資本金　6

資本形成　7

資本主義　7

資本ストック　13

資本蓄積　253, 254

資本貯蓄　260

社会科学　2

社会資本　6
　　——の生産力効果　121

社会保障　126, 132

社会保障関係費　120, 132

社会保障基金　15

社　債　10, 75

収益率　282

就業者　60

住　宅　6
　　——投資　7

出　資　9

需　要　16
　　——曲線　24

準備預金　93, 99

302

──制度　93
純輸出　35, 226, 242, 245
　　──関数　243
生涯の予算制約式　170
証　券　10
　　──投資　223
少子高齢化　121, 201
乗数効果　150
消　費　11, 12, 35, 36, 142
消費関数　142
　　ケインズ型の──　145
　　マクロ経済の──　145
消費財　11
消費支出　11
消費者　11
消費者物価指数（CPI）　51, 54-56, 92, 200, 213
消費乗数　149
消費税　124
上方バイアス　56, 213
所　得　10, 142
　　──の再分配　117
所得収支　222
所得税　118, 123, 152
ショートサイドの原則　20, 193
人口成長　254
新古典派経済学　194
信用乗数　→貨幣乗数
信用創造　94, 95, 106
信用リスク　76
垂直的公平性　123, 124
水平的公平性　123, 124
スタグフレーション　198
ストック　13
スミソニアン体制　231
静学的期待形成　203
政策金利　101, 108
政策的経費　120
生産関数　187, 188, 191, 255, 264
　　1人当たりの──　257
　　マクロ経済の──　188

生産年齢人口　201
生産要素　6
税　収　119
税　制　118, 123
成長会計　266
政　府　15, 18
　　──の銀行　92
政府最終消費支出　36
政府債務　132
　　──の返済可能性条件　133
政府支出　15, 35, 118, 151, 152, 181
　　──乗数　151
政府貯蓄　18, 71
世界金融危機（リーマン・ショック）　111
世代間の公平性　128
設備投資　7, 35, 145
ゼロ金利政策　105
ゼロ金利制約　163
先行指数　64
全国企業短期経済観測調査（日銀短観）
　　63, 202
全要素生産性（TFP）　266, 269
増　価　234
総供給曲線　179, 182, 183, 191, 198
増　資　281
総支出　29, 34
総資本形成　36
総需要　145, 245
　　──曲線　175, 176, 198
総所得　29
総生産　29, 146
租税乗数　152
租税負担率　126
その他投資　224
ソロー残差　267
ソローモデル　254

● た　行

第一次所得収支　222
対顧客市場　230
貸借対照表　→バランスシート

索　引　● 303

第二次所得収支　222
兌換紙幣　**90**
ただ乗り　→フリー・ライド
短期金融市場　101
短期金利　**80, 84, 107**
短期国債　**127**
単年度主義　**119**
担　保　101
単　利　**79**
地　価　273, 288
遅行指数　64
地方交付税交付金　**121**
地方債　**122, 131**
地方政府　**15**
中央銀行　**15**, 91, 96, 202, 213
　——の独立性　**105**
中央政府　**15**
中間財　6
中　立　**123**
中立金利　209
超過供給　**20**
超過需要　**20**
超過準備　**93**
長期金利　**80, 84, 107**
長期国債　**127**
長期プライムレート　**74**, 81
直接金融　**74**
直接投資　**223**
貯　蓄　**11**, 12, 13, **19**, 71, 129
　——率　**11, 260**, 262
貯蓄投資バランス式　**226**
賃　金　17
　実質——　**177**, 190
　名目——　**177**
通貨　→貨幣
通貨供給量　→貨幣供給量
通貨発行益（シニョレッジ）　**199**
定常状態　**261**
ディスインフレ　**214**
ディマンドプル・インフレ　**198**
適応的期待形成　**203**

デジタル通貨（仮想通貨，暗号資産）　97
デノミネーション　**211**
デフォルト　→債務不履行
デフレ（デフレーション）　**97**, 105, 200,
　201, 213
　——のコスト　**212**
デフレ・スパイラル　213
東京外国為替市場　230
東京証券取引所　19, 77
当座預金　**90**
投　資　**7, 35**, 146, 153, 171, 207, 244
　——関数　**155**
　——支出　**7**
　——乗数　**149**
等比数列　95, **113**
特別会計　**119**
独立投資　**155**
特例国債　→赤字国債
土地神話　288
ドーマー条件　**133**
取引需要　**157**
取引量　**4**
　均衡——　**20, 25**

● **な　行**

内生変数　**147**
南海泡沫事件　**286**
日銀短観　→全国企業短期経済観測調査
日銀当座預金　105
日銀特融　**110**
日銀ネット（日本銀行金融ネットワーク・シ
　ステム）　**93**
日経平均株価　**19**, 273
日本銀行（日銀）　91, 105
年　金　121, 129, 210
年　利　**78**

● **は　行**

排除性　**116**
配　当　**9, 10**, 281
売買代金　**19**

304

ハイパーインフレ　211
ハイパワードマネー　→マネタリーベース
発券銀行　15, 96
パフォーマンス　14, 29
バブル　110, 273, 285, 286, 288
バランスシート（貸借対照表）　93, 99
非自発的失業　193, 194
ビッド・レート　230
表面利率（クーポンレート）　76, 127
ビルトイン・スタビライザー　118
非労働力人口　60
ファンダメンタルズ　285
フィッシャー効果　207
フィッシャーの負債デフレ　213
フィッシャー方程式　205, 207
フィリップス曲線　214, 216
フェデラル・ファンド金利　102, 217
フォーワード・ガイダンス　202
付加価値　4, 37
不換紙幣　90
複利　79
普通預金　89
物価（物価水準）　16, 54, 173, 181, 185
　　――の安定　92, 97, 213
　　――の番人　16
　　均衡――　180
物価上昇率　→インフレ率
物価スライド制　210
物価連動債　202
物々交換　88
プライマリー・バランス　→基礎的財政収支
フリー・ライド（ただ乗り）　117
ブレーク・イーブン・インフレ率　203
ブレトンウッズ体制　231
フロー　13
分配　14, 38
ペイオフ　109
平均消費性向　124, 143
変動相場制　231
貿易依存度　220
貿易・サービス収支　221, 227, 242

法人税　118, 125, 126
法定準備金　93
法定通貨　96
補正予算　119
ボルカー・ショック　217
ボーン条件　134

● ま 行

マイナス金利　165
　　――政策　107
マクロ経済学　3, 29
マクロ経済スライド　210
マクロ・プルーデンス　111
マネーサプライ（マネーストック）　→貨幣
　　供給量
マネタリーベース（ハイパワードマネー）
　　99, 106
マンデル・フレミング・モデル　246
ミクロ経済学　3
無裁定条件　83, 283
無担保コール翌日物金利　→コールレート
名目GDP　42
名目為替レート　231
名目金利　205, 206, 207
名目賃金　177
　　――の硬直性　177
メニュー・コスト　210
持ち家　41
モラル・ハザード　110

● や 行

有価証券　10
有効求人倍率　62
融資　8
輸出／輸入　35, 221
ユーロ　96
預金　8, 284
預金金利　74
預金準備率（支払準備）　93, 95, 103
預金通貨　90
預金保険制度　109

索　引　● 305

欲望の二重の一致　88
予　算　118
45 度線モデル　148

● ら・わ 行

ライフサイクル仮説　144, 169, 201, 207
利上げ／利下げ　101, 162
利　益　7
利ざや　74
利子（利息）　8
利子所得　10
利子率　→金利
リスク　76, 284
リスク・プレミアム　74, 284
利付債　75
利回り　127
リーマン・ショック　→世界金融危機
流動性　85, 90, 158
　　──の罠　164
量的金融緩和政策　106

量的・質的金融緩和政策　106
　　長短金利操作付き──　107
累進課税　117, 123
連鎖方式　46
連邦公開市場委員会（FOMC）　105
連邦準備制度理事会（FRB）　91, 102, 108
労　働　5, 17
　　──市場　17, 192
　　──の限界生産力　187
　　──の限界生産力の逓減　187
労働供給　192
　　──曲線　193
労働需要　192
　　──曲線　192
労働所得　10
労働力　5
労働力人口　60
労働力調査　60
割引現在価値　170, 276, 277

306

マクロ経済学——入門の「一歩前」から応用まで　［新版］
Macroeconomics: From Basic Principles to Applications, New Edition

2015 年 10 月 20 日　初版第 1 刷発行
2020 年 4 月 5 日　新版第 1 刷発行
2020 年 11 月 10 日　新版第 3 刷発行

著　者	平 ひら	口 ぐち	良 りょう	司 じ
	稲 いな	葉 ば		大 まさる
発行者		江　草　貞　治		
発行所	株式 会社	有　斐　閣		

郵便番号　101-0051
東京都千代田区神田神保町 2-17
電話 (03) 3264-1315〔編集〕
　　 (03) 3265-6811〔営業〕
http://www.yuhikaku.co.jp/

印刷・株式会社理想社／製本・大口製本印刷株式会社
© 2020, Ryoji Hiraguchi, Masaru Inaba. Printed in Japan
落丁・乱丁本はお取替えいたします。
★定価はカバーに表示してあります。
ISBN 978-4-641-15076-8

JCOPY　本書の無断複写（コピー）は、著作権法上での例外を除き、禁じられています。複写される場合は、そのつど事前に（一社）出版者著作権管理機構（電話03-5244-5088, FAX03-5244-5089, e-mail:info@jcopy.or.jp）の許諾を得てください。